Coleção
Eu gosto m@is

ENSINO FUNDAMENTAL

MATEMÁTICA
9º ano

Marcos Miani

1ª EDIÇÃO
SÃO PAULO
2012

IBEP

Coleção Eu Gosto M@is
Matemática – 9º ano
© IBEP, 2012

Diretor superintendente	Jorge Yunes
Gerente editorial	Célia de Assis
Editora	Mizue Jyo
Assistentes editoriais	Marcella Mônaco
	Simone Silva
Revisão	André Tadashi Odashima
	Berenice Baeder
	Luiz Gustavo Bazana
	Maria Inez de Souza
Assessoria pedagógica	Ana Rebeca Miranda Castillo
Coordenadora de arte	Karina Monteiro
Assistentes de arte	Marilia Vilela
	Tomás Troppmair
Coordenadora de iconografia	Maria do Céu Pires Passuello
Assistentes de iconografia	Adriana Correia
	Wilson de Castilho
Ilustrações	Jorge Valente
	Jotah
	Osvaldo Sequetim
Produção editorial	Paula Calviello
Produção gráfica	José Antonio Ferraz
Assistente de produção gráfica	Eliane M. M. Ferreira
Capa	Equipe IBEP
Projeto gráfico	Equipe IBEP
Editoração eletrônica	N-Publicações

CIP-BRASIL. CATALOGAÇÃO-NA-FONTE
SINDICATO NACIONAL DOS EDITORES DE LIVROS, RJ

M566m

Miani, Marcos.
   Matemática : 9º ano / Marcos Miani. - 1.ed. - São Paulo : IBEP, 2012.
   il. ; 28 cm   (Eu gosto mais)

   ISBN 978-85-342-3415-3 (aluno) - 978-85-342-3419-1 (mestre)

   1. Matemática (Ensino fundamental) - Estudo e ensino. I. Título. II. Série.

12-5712.   CDD: 372.72
                               CDU: 373.3.016:510

13.08.12   17.08.12   038071

1ª edição – São Paulo – 2012
Todos os direitos reservados
2ª Reimpressão - 2014

IBEP

Av. Alexandre Mackenzie, 619 - Jaguaré
São Paulo - SP - 05322-000 - Brasil - Tel.: (11) 2799-7799
www.editoraibep.com.br   editoras@ibep-nacional.com.br

CTP, Impressão e Acabamento
IBEP Gráfica
45096

Apresentação

Prezado(a) aluno(a)

A Matemática está presente em diversas situações do nosso dia a dia: na escola, em casa, nas artes, no comércio, nas brincadeiras etc.

Esta coleção foi escrita para atender às necessidades de compreensão deste mundo que, juntos, compartilhamos. E, principalmente, para garantir a formação criteriosa de estudantes brasileiros ativos e coparticipantes em nossa sociedade.

Para facilitar nossa comunicação e o entendimento das ideias e dos conceitos matemáticos, empregamos uma linguagem simples, sem fugir do rigor necessário a todas as ciências.

Vocês, jovens dinâmicos e propensos a conhecer os fatos históricos, com suas curiosidades sempre enriquecedoras, certamente gostarão da seção *Você sabia?*, que se destina a textos sobre a história da Matemática; gostarão, também, da seção *Experimentos, jogos e desafios*, com atividades que exigem uma solução mais criativa.

Com empenho, dedicação e momentos também prazerosos, desejamos muito sucesso neste nosso curso.

O autor

Sumário

Capítulo 1 – Potenciação 7

Potência de um número real com expoente natural 7

Potência de um número real com expoente inteiro 9
- Propriedades das potências 11
- Produto de potências de mesma base 11
- Quociente de potências de mesma base 12
- Potência de potência 12
- Potência de um produto ou de um quociente 12

Potências de base 10 14
- Notação científica 16

Capítulo 2 – Cálculo com radicais 18

Radiciação 18

Potências com expoentes racionais 19
- Transformação de radicais em potências 20
- Propriedades das potências com expoentes racionais 20

Propriedades dos radicais 22
- Aplicações das propriedades 24
- Simplificação de raízes não exatas 24
- Redução de radicais ao mesmo índice 25

Comparação de radicais 26
- Radicais com mesmo índice 26
- Radicais com índices diferentes 26

Operações de radicais 27
- Adição e subtração 27
- Multiplicação 28
- Divisão 30
- Multiplicação e divisão de radicais com índices diferentes 32

Potenciação e radiciação 33
- Potenciação 33
- Radiciação 33
- Introdução de fatores no radicando 33

Racionalização de denominadores 35
- Outro caso de racionalização 36
- Simplificação de expressões 36

Capítulo 3 – Equações do 2º grau 39

Equação do 2º grau com uma incógnita 39
- Escrevendo uma equação do 2º grau na forma geral 40
- Equação completa e equação incompleta ... 40
- Soluções de uma equação do 2º grau 42
- Verificando se um número é solução de uma equação 42

Resolução de equações incompletas do 2º grau 43
- Resolvendo equações do tipo $ax^2 + c = 0$ ... 43
- Resolvendo equações do tipo $ax^2 + bx = 0$ ... 45

Resolvendo equações completas do 2º grau 47
- Por fatoração 48
- Pela fórmula de Bháskara 50
- Discriminante da equação do 2º grau 51
- Quantidade de soluções de uma equação do 2º grau 51

Relações entre soluções e coeficientes de uma equação do 2º grau 55
- Escrevendo uma equação do 2º grau conhecendo suas raízes 57

Equações que recaem em equações do 2º grau 58
- Equações fracionárias 58
- Equações biquadradas 60
- Equações irracionais 62

Sistemas de equações do 2º grau 65

Capítulo 4 – Funções 68

Função 68
- Ideia de função 68
- Variáveis 68

Lei da função 68
Domínio e imagem de uma função 71
Domínio de uma função 71
Imagem de uma função 71
Interpretação e construção de gráficos 74
Interpretação de gráficos 74
Construção de gráficos 76

Função polinomial do 1º grau 80
Função linear 81
Raiz ou zero da função polinomial do 1º grau 84
Função polinomial do 1º grau crescente
e decrescente 84

Função polinomial do 2º grau 86
Gráfico da função polinomial do 2º grau 86
Alguns pontos importantes do gráfico da
função do 2º grau 86
Concavidade da parábola 91
Pontos de máximo e de mínimo 92
Valor máximo e valor mínimo 92
Construção do gráfico de uma função
do 2º grau 94

Capítulo 5 – Matemática financeira 99
Porcentagens 99
Lucro e prejuízo 102
Juro 104
Juro simples 104
Juro composto 107

Capítulo 6 – Proporcionalidade
e semelhança 109
Razão entre segmentos e
segmentos proporcionais 109
Razão entre segmentos 109
Segmentos proporcionais 110

Teorema de Tales 111
Feixe de paralelas cortadas
por uma transversal 111
Teorema de Tales 112
Tales nos triângulos 114
Teorema da bissetriz interna 115

Figuras semelhantes e figuras congruentes 116
Polígonos semelhantes 117

Razão entre perímetros e áreas de
polígonos semelhantes 120
Razão entre perímetros de polígonos
semelhantes 120
Razão entre as áreas de polígonos
semelhantes 121

Semelhança de triângulos 123
Casos de semelhança de triângulos 125
Caso Ângulo-Ângulo (A.A.) 125
Caso Lado-Lado-Lado (L.L.L.) 126
Caso Lado-Ângulo-Lado (L.A.L.) 126
Teorema fundamental da semelhança
de triângulos 127

Semelhança nos triângulos
retângulos 129
Relações métricas num triângulo retângulo 130
Teorema de Pitágoras 133
Aplicações do Teorema de Pitágoras em outros
polígonos 137

Capítulo 7 – Noções de
trigonometria 140
Razões trigonométricas 140
Seno de um ângulo agudo 140
Cosseno de um ângulo agudo 141
Tangente de um ângulo agudo 142

Tabela de razões trigonométricas ... 144

Razões trigonométricas dos ângulos
de 30°, 45° e 60° 150
Seno, cosseno e tangente do ângulo
de 45° 150
Seno, cosseno e tangente do ângulo
de 30° 151
Seno, cosseno e tangente do ângulo
de 60° 151

Razões trigonométricas num
triângulo qualquer 153
Lei dos senos 154
Lei dos cossenos 154

Capítulo 8 – Circunferências e polígonos
regulares 158
Elementos da circunferência 158
Comprimento da circunferência 158
Arco de uma circunferência 160
Relações métricas na
circunferência 163
Polígonos regulares inscritos numa
circunferência 166
Elementos de um polígono regular inscrito 167
Relações métricas nos polígonos regulares
inscritos 169

Relações métricas no quadrado inscrito 169
Relações métricas no hexágono regular inscrito..169
Relações métricas num triângulo equilátero inscrito..170
Relações métricas nos polígonos regulares circunscritos..172

Capítulo 9 – Áreas 174

Área de figuras geométricas planas 174
Área do retângulo 174
Área do quadrado 176
Área do paralelogramo 177
Área do triângulo 178
Área do losango 179
Área do trapézio 179

Área de polígonos regulares 180

Área do círculo e de regiões circulares 182
Área do círculo..182
Área do setor circular 184
Área da coroa circular 186

Capítulo 10 – Estatística 188

População e amostra 188
Tabela de frequências............................ 189

Moda e mediana 191
Moda 191
A moda para dados não agrupados............191
A moda para dados agrupados................. 191

Mediana....................................... 192
Mediana para dados não agrupados...........192
Mediana para dados agrupados.................193

Atividades complementares 196

Capítulo 1

POTENCIAÇÃO

▶ Potência de um número real com expoente natural

Vamos recordar o conceito de potenciação por meio de um problema.

- Quantos tataravôs você teve?

Para responder a essa pergunta, vamos construir uma árvore de parentesco.

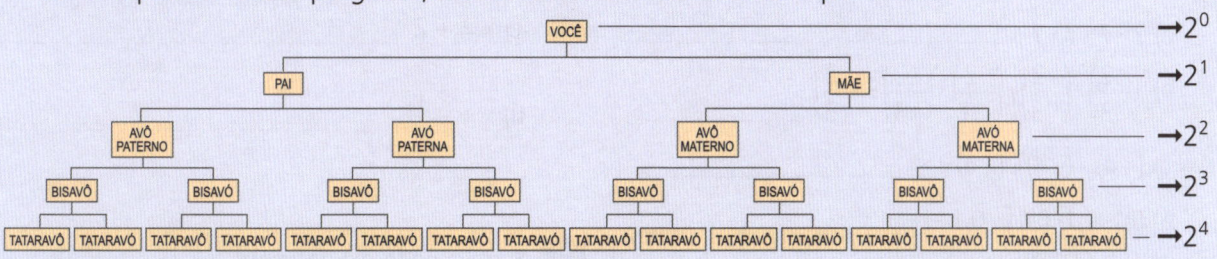

VOCÊ → 2^0
PAI, MÃE → 2^1
AVÔ PATERNO, AVÓ PATERNA, AVÔ MATERNO, AVÓ MATERNA → 2^2
BISAVÓ (×8) → 2^3
TATARAVÓ (×16) → 2^4

Nota: a mãe da bisavó é a trisavó, mas, popularmente, usa-se o termo tataravó.

Para saber quantos tataravós você teve, basta contá-los na árvore de parentescos. Ou, então, efetuar a potenciação 2^4:

2^4 (Expoente / Base)

$2^4 = \underbrace{2 \cdot 2 \cdot 2 \cdot 2}_{\text{4 fatores iguais a 2}} = \underbrace{16}_{\text{Potência}}$

Você teve 16 tataravós.

De modo geral, dado um número real a e um número natural n (n > 1), a potência a^n é o produto de n fatores iguais ao número a.

$$a^n = \underbrace{a \cdot a \cdot a \cdot \ldots \cdot a}_{\text{n fatores iguais a a}}$$

Exemplos de potenciação:

a) $2^5 = 2 \cdot 2 \cdot 2 \cdot 2 \cdot 2 = 32$

b) $(-3)^4 = (-3) \cdot (-3) \cdot (-3) \cdot (-3) = +81$

c) $\left(-\frac{1}{3}\right)^7 = \left(-\frac{1}{2}\right) \cdot \left(-\frac{1}{2}\right) \cdot \left(-\frac{1}{2}\right) \cdot \left(-\frac{1}{2}\right) \cdot \left(-\frac{1}{2}\right) \cdot \left(-\frac{1}{2}\right) \cdot \left(-\frac{1}{2}\right) = -\frac{1}{128}$

d) $(-1,2)^3 = (-1,2) \cdot (-1,2) \cdot (-1,2) = -1,728$

Observação

Para todo número real a, com a ≠ 0, temos:
- $a^0 = 1$
- $a^1 = a$

ATIVIDADES

1 Escreva na forma simbólica.

a) o quadrado de menos três _____

b) o cubo de dois terços _____

c) o dobro do quadrado de oito _____

d) a quarta parte do cubo de nove _____

2 Escreva os produtos na forma de potência.

a) 7 · 7 · 7 · 7 _____

b) $\left(-\frac{2}{3}\right) \cdot \left(-\frac{2}{3}\right) \cdot \left(-\frac{2}{3}\right) \cdot \left(-\frac{2}{3}\right) \cdot \left(-\frac{2}{3}\right)$ _____

c) (– 4) · (– 4) · (– 4) _____

d) $\underbrace{0{,}1 \cdot 0{,}1 \cdot 0{,}1 \ldots 0{,}1}_{15 \text{ fatores}}$ _____

3 Efetue as potenciações.

a) $(-3)^3$ _____

b) $(-3)^4$ _____

c) $\left(-\frac{1}{2}\right)^2$ _____

d) $\left(-\frac{3}{4}\right)^2$ _____

e) $\left(-\frac{1}{2}\right)^3$ _____

f) $\left(+\frac{3}{4}\right)^4$ _____

g) $(-0{,}2)^2$ _____

h) $-0{,}2^2$ _____

i) $(-0{,}1)^3$ _____

j) $-0{,}1^3$ _____

4 Compare as potências utilizando um dos sinais: >, < ou =.

a) -2^2 _____ $(-2)^2$

b) 3^2 _____ $(-3)^2$

c) $(-4)^2$ _____ $(-4)^3$

d) $-(-1)^{100}$ _____ $(-1)^{50}$

5 Determine o valor da expressão numérica.

$(-1)^3 - (-1)^4 + (-2)^2 - 2^3 + (-1-1)^2$

6 Calcule o valor da expressão algébrica.

$\left(\frac{x}{2}\right)^3 - x^2 + 2 \cdot x - 1$ para:

a) $x = -2$ _____

b) $x = +\frac{1}{2}$ _____

c) $x = +2$ _____

d) $x = -\frac{1}{2}$ _____

7 Escreva na forma decimal: $\left(-\frac{1}{10}\right)^5$. _____

8 No depósito de uma loja há 12 caixas de balas. Cada caixa contém 12 latinhas e cada latinha contém 12 balas. Quantas balas há no depósito?

_____

9 O número de diagonais de um polígono pode ser determinado pela expressão $\frac{n^2 - 3n}{2}$, sendo n o número de lados do polígono.

Use a expressão e determine o número de diagonais de um polígono de:

a) 5 lados

_____

b) 9 lados

_____

c) 15 lados

_____

EXPERIMENTOS, JOGOS E DESAFIOS

Encontrando a regularidade

Descubra o padrão existente nas potências abaixo e, sem fazer contas, encontre os valores desconhecidos.

$12^2 = 144$ $103^2 = 10\,609$ $1002^2 = 1\,004\,004$ $10\,003^2 = 100\,060\,009$

$21^2 = 441$ $301^2 = 90\,601$ $2\,001^2 =$ $30\,001^2 =$

▶ Potência de um número real com expoente inteiro

Vamos calcular potências cujas bases são números reais e cujos **expoentes** são números **inteiros negativos**. No quadro abaixo, parte-se de uma potenciação com expoente positivo (3^4). Observa-se um padrão, ou seja, os expoentes diminuem de 1 em 1 e as potências são divididas por 3. A partir desse padrão, descobrimos os resultados das potenciações que têm expoentes inteiros negativos (3^{-1}, 3^{-2} e 3^{-3}) e os escrevemos como potência de base $\frac{1}{3}$.

$3^4 = 81$ ÷ 3
$3^3 = 27$ ÷ 3
$3^2 = 9$ ÷ 3
$3^1 = 3$ ÷ 3
$3^0 = 1$ ÷ 3 $\left(1 \div 3 = \frac{1}{3}\right)$
$3^{-1} = \frac{1}{3}$ ÷ 3 $\left[\frac{1}{3} \div 3 = \frac{1}{9} = \left(\frac{1}{3}\right)^2\right]$
$3^{-2} = \frac{1}{9}$ ÷ 3 $\left[\frac{1}{9} \div 3 = \frac{1}{27} = \left(\frac{1}{3}\right)^3\right]$
$3^{-3} = \frac{1}{27}$

Observando a tabela, temos:

$3^{-1} = \left(\frac{1}{3}\right)^1 = \frac{1}{3}$ (oposto / inverso)

$3^{-2} = \left(\frac{1}{3}\right)^2 = \frac{1}{9}$ (oposto / inverso)

$3^{-3} = \left(\frac{1}{3}\right)^3 = \frac{1}{27}$ (oposto / inverso)

> Para qualquer número real a (com a ≠ 0), temos:
>
> $a^{-n} = \dfrac{1}{a^n}$, sendo n um número natural e diferente de zero.

Veja outros exemplos:

a) $2^{-3} = \dfrac{1}{2^3} = \dfrac{1}{8}$

b) $10^{-2} = \dfrac{1}{10^2} = \dfrac{1}{100}$

c) $\left(\dfrac{3}{2}\right)^{-1} = \dfrac{1}{\left(\dfrac{3}{2}\right)^1} = \dfrac{1}{\dfrac{3}{2}} = \dfrac{2}{3}$

d) $\left(\dfrac{-1}{2}\right)^{-4} = \dfrac{1}{\left(\dfrac{-1}{2}\right)^4} = \dfrac{1}{\dfrac{1}{16}} = 16$

ATIVIDADES

10 Calcule o valor da expressão.

$$\dfrac{\dfrac{3}{4} - \left(+\dfrac{1}{2}\right)^1}{\left(\dfrac{1}{2}\right)^2 - \left(\dfrac{1}{100}\right)^0}$$

11 Complete a tabela.

4^3	=	64
4^2	=	16
4^1	=	
4^0	=	
4	=	$\dfrac{1}{4}$
4	=	

12 Calcule:

a) 10^{-2} _____

b) 3^{-1} _____

c) 4^{-2} _____

d) $(-2)^{-3}$ _____

e) -2^{-3} _____

f) 3^{-2} _____

13 Escreva cada expressão na forma de potência com expoente inteiro negativo:

a) $\dfrac{1}{3}$ _____

c) $\dfrac{1}{2^8}$ _____

b) $\dfrac{1}{5^2}$ _____

d) $\dfrac{1}{10^4}$ _____

14 Calcule:

a) $\left(\dfrac{1}{3}\right)^{-1}$

b) $\left(-\dfrac{1}{2}\right)^{-2}$

c) $\left(-\dfrac{2}{3}\right)^{-2}$

d) $\left(-\dfrac{3}{5}\right)^{-3}$

e) $-\left(-\dfrac{1}{2}\right)^{-1}$

f) $-\left(-\dfrac{1}{3}\right)^{-2}$

15 As potências 2^{-1} e $(-2)^{-1}$ são iguais ou diferentes?

_____

_____

16 As potências 2^{-4} e $(-2)^{-4}$ são iguais ou diferentes?

_____

_____

17 Resolva as expressões:

a) $\left(1-\dfrac{2}{5}\right)^{-1}$

b) $\left(\dfrac{7}{3}-3\right)^{-2}$

c) $\left(-\dfrac{4}{3}\right)^{2} \div \left(-\dfrac{3}{4}\right)^{-2}$

d) $-\dfrac{1}{2} \cdot 2^{-3} \cdot \left(-\dfrac{1}{2}\right)^{2}$

e) $(+0,8) \div \left(-\dfrac{1}{4}\right)^{-2}$

f) $\dfrac{(-2)^{-2}+3^{-1}}{\dfrac{1}{5}+5^{-1}}$

Propriedades das potências

Produto de potências de mesma base

> Para escrever o produto de potências de mesma base como uma única potência, conserva-se a base e adicionam-se os expoentes.

Exemplos:

a) $\left(-\dfrac{1}{2}\right)^{2} \cdot \left(-\dfrac{1}{2}\right)^{3} = \left(-\dfrac{1}{2}\right)\cdot\left(-\dfrac{1}{2}\right)\cdot\left(-\dfrac{1}{2}\right)\cdot\left(-\dfrac{1}{2}\right)\cdot\left(-\dfrac{1}{2}\right) = \left(-\dfrac{1}{2}\right)^{5}$

b) $(0,1)^{4} \cdot (0,1)^{3} = (0,1 \cdot 0,1 \cdot 0,1 \cdot 0,1) \cdot (0,1 \cdot 0,1 \cdot 0,1) = 0,1 \cdot 0,1 \cdot 0,1 \cdot 0,1 \cdot 0,1 \cdot 0,1 \cdot 0,1 = (0,1)^{7}$

c) $3^{-2} \cdot 3^{-4} = 3^{-2+(-4)} = 3^{-6}$

Quociente de potências de mesma base

> Para escrever um quociente de potências de mesma base como uma única potência, conserva-se a base e subtraem-se os expoentes.

Exemplos:

a) $\left(\dfrac{1}{3}\right)^4 \div \left(\dfrac{1}{3}\right)^2 = \left(\dfrac{1}{3}\right)^{4-2} = \left(\dfrac{1}{3}\right)^2$

b) $(-5)^5 \div (-5)^4 = (-5)^{5-4} = (-5)^1$

c) $\dfrac{3^{-3}}{3^{-2}} = 3^{-3-(-2)} = 3^{-3+2} = 3^{-1}$

Potência de potência

> Para escrever uma potência de potência como uma potência de um só expoente, conserva-se a base e multiplicam-se os expoentes.

Exemplos:

a) $[(-1)^3]^2 = (-1)^{3 \cdot 2} = (-1)^6$

b) $[(0,5)^2]^4 = (0,5)^{2 \cdot 4} = 0,5^8$

c) $\left[\left(-\dfrac{1}{2}\right)^{-1}\right]^{-2} = \left(-\dfrac{1}{2}\right)^{-1 \cdot (-2)} = \left(-\dfrac{1}{2}\right)^2$

Potência de um produto ou de um quociente

> Para escrever a potência de um produto como produto de duas potências, multiplicam-se os expoentes dessas potências pelos expoentes de cada fator. O mesmo é feito quando se tratar de um quociente.

Exemplos:

a) $(3 \cdot 2)^2 = 3^{1 \cdot 2} \cdot 2^{1 \cdot 2} = 3^2 \cdot 2^2$

b) $(6 \div 5)^3 = \left(\dfrac{6}{5}\right)^3 = \dfrac{6^{1 \cdot 3}}{5^{1 \cdot 3}} = \dfrac{6^3}{5^3}$

c) $(5 \div 3)^{-3} = 5^{-3} \div 3^{-3}$

ATIVIDADES

18 Escreva na forma de uma única potência.

a) $2^2 \cdot 2^{-5}$ _____

b) $(-3)^2 \cdot (-3)^1$ _____

c) $(-0,1)^4 \div (-0,1)^{-3}$ _____

d) $\left(\dfrac{2}{3}\right)^{75} \div \left(\dfrac{2}{3}\right)^{72}$ _____

e) $\left[\left(-\dfrac{3}{5}\right)^4\right]^{-2}$ _____

f) $(-1)^2 \cdot (-1)^3 \cdot (-1)^{-8}$ _____

19 Aplique as propriedades das potências para escrever a expressão $\dfrac{4^3 \cdot 8^5 \cdot 2^{-8}}{2^{-2} \cdot 256^2}$ na forma de uma única potência de base 2.

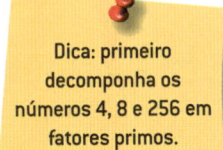

Dica: primeiro decomponha os números 4, 8 e 256 em fatores primos.

_____
_____
_____

20 Escreva em seu caderno as expressões na forma de uma única potência.

a) $(3^5 \cdot 3^6) \div (3^1 \div 3^{-2})$

_____
_____

b) $(61^{32} \div 61^{30}) \cdot (61^2)^{-3}$

_____
_____

c) $\dfrac{(13^{-2})^3}{13^{-1} \cdot 13^{-4}}$

_____
_____

d) $\dfrac{4^{-5} \cdot 4^{-7} \cdot 4^{20}}{(4^2)^{-5} \cdot 4^{10}}$

_____
_____

e) $\left(\dfrac{2^3 \cdot 2^{-1}}{2^2 \div 2^{-4}}\right)^{-2}$

_____
_____

f) $\dfrac{3^{-1} \cdot 3^{-2} \cdot 9^{-4}}{9^{-1} \cdot 27^2}$

_____
_____

21 Simplifique a expressão.

$\dfrac{2 \cdot 10^{-7} \cdot 10^{-1} \cdot 10 \cdot 8 \cdot 10^2}{16 \cdot 10^{-3} \cdot 10^{-2}}$

_____
_____
_____

22 Determine o valor numérico da expressão $\dfrac{x^{-2} \cdot y^{-4}}{y^{-1} \cdot z^{-1} \cdot x^{-3}}$ para $x = 2^{-1}$, $y = 2^{-2}$ e $z = 2^3$.

_____
_____

EXPERIMENTOS, JOGOS E DESAFIOS

Regularidades com potência

- Resolva as três primeiras expressões em cada quadro. Descubra o padrão e, mentalmente, resolva a última expressão.

$1^3 =$ _____

$1^3 + 2^3 =$ _____

$1^3 + 2^3 + 3^3 =$ _____

$1^3 + 2^3 + 3^3 + 4^3 =$ _____

$3^2 - 2^2 =$ _____

$4^2 - 3^2 =$ _____

$5^2 - 4^2 =$ _____

$12\,345^2 - 12\,344^2 =$ _____

▶ Potências de base 10

As atividades a seguir envolvem potências de base 10.

1 Vamos calcular algumas potências de base 10.

$10^0 = 1 \quad 10^1 = 10 \quad 10^2 = 100 \quad 10^3 = 1\,000 \quad 10^4 = 10\,000 \quad 10^5 = 100\,000$

Vamos comparar o número de zeros de cada resultado com o expoente.

> O número de zeros é igual ao valor do expoente.

2 Agora, vamos calcular 10^{-1}, 10^{-2}, 10^{-3}, 10^{-4} e 10^{-5} e escrever os resultados na forma decimal.

$10^{-1} = 0,1$

$10^{-2} = 0,01$

$10^{-3} = 0,001$

$10^{-4} = 0,0001$

$10^{-5} = 0,00001$

Vamos comparar o número de zeros à esquerda do 1 nos resultados com o valor absoluto do expoente.

> O número de zeros à esquerda do 1 é igual ao valor absoluto do expoente.

3 Agora, vamos multiplicar números decimais por potências de 10.

$$0,245 \cdot 10 = 2,45 \qquad 0,245 \cdot 10^2 = 24,5 \qquad 0,245 \cdot 10^3 = 245$$

O que acontece com a posição da vírgula quando multiplicamos um número decimal por 10, 10^2, 10^3,...?

> Quando multiplicamos um número decimal por 10, 10^2, 10^3,... a vírgula se desloca para a direita, o número de casas correspondente ao expoente.

4 Acompanhe o cálculo:

$$45,8 \cdot 10^{-1} = 45,8 \cdot \frac{1}{10} = \frac{45,8}{10} = 4,58 \qquad 45,8 \cdot 10^{-2} = 45,8 \cdot \frac{1}{10^2} = \frac{45,8}{100} = 0,458$$

> Quando multiplicamos um número decimal por 10^{-1} a vírgula se desloca uma casa para a esquerda; quando multiplicamos por 10^{-2}, a vírgula se desloca duas casas para a esquerda e assim por diante.

ATIVIDADES

23 Escreva as potências na forma decimal.

a) 10^6 _____

b) 10^{-6} _____

c) 10^7 _____

d) 10^{-7} _____

24 Escreva em seu caderno os números decimais na forma de potência de base 10.

a) 0,00001 _____

b) 100 000 000 _____

c) 0,00000001 _____

d) 10 000 000 000 _____

25 Escreva cada resultado na forma decimal.

a) $2,235 \cdot 10^2$ _____

b) $2,235 \cdot 10^3$ _____

c) $2,235 \cdot 10^{-2}$ _____

d) $2,235 \cdot 10^{-3}$ _____

e) $2,235 \cdot 10^4$ _____

f) $2,235 \cdot 10^5$ _____

26 Um lápis custa R$ 0,60. Diga quanto custarão.

a) 10 lápis _____

b) 100 lápis _____

c) 1 000 lápis _____

d) 10 000 lápis _____

Notação científica

Nas situações a seguir, vamos escrever alguns números na forma de **notação científica**. Na notação científica um dos fatores é um número maior ou igual a 1 e menor ou igual a 10 e o outro é uma potência de 10.

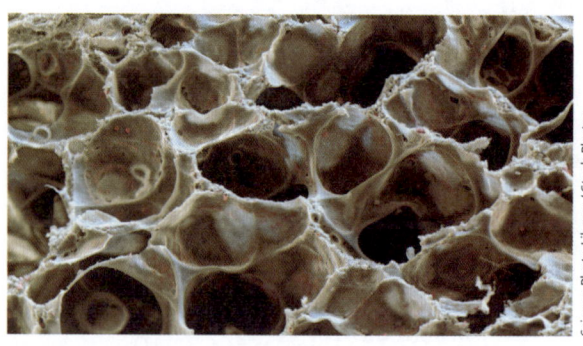

SITUAÇÃO 1

Observe a foto de alvéolos pulmonares obtida por meio de microscópio de grande aumento. No pulmão humano existem aproximadamente 300 000 000 desses alvéolos.

Esse número apresenta muitos algarismos iguais a zero. Podemos usar as potências para escrevê-lo de modo mais simples.

Micrografia de alvéolos pulmonares (imagem ampliada).

$$300\,000\,000 = 3 \cdot 10^8$$

SITUAÇÃO 2

A distância da Terra até Saturno é cerca de 591 000 000 quilômetros.

Podemos usar as potências de 10 e escrever esse número abreviadamente:

$$\underbrace{591\,000\,000}_{\text{8 algarismos}} = 5{,}91 \cdot 10^8$$

SITUAÇÃO 3

Algumas doenças são causadas por vírus.

Um determinado vírus tem cerca de 0,00000000000000002 cm³.

Vamos escrever esse número em notação científica:

$$0{,}000\,000\,000\,000\,000\,02 =$$
$$= \underbrace{0{,}000\,000\,000\,000\,000\,02}_{\text{17 algarismos}} \cdot 10^{17} \cdot 10^{-17} = 2 \cdot 10^{-17}$$

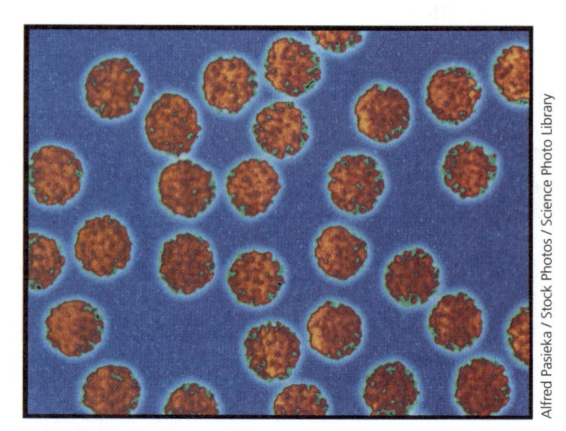

Micrografia do vírus da hepatite B.

SITUAÇÃO 4

A massa de um próton é aproximadamente 0,00000000000000000000000000167 gramas.

Vamos escrever esse número em notação científica:

$$\underbrace{0{,}00\,000\,000\,000\,000\,000\,000\,000\,000\,167}_{\text{27 algarismos}} = 1{,}67 \cdot 10^{-27}$$

ATIVIDADES

27 Escreva os números abaixo em notação científica.

a) 5 000

b) 34 500

c) 0,000 003 84

d) 0,000 000 000 015

e) 0,000 13

f) 3 100 000 000

g) 345 000 000

28 A massa da Terra é
6 588 000 000 000 000 000 000 toneladas.
Escreva esse número em notação científica.

_____

29 Esse quadro mostra a distância aproximada em quilômetros de alguns planetas em relação à Terra. Escreva esses números em notação científica.

Planetas	Distância da Terra (km)	Em notação científica
Mercúrio	80 500 000	
Vênus	40 200 000	
Marte	56 300 000	
Júpiter	1 197 000 000	
Saturno	591 000 000	
Urano	2 585 000 000	
Netuno	4 308 000 000	

30 Você sabia que a massa de um beija-flor é, em média, 0,00001 kg? Escreva esse número em notação científica.

_____

31 Você sabia que existem cerca de 900 000 espécies de insetos no mundo e que os cientistas suspeitam que possam existir cerca de 10 000 000 de espécies ainda desconhecidas? Escreva esses números em notação científica.

_____

32 A velocidade da luz é 300 000 km/s.
Como se escreve esse número em notação científica?

_____

33 Um átomo é formado por prótons, nêutrons e elétrons. A massa de um elétron em repouso é

> 0,000 000 000 000 000 000 000 000 000 911 kg.

Escreva esse número em notação científica.

34 O volume da Terra é 1 087 000 000 000 000 000 000 m³. Escreva esse número em notação científica.

_____

35 A distância média da Terra à Lua é 380 000 km. Escreva esse número em notação científica.

_____

36 A massa específica do mercúrio a 20 °C é 13 500 kg/m³. Escreva esse número em notação científica.

_____

VOCÊ SABIA? — Nome dos números grandes

Você sabia que a palavra milhão (10^6) surgiu na Itália no século XIII e que a palavra bilhão (10^9) teve origem na França e só foi usada na língua inglesa ("billion") no século XVII?

Atualmente esses nomes vão até "vigintillion" (10^{63}).

Também são usados os nomes "googol" e "googolplex".

$$1 \text{ googol} = 10^{100} \qquad 1 \text{ googolplex} = 10^{10^{100}} = 10^{\text{googol}}$$

Capítulo 2

CÁLCULO COM RADICAIS

▶ Radiciação

A **radiciação** é a operação inversa da potenciação.

Considere um número real **a** e um número natural **n**, com **n ≥ 2**.

A raiz enésima desse número pode ser indicada pelo radical:

$$\sqrt[n]{a}$$

índice → n ; radicando → a

O índice pode ser um número par ou um número ímpar.

CASO 1 — O índice é par

Exemplos:

a) $\sqrt[4]{16} = \sqrt[4]{2^4} = 2$, pois $2^4 = 16$

b) $\sqrt[8]{6561} = \sqrt[8]{3^8} = 3$, pois $3^8 = 6561$

c) $\sqrt[4]{-16}$

Como $2^4 = 16$ e $(-2)^4 = 16$, então não existe um número real que elevado a quarta potência dê -16.

CASO 2 — O índice é ímpar

Exemplos:

a) $\sqrt[3]{8} = \sqrt[3]{2^3} = 2$, pois $2^3 = 8$

b) $\sqrt[3]{-27} = \sqrt[3]{(-3)^3} = -3$, pois $(-3)^3 = 27$

c) $\sqrt[5]{16807} = \sqrt[5]{7^5} = 7$, pois $7^5 = 16807$

Observação

- Se n é um número natural diferente de zero, então $\sqrt[n]{0} = 0$.

ATIVIDADES

1 Existe algum número real que seja a raiz quadrada de −64? Justifique.

2 Calcule mentalmente:

a) $\sqrt{36}$ _____

b) $\sqrt{100}$ _____

c) $-\sqrt{900}$ _____

d) $\sqrt{0,64}$ _____

e) $\sqrt{0,01}$ _____

f) $-\sqrt{\dfrac{49}{81}}$ _____

3 Encontre o número inteiro ou o número fracionário que corresponde à expressão:

a) $\dfrac{3}{4}\sqrt{256} \cdot \dfrac{1}{3}\sqrt{400}$

b) $\sqrt[3]{\dfrac{-8}{27}} + \sqrt[3]{\dfrac{27}{64}}$

4 Calcule o valor da expressão.

$$\sqrt{7 + \sqrt{84 - \sqrt{4 + \sqrt{25}}}}$$

5 Determine o valor real de n nestes casos.

a) $\sqrt{n} = 6$

b) $\sqrt[3]{n} = 5$

c) $\sqrt[3]{n} = \dfrac{1}{2}$

▶ Potências com expoentes racionais

No capítulo anterior estudamos como calcular potências com expoentes inteiros.

Exemplos:

$$5^3 = 125 \qquad (-2)^{-3} = -\dfrac{1}{8} \qquad 3^0 = 1$$

Porém, existem potências com expoentes fracionários e positivos.

Exemplos:

$$3^{\frac{1}{2}} \qquad (-2)^{\frac{3}{4}} \qquad \left(\dfrac{1}{5}\right)^{\frac{2}{7}} \qquad 5^{\frac{2}{3}}$$

Como se calculam essas potências?

Vamos calcular, por exemplo, $5^{\frac{2}{3}}$.

- Considere o número real x (com x > 0), tal que $x = 5^{\frac{2}{3}}$.
- Elevando ambos os membros ao cubo, temos:

$$x^3 = \left(5^{\frac{2}{3}}\right)^3 \quad \text{(potência de potência)}$$

$$x^3 = 5^{\frac{2}{3} \cdot 3}$$

$$x^3 = 5^2$$

- Como x é número positivo que elevado a 3 dá 5^2, temos: $x = \sqrt[3]{5^2}$.
- Logo, $5^{\frac{2}{3}} = \sqrt[3]{5^2} = \sqrt[3]{25}$

De modo geral, sendo x um número real positivo e $\dfrac{m}{n}$ um número racional, pode-se escrever:

$$x^{\frac{m}{n}} = \sqrt[n]{x^m}$$

Veja como calculamos outras potências de expoente racional.

a) $4^{\frac{3}{2}} = \sqrt[2]{4^3} = \sqrt{64} = 8$

b) $3^{\frac{2}{5}} = \sqrt[5]{3^2} = \sqrt[5]{9}$

c) $16^{\frac{-1}{2}} = \sqrt[2]{16^{-1}} = \sqrt{\dfrac{1}{16}} = \dfrac{1}{4}$

d) $2^{0,25} = 2^{\frac{25}{100}} = 2^{\frac{1}{4}} = \sqrt[4]{2}$

e) $\left(\dfrac{2}{3}\right)^{\frac{-1}{4}} = \sqrt[4]{\left(\dfrac{2}{3}\right)^{-1}} = \sqrt[4]{\dfrac{3}{2}}$

Transformação de radicais em potências

Pode-se escrever um radical na forma de potência por meio da igualdade:

$$\sqrt[n]{x^m} = x^{\frac{m}{n}} \quad (\text{com } x > 0)$$

Acompanhe os exemplos.

a) $\sqrt[3]{3^2} = 3^{\frac{2}{3}}$

b) $\sqrt[4]{8} = \sqrt[4]{2^3} = 2^{\frac{3}{4}}$

Propriedades das potências com expoentes racionais

As propriedades estudadas para expoentes inteiros também valem para expoentes racionais. Exemplos:

a) $2^{\frac{1}{5}} \cdot 2^{\frac{2}{5}} = 2^{\frac{1}{5} + \frac{2}{5}} = 2^{\frac{3}{5}}$

b) $3^{\frac{3}{7}} \div 3^{\frac{1}{7}} = 3^{\frac{3}{7} - \frac{1}{7}} = 3^{\frac{2}{7}}$

c) $(5^{\frac{1}{2}})^{\frac{4}{3}} = 5^{\frac{1}{2} \cdot \frac{4}{3}} = 5^{\frac{2}{3}}$

ATIVIDADES

6 Escreva na forma de radical.

a) $3^{\frac{1}{3}}$ _____ c) $2^{\frac{3}{10}}$ _____

b) $7^{\frac{5}{8}}$ _____ d) $11^{\frac{5}{2}}$ _____

7 Escreva na forma de potência.

a) $\sqrt[3]{5^2}$ _____ c) $\sqrt[11]{2^4}$ _____

b) $\sqrt{7^3}$ _____ d) $\sqrt{13}$ _____

8 Use as propriedades e escreva na forma de uma única potência.

a) $(5^{\frac{1}{3}})^{\frac{9}{4}}$ _____

b) $3^{\frac{1}{2}} \cdot 3^{\frac{1}{2}} \cdot 3$ _____

c) $(-2)^{\frac{3}{4}} \cdot (-2)^{\frac{1}{4}}$ _____

d) $7^{\frac{1}{3}} \div 7^{\frac{1}{6}}$ _____

9 Escreva cada radical na forma de potência. Em seguida, use as propriedades e escreva na forma de uma única potência.

a) $\sqrt{5} \cdot \sqrt[3]{5}$ _____

b) $\sqrt[4]{3} \cdot \sqrt[8]{3}$ _____

c) $\dfrac{\sqrt{2}}{\sqrt[3]{2}} \cdot \sqrt[5]{2^6}$ _____

d) $(\sqrt[3]{3})^{\frac{6}{5}}$ _____

10 Sendo $A = ((\sqrt{2})^5)^{\frac{2}{3}}$ e $B = \sqrt[5]{2^6}$, calcule $A \cdot B$.

_____

_____

11 Escreva o número $((3^{-3} \cdot 3^{-\frac{1}{2}}) \div 9^{-\frac{10}{3}})^{-\frac{6}{5}}$ na forma de radical.

_____

_____

12 Veja como calculamos $625^{0,75}$.

Decompomos o número 625 em fatores primos e escrevemos o número 0,75 na forma de fração.

625	5
125	5
25	5
5	5
1	

$0,75 = \dfrac{75}{100} = \dfrac{3}{4}$

$625^{\frac{3}{4}} = (5^4)^{\frac{3}{4}} = 5^{\cancel{4} \cdot \frac{3}{\cancel{4}}} = 5^3 = 125$.

Agora é com você.

Determine o valor desta expressão.

$(256)^{0,125}$

_____

13 Calcule o valor numérico de $x^{-\frac{1}{2}} + x^{\frac{1}{4}}$, para $x = 16$.

_____

14 Relacione cada expressão numérica da coluna da esquerda com seu respectivo resultado da coluna da direita.

a) $\sqrt{16} + (1\,024)^{\frac{1}{5}} - 15^0$ ( ) -5

b) $27^{0,666\ldots} - 64^{\frac{1}{3}}$ ( ) 8

c) $49^{\frac{1}{2}} + 9^0$ ( ) 5

d) $32^{\frac{1}{5}} + \sqrt[6]{729} - \left[(10)^{\frac{1}{2}}\right]^2$ ( ) 7

▶ Propriedades dos radicais

As propriedades que veremos a seguir são úteis na simplificação e nos cálculos com radicais.

PROPRIEDADE 1

Observe os cálculos:

a) $\sqrt{3^2} = \sqrt{9} = 3$

   Logo, $\sqrt{3^2} = 3$

b) $\sqrt[3]{\left(\dfrac{2}{3}\right)^3} = \sqrt[3]{\dfrac{8}{27}} = \dfrac{2}{3}$

   Logo, $\sqrt[3]{\left(\dfrac{2}{3}\right)^3} = \dfrac{2}{3}$

c) $\sqrt[4]{\left(\dfrac{1}{4}\right)^4} = \sqrt[4]{\dfrac{1}{256}} = \dfrac{1}{4}$

   Logo, $\sqrt[4]{\left(\dfrac{1}{4}\right)^4} = \dfrac{1}{4}$

De modo geral, quando a é um número real não negativo e n um número natural maior que 1, temos:

$$\sqrt[n]{a^n} = a^{\frac{n}{n}} = a^1 = a$$

PROPRIEDADE 2

Considere as expressões $\sqrt[4]{3^8}$ e $\sqrt[2]{3^4}$

$\left.\begin{array}{l}\sqrt[4]{3^8} = \sqrt[4]{6561} = 9 \\ \sqrt[2]{3^4} = \sqrt[2]{81} = 9\end{array}\right\}$ Comparando os resultados, temos: $\sqrt[4]{3^8} = \sqrt[2]{3^4}$

$\sqrt[4]{3^8} = \sqrt[4:2]{3^{8:2}} = \sqrt[2]{3^4}$

De modo geral, quando a é um número real positivo e n, m, p são números naturais com n > 1, p ≠ 0 e p divisor comum de m e n, temos:

$$\sqrt[n]{a^m} = \sqrt[n:p]{a^{m:p}}$$

Também podemos escrever que, quando a é um número real positivo, n, m e p são números naturais, com n > 1.

$$\sqrt[n]{a^m} = \sqrt[m \cdot p]{a^{m \cdot p}}$$

PROPRIEDADE 3

Observe os cálculos:

a) $\sqrt{4 \cdot 16} = \sqrt{64} = 8$
   $\sqrt{4} \cdot \sqrt{16} = 2 \cdot 4 = 8$ $\Big\}$ $\sqrt{4 \cdot 16} = \sqrt{4} \cdot \sqrt{16}$

b) $\sqrt[3]{8 \cdot 27} = \sqrt[3]{216} = 6$
   $\sqrt[3]{8} \cdot \sqrt[3]{27} = 2 \cdot 3 = 6$ $\Big\}$ $\sqrt[3]{8 \cdot 27} = \sqrt[3]{8} \cdot \sqrt[3]{27}$

c) $\sqrt[4]{16 \cdot 81} = \sqrt[4]{1\,296} = 6$
   $\sqrt[4]{16} \cdot \sqrt[4]{81} = 2 \cdot 3 = 6$ $\Big\}$ $\sqrt[4]{16 \cdot 81} = \sqrt[4]{16} \cdot \sqrt[4]{81}$

De modo geral, se a é real e a > 0, b é real e b > 0 e n é natural, temos:

$$\sqrt[n]{a \cdot b} = (a \cdot b)^{\frac{1}{n}} = a^{\frac{1}{n}} \cdot b^{\frac{1}{n}} = \sqrt[n]{a} \cdot \sqrt[n]{b}$$

PROPRIEDADE 4

Observe os cálculos:

a) $\sqrt{\dfrac{4}{9}} = \dfrac{2}{3}$
   $\dfrac{\sqrt{4}}{\sqrt{9}} = \dfrac{2}{3}$ $\Big\}$ $\sqrt{\dfrac{4}{9}} = \dfrac{\sqrt{4}}{\sqrt{9}}$

b) $\sqrt[3]{\dfrac{8}{27}} = \dfrac{2}{3}$
   $\dfrac{\sqrt[3]{8}}{\sqrt[3]{27}} = \dfrac{2}{3}$ $\Big\}$ $\sqrt[3]{\dfrac{8}{27}} = \dfrac{\sqrt[3]{8}}{\sqrt[3]{27}}$

De modo geral, quando a é um número real não negativo, b é um número real positivo e n é um número natural, temos:

$$\sqrt[n]{\dfrac{a}{b}} = \left(\dfrac{a}{b}\right)^{\frac{1}{n}} = \dfrac{a^{\frac{1}{n}}}{b^{\frac{1}{n}}} = \dfrac{\sqrt[n]{a}}{\sqrt[n]{b}}$$

ATIVIDADES

15 Calcule o valor de:

a) $\sqrt{(11)^2}$ _____

b) $\sqrt[3]{(3,3)^3}$ _____

c) $\sqrt{\left(\dfrac{13}{15}\right)^2}$ _____

d) $\sqrt{x^2}$, sendo $x \geq 0$ _____

e) $(\sqrt[6]{7})^6$ _____

f) $(3\sqrt{5})^2$ _____

16 Simplifique os radicais, dividindo o índice do radical e o expoente do radicando por um mesmo número diferente de zero.

a) $\sqrt[12]{3^6}$ _____

b) $\sqrt[15]{2^5}$ _____

d) $\sqrt[9]{5^6}$ _____

e) $\sqrt[21]{x^{14}}$ _____

23

17 Decomponha os radicais em um produto de radicais, todos de mesmo índice (sendo x, y e z reais maiores ou iguais a zero).

a) $\sqrt[3]{3 \cdot 5}$ _____

b) $\sqrt{3 \cdot 7}$ _____

c) $\sqrt{x \cdot y^2}$ _____

d) $\sqrt{x \cdot y \cdot z}$ _____

18 Decomponha o radicando em fatores primos e escreva cada item na forma de um produto de radicais de mesmo índice.

a) $\sqrt{15}$ _____

b) $\sqrt[3]{21}$ _____

c) $\sqrt[4]{30}$ _____

19 Transforme em um quociente de radicais cada expressão abaixo.

a) $\sqrt{\dfrac{3}{5}}$ _____

b) $\sqrt[3]{\dfrac{3}{8}}$ _____

c) $\sqrt[5]{\dfrac{2}{7}}$ _____

d) $\sqrt[4]{\dfrac{7}{16}}$ _____

Aplicações das propriedades

Simplificação de raízes não exatas

Fatores que estão no radicando, cujos expoentes são iguais ou maiores que o índice da raiz, podem ser extraídos. Fazendo isso, realizamos uma simplificação de raízes não exatas.

Veja os exemplos:

a) $\sqrt{50} = \sqrt{5^2 \cdot 2} = \sqrt{5^2} \cdot \sqrt{2} = 5 \cdot \sqrt{2}$

Decomposição de 50

50	2
25	5
5	5
1	

b) $\sqrt[3]{48} = \sqrt[3]{2^4 \cdot 3} = \sqrt[3]{2 \cdot 2^3 \cdot 3} = 2\sqrt[3]{6}$

Decomposição de 48

48	2
24	2
12	2
6	2
3	3
1	

Redução de radicais ao mesmo índice

Reduzir dois radicais ao mesmo índice significa descobrir dois novos radicais, de mesmo índice, um deles equivalente ao primeiro dos radicais dados e o segundo equivalente ao outro.

Vamos considerar os radicais $\sqrt[3]{3^2}$ e $\sqrt[4]{2^3}$.

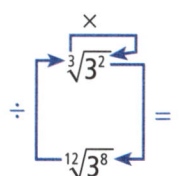

$\sqrt[3]{3^2} = \sqrt[12]{3^8}$ e $\sqrt[4]{2^3} = \sqrt[12]{2^9}$

mmc (3,4) = 12

Usando a propriedade 2, podemos indicar essa redução assim:

$\sqrt[3]{3^2}$ e $\sqrt[4]{2^3}$

$\sqrt[3 \cdot 4]{3^{2 \cdot 4}}$ e $\sqrt[4 \cdot 3]{2^{3 \cdot 3}}$

$\sqrt[12]{3^8}$ e $\sqrt[12]{2^9}$

Outras reduções:

a) $\sqrt[2]{2}$ e $\sqrt[3]{3}$
mmc (2, 3) = 6
$\sqrt[6]{2^3}$ e $\sqrt[6]{3^2}$

b) $\sqrt[4]{7}$, $\sqrt[3]{5^2}$ e $\sqrt{3}$
mmc (4, 3, 2) = 12
$\sqrt[12]{7^3}$; $\sqrt[12]{5^8}$ e $\sqrt[12]{3^6}$

ATIVIDADES

20 Extraia os fatores do radicando.

a) $\sqrt[3]{3^4 \cdot 5}$
b) $\sqrt[3]{7^4}$
c) $\sqrt[3]{2 \cdot 5^5}$
d) $\sqrt[3]{2^{10}}$

21 Simplifique os radicais.

a) $\sqrt{a^3}$ ($a \geq 0$) _____

b) $\sqrt{3^5 \cdot 5}$ _____

c) $\sqrt[3]{7^3}$ _____

d) $\sqrt{2^2 \cdot 3^2 \cdot 5}$ _____

e) $\sqrt[3]{250}$ _____

f) $\sqrt{\dfrac{120a^2}{27}}$ ($a \geq 0$) _____

22 Represente os radicais abaixo na forma $\dfrac{a}{b}\sqrt{c}$ ou $\dfrac{a}{b}$.

a) $\sqrt{\dfrac{8}{25}}$

b) $\sqrt{\dfrac{50}{49}}$

c) $\sqrt{\dfrac{3}{12}}$

d) $\sqrt{\dfrac{0,7}{6,3}}$

23 Simplifique as expressões, sendo $a \geq 5$.

a) $\sqrt{(a-5)^2}$

b) $\sqrt{81(a-2)^2}$

c) $\sqrt{a^2 + 10a + 25}$

24 Reduza ao mesmo índice.

a) $\sqrt[4]{2}$ e $\sqrt[8]{3}$

b) $\sqrt[3]{5}$ e $\sqrt[5]{3}$

c) $\sqrt{3}$ e $\sqrt[4]{5}$

d) $\sqrt[4]{2}$ e $\sqrt[10]{3}$

e) $\sqrt{2}$ e $\sqrt[3]{2}$

f) $\sqrt{2}$, $\sqrt[3]{3}$, $\sqrt[4]{5}$

▶ Comparação de radicais

Vamos comparar números na forma de radicais.

Radicais com mesmo índice

Basta comparar os radicandos.

Exemplos:

a) $\sqrt{7} > \sqrt{5}$

b) $\sqrt[3]{-8} > \sqrt[3]{-27}$

c) $\sqrt[4]{\dfrac{1}{2}} > \sqrt[4]{\dfrac{1}{4}}$

d) $\sqrt[5]{0{,}1} < \sqrt[5]{0{,}3}$

Radicais com índices diferentes

Reduzimos os radicais ao mesmo índice e comparamos os radicandos.

Exemplos:

a) $\sqrt[3]{5} < \sqrt{7}$, pois $\sqrt[6]{5^2} < \sqrt[6]{7^3}$ ($\sqrt[6]{25} < \sqrt[6]{343}$)

b) $\sqrt[4]{2} > \sqrt[8]{3}$, pois $\sqrt[8]{2^2} > \sqrt[8]{3}$ ($\sqrt[8]{4} > \sqrt[8]{3}$)

ATIVIDADES

25 Compare os radicais, colocando um dos sinais no ☐: >, < ou =.

a) $\sqrt[3]{7}$ ☐ $\sqrt[3]{5}$

b) $\sqrt[3]{-2}$ ☐ $\sqrt[3]{-8}$

c) $\sqrt[8]{10}$ ☐ $\sqrt[10]{20}$

d) $\sqrt[4]{16}$ ☐ $\sqrt{4}$

e) $\sqrt[7]{-2}$ ☐ $\sqrt[5]{-1}$

26 Coloque os radicais em ordem decrescente.

$\sqrt[3]{2}$, $\sqrt[6]{3}$ e $\sqrt[5]{4}$

Operações de radicais

Adição e subtração

Podemos efetuar adições e subtrações de radicais, deixando o resultado na forma de radical. Vamos examinar dois casos.

- Quando os radicais têm o mesmo índice e o mesmo radicando.

  Nesse caso, são chamados radicais semelhantes.

  Exemplos:

  a) $5\sqrt{3} + 3\sqrt{3} = 8\sqrt{3}$

  b) $10\sqrt{2} + 3\sqrt{2} - 6\sqrt{2} = 7\sqrt{2}$

  c) $6\sqrt{6} - 3\sqrt{10} + 2\sqrt{6} - \sqrt{10} + 3\sqrt{10} - 5\sqrt{6} = (6 + 2 - 5)\sqrt{6} + (-3 - 1 + 3)\sqrt{10} = 3 \cdot \sqrt{6} - \sqrt{10}$

  Observe que a expressão $3\sqrt{6} - \sqrt{10}$ não pode se tornar mais simples.

- Quando os radicais se tornam iguais após a simplificação do radicando.

  Exemplos:

  a) $\sqrt{12} + \sqrt{75} = \sqrt{2^2 \cdot 3} + \sqrt{3 \cdot 5^2} = 2\sqrt{3} + 5\sqrt{3} = 7\sqrt{3}$

  b) $3\sqrt[3]{40} - \sqrt[3]{135} + 4 \cdot \sqrt[3]{625} = 3 \cdot \sqrt[3]{2^3 \cdot 5} - \sqrt[3]{3^3 \cdot 5} + 4 \cdot \sqrt[3]{5^3 \cdot 5}$
  $= 3 \cdot 2\sqrt[3]{5} - 3\sqrt[3]{5} + 4 \cdot 5\sqrt[3]{5} = 6\sqrt[3]{5} - 3\sqrt[3]{5} + 20\sqrt[3]{5} = 23\sqrt[3]{5}$

ATIVIDADES

27 Classifique as igualdades em verdadeiras ou falsas.

( ) $\sqrt{2} + \sqrt{3} = \sqrt{5}$

( ) $\sqrt{3} + \sqrt{3} = 2 \cdot \sqrt{3}$

( ) $\sqrt{7} - \sqrt{2} = \sqrt{5}$

( ) $\sqrt{7} - 1 + \sqrt{7} - 1 = 2\sqrt{7} + 2$

( ) $\sqrt{11} + \sqrt{8} - \sqrt{11} + \sqrt{8} = 2\sqrt{8}$

28 Escreva cada expressão na forma mais simples possível.

a) $\sqrt[3]{3} + 2\sqrt[3]{3} - 4\sqrt[3]{3}$

b) $3\sqrt[4]{5} + 2\sqrt[4]{3} - \sqrt[4]{5} - \sqrt[4]{3}$

c) $6 - 2\sqrt{7} + 4 - 3\sqrt{7}$

d) $\sqrt[5]{5} + \sqrt[5]{5} + \sqrt[5]{5} + 4 - 2\sqrt[5]{5}$

29 Reduza as expressões numéricas a uma forma mais simples.

a) $2\sqrt{5} + \sqrt{80} - \sqrt{125}$

b) $\sqrt{600} - \sqrt{54} - 2\sqrt{24}$

c) $5\sqrt[3]{16} + 3\sqrt[3]{128} - 2\sqrt[3]{2}$

30 Qual é o perímetro deste triângulo isósceles?

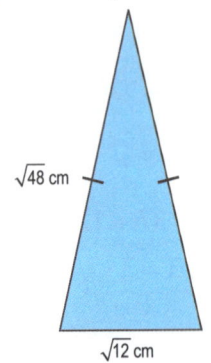

$\sqrt{48}$ cm

$\sqrt{12}$ cm

31 Sendo $a = 5 + 4\sqrt{3}$ e $b = 4 - \sqrt{48}$, mostre que $a + b$ é um número inteiro.

32 Simplifique a expressão $\dfrac{4\sqrt{40} + \sqrt{160} - \sqrt{90}}{3}$.

33 Sendo $x = 3\sqrt{12} + 4\sqrt{27} - 2\sqrt{3}$ e $y = \sqrt{48} + \sqrt{108} - 6\sqrt{3}$, calcule $\dfrac{x}{y}$.

Multiplicação

Você já estudou na Propriedade 3 das raízes que:

$\sqrt[n]{a \cdot b} = \sqrt[n]{a} \cdot \sqrt[n]{b}$, com a e b reais não negativos, e n natural maior que 1.

Essa igualdade pode ser escrita assim:

$\sqrt[n]{a} \cdot \sqrt[n]{b} = \sqrt[n]{a \cdot b}$, com a e b sendo números reais não negativos e n natural e maior que 1.

Essa propriedade será usada na multiplicação de radicais. Exemplos:

a) $\sqrt{3} \cdot \sqrt{5} = \sqrt{3 \cdot 5} = \sqrt{15}$

b) $\sqrt[3]{2} \cdot \sqrt[3]{4} \cdot \sqrt[3]{5} = \sqrt[3]{2 \cdot 4 \cdot 5} = \sqrt[3]{40}$

c) $\sqrt{7} \cdot \sqrt{14} = \sqrt{7 \cdot 14} = \sqrt{7 \cdot 7 \cdot 2} = \sqrt{7^2 \cdot 2} = 7\sqrt{2}$

d) $3 \cdot \sqrt{5} \cdot 2 \cdot \sqrt{15} = 6\sqrt{5 \cdot 15} = 6\sqrt{5^2 \cdot 3} = 6 \cdot 5 \cdot \sqrt{3} = 30\sqrt{3}$

e) $\sqrt[4]{x^2 y} \cdot \sqrt[4]{xy^3} = \sqrt[4]{x^2 y \cdot xy^3} = \sqrt[4]{x^3 \cdot y^4} = y\sqrt[4]{x^3}$ ($x \geq 0$ e $y \geq 0$)

Podemos usar essa propriedade e a propriedade distributiva para efetuar outras multiplicações. Exemplos:

a) $\sqrt{3} \cdot (2\sqrt{2} - \sqrt{7}) = 2 \cdot \sqrt{3 \cdot 2} - \sqrt{3 \cdot 7} = 2 \cdot \sqrt{6} - \sqrt{21}$

b) $(\sqrt{2} + 4\sqrt{2})(\sqrt{2} - 2\sqrt{3}) = \sqrt{2 \cdot 2} - 2\sqrt{2 \cdot 3} + 4\sqrt{2 \cdot 2} - 8\sqrt{2 \cdot 3} = \sqrt{4} - 2\sqrt{6} + 4\sqrt{4} - 8\sqrt{6} =$

$= 2 - 2\sqrt{6} + 4 \cdot 2 - 8\sqrt{6} = 10 - 10\sqrt{6}$

Também podemos aplicar os produtos notáveis e calcular:

a) $(\sqrt{2} - \sqrt{3})^2 = (\sqrt{2})^2 - 2 \cdot \sqrt{2} \cdot \sqrt{3} + (\sqrt{3})^2 = 2 - 2\sqrt{6} + 3 = 5 - 2\sqrt{6}$.

b) $(3 + 2\sqrt{7})^2 = 3^2 + 2 \cdot 3 \cdot 2\sqrt{7} + (2 \cdot \sqrt{7})^2 = 9 + 12\sqrt{7} + 4 \cdot 7 = 9 + 12\sqrt{7} + 28 = 37 + 12\sqrt{7}$

c) $(\sqrt{11} - \sqrt{5})(\sqrt{11} + \sqrt{5}) = (\sqrt{11})^2 - (\sqrt{5})^2 = 11 - 5 = 6$

ATIVIDADES

34 Efetue as multiplicações.

a) $\sqrt[3]{2} \cdot \sqrt[3]{3} \cdot \sqrt[3]{11}$ _____

b) $\sqrt[4]{3x} \cdot \sqrt[4]{2x}$ (x ≥ 0) _____

c) $\sqrt{5} \cdot \sqrt{15}$ _____

d) $\sqrt[7]{x^4} \cdot \sqrt[7]{x^5}$ _____

e) $\sqrt{38} \cdot \sqrt{57}$ _____

f) $3 \cdot \sqrt{18} \cdot 5 \cdot \sqrt{2}$ _____

g) $10\sqrt[3]{12} \cdot 2\sqrt[3]{6}$ _____

35 Calcule.

a) $\sqrt{3} \cdot (7 - 2\sqrt{3})$ _____

b) $(2\sqrt{3} - 5)(\sqrt{3} + 1)$ _____

c) $(\sqrt{7} - 4)(3\sqrt{7} + 5)$ _____

d) $\sqrt{2} \cdot (3 + 4\sqrt{2})$ _____

e) $\sqrt{12} \cdot (\sqrt{3} - \sqrt{2})$ _____

f) $(\sqrt{3} - \sqrt{5})(\sqrt{3} + 3\sqrt{5})$ _____

g) $(2\sqrt{7} - 1)(\sqrt{7} + 2)$ _____

36 Nas figuras, as medidas são dadas em centímetros. Determine.

- o perímetro de cada figura.
- a área de cada figura.

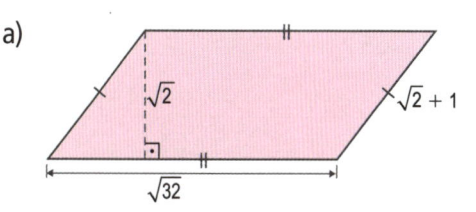

a) Paralelogramo com lados $\sqrt{2} + 1$, base $\sqrt{32}$ e altura $\sqrt{2}$.

b)

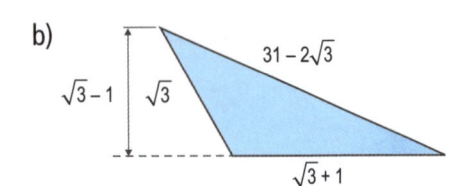

(triangle figure with sides $\sqrt{3}-1$, $\sqrt{3}$, $31-2\sqrt{3}$, $\sqrt{3}+1$)

37 Dados $A = (5 + 2\sqrt{3})$ e $B = (2 - 5\sqrt{3})$, calcule:

a) $A - B$

b) $A \cdot B$

c) A^2

38 Calcule.

a) $(3 - \sqrt{5})^2$

b) $(\sqrt{7} + \sqrt{3})^2$

c) $(\sqrt{11} + 2)(\sqrt{11} - 2)$

39 Sendo $x = (1 + \sqrt{6})^2$ e $y = 2\sqrt{2}\,(2 - \sqrt{3})$, calcule $x + y$.

40 Calcule $\sqrt{14 - \sqrt{180}} \cdot \sqrt{14 + \sqrt{180}}$.

41 Efetue $(7 + \sqrt{11})^2$. Com base na resposta anterior, calcule mentalmente $\sqrt{60 + 14\sqrt{11}}$.

42 Calcule $\sqrt{7 + \sqrt{24}} \cdot \sqrt{7 - \sqrt{24}}$.

43 Sem usar calculadora, calcule.

$(\sqrt{1\,001} + \sqrt{999}) \cdot (\sqrt{1\,001} - \sqrt{999})$

Divisão

Você já estudou na Propriedade 4 raízes que:

sendo a um número real não negativo, b um número real positivo e r um número natural, temos:

$$\sqrt[n]{\frac{a}{b}} = \frac{\sqrt[n]{a}}{\sqrt[n]{b}}$$

Logo, obedecendo as condições anteriores, temos:

$$\frac{\sqrt[n]{a}}{\sqrt[n]{b}} = \sqrt[n]{\frac{a}{b}}$$

Essa propriedade será usada na divisão de radicais.

Exemplos:

a) $\sqrt{20} \div \sqrt{2} = \dfrac{\sqrt{20}}{\sqrt{2}} = \sqrt{\dfrac{20}{2}} = \sqrt{10}$

b) $\sqrt[3]{-32} \div \sqrt[3]{4} = \dfrac{\sqrt[3]{-32}}{\sqrt[3]{4}} = \sqrt[3]{\dfrac{-32}{4}} = \sqrt[3]{-8} = -2$

c) $\dfrac{\sqrt{18} \cdot \sqrt{12}}{\sqrt{2}} = \sqrt{\dfrac{18 \cdot \cancel{12}^{\,6}}{\cancel{2}_{\,1}}} = \sqrt{6^2 \cdot 3} = 6\sqrt{3}$

ATIVIDADES

44 Efetue as divisões de radicais.

a) $\sqrt[3]{108} \div \sqrt[3]{2}$

b) $\sqrt{136} \div \sqrt{17}$

c) $\sqrt[4]{1250} \div \sqrt[4]{2}$

d) $\sqrt{120} \div \sqrt{3}$

e) $\sqrt[9]{36} \div \sqrt[9]{18}$

f) $\sqrt[3]{270} \div \sqrt[3]{-10}$

45 Considerando x um número real positivo, efetue.

a) $\sqrt{x^5} \div \sqrt{x^3}$

b) $\sqrt[3]{x^{10}} \div \sqrt[3]{x}$

c) $\sqrt[5]{x^{11}} \div x\sqrt[5]{x}$

d) $(x^3 \cdot \sqrt{x^6}) \div (x\sqrt{x^2})$

e) $\sqrt[7]{x} \cdot \sqrt[7]{x^9} \div \sqrt[7]{x}$

f) $\sqrt[9]{x^5} \div \sqrt[9]{x} \cdot \sqrt[9]{x^2}$

46 Sendo $x = \sqrt{(6+\sqrt{6}) \cdot (6-\sqrt{6})}$ e $y = \sqrt{15}$, determine $\dfrac{x}{y}$.

47 Simplifique as expressões.

a) $\dfrac{\sqrt[4]{x^8 \cdot y^7}}{\sqrt[4]{x^3 \cdot y^3}}$, com $x \geq 0$ e $y \geq 0$.

b) $\dfrac{\sqrt{48xy^6}}{\sqrt{2y^4}}$

c) $(\sqrt{144} \cdot \sqrt{3}) \div (\sqrt{12} \cdot \sqrt{36})$

d) $\dfrac{\sqrt{5}+3}{\sqrt{10}+3} \div \dfrac{\sqrt{10}-3}{\sqrt{5}}$

48 Determine o valor de x, sabendo que a área do retângulo é $\sqrt{125}$ cm².

$\sqrt{5}$ cm

x

Multiplicação e divisão de radicais com índices diferentes

Inicialmente reduzimos os radicais ao mesmo índice para, em seguida, efetuar a multiplicação ou a divisão.

Exemplos:

a) $\sqrt{2} \cdot \sqrt[4]{2^3}$

mmc (2,4) = 4

$\sqrt[4]{2^2} \cdot \sqrt[4]{2^3} = \sqrt[4]{2^2 \cdot 2^3} = \sqrt[4]{2^5} = 2\sqrt[4]{5}$

b) $\sqrt{5} : \sqrt[3]{5}$

mmc (2,3) = 6

$\sqrt[6]{5^3} \cdot \sqrt[6]{5^2} = \sqrt[6]{5^3 : 5^2} = \sqrt[6]{5}$

ATIVIDADES

49 Efetue as operações indicadas e quando possível simplifique o resultado.

a) $\sqrt[3]{6} : \sqrt[9]{9}$

b) $\sqrt[5]{7} \cdot \sqrt{2}$

c) $\sqrt[5]{8} : \sqrt[3]{2}$

d) $\sqrt[4]{2^3} \cdot \sqrt[5]{2^4} \cdot \sqrt[10]{2^7}$

50 Resolva as expressões.

a) $\sqrt{2} : \sqrt[20]{2^7} + 2\sqrt[40]{2^6}$

b) $\dfrac{\sqrt[3]{25} : \sqrt[6]{125}}{\sqrt[12]{25}}$

32

Potenciação e radiciação

Potenciação

Observe os cálculos:

a) $(\sqrt{5})^3 = \sqrt{5} \cdot \sqrt{5} \cdot \sqrt{5} = \sqrt{5 \cdot 5 \cdot 5} = \sqrt{5^3}$

Logo $(\sqrt{5})^3 = \sqrt{5^3}$

b) $(\sqrt[3]{2})^2 = \sqrt[3]{2} \cdot \sqrt[3]{2} = \sqrt[3]{2 \cdot 2} = \sqrt[3]{2^2}$

Logo, $(\sqrt[3]{2})^2 = \sqrt[3]{2^2}$

De modo geral, sendo a um número real não negativo, n um número inteiro, m um número natural diferente de zero:

$$(\sqrt[m]{a})^n = \left(a^{\frac{1}{m}}\right)^n = a^{\frac{n}{m}} = \sqrt[m]{a^n}$$

Radiciação

Observe:

a) $\sqrt{\sqrt{16}} = \sqrt{4} = 2$

b) $\sqrt[4]{16} = 2$

Comparando os resultados, podemos concluir que:

$\sqrt{\sqrt{16}} = \sqrt[4]{16}$

Observe:

a) $\sqrt[3]{\sqrt[2]{729}} = \sqrt[3]{27} = 3$

b) $\sqrt[6]{729} = 3$

Comparando os resultados, podemos concluir que:

$\sqrt[3]{\sqrt[2]{729}} = \sqrt[6]{729}$

De modo geral, sendo a um número real não negativo, m e n números naturais maiores que 1 e utilizando as propriedades das potências, demonstra-se que: $\sqrt[m]{\sqrt[n]{a}} = \sqrt[m \cdot n]{a}$.

Introdução de fatores no radicando

Um número natural que está multiplicando uma raiz pode ser introduzido no radicando. Para isso, eleva-se esse fator ao índice da raiz e multiplica-se a potência obtida pelo radicando existente.

Veja os exemplos:

a) $5\sqrt{2} = \sqrt{5^2 \cdot 2} = \sqrt{25 \cdot 2} = \sqrt{50}$

b) $3\sqrt{5x} = \sqrt{3^2 \cdot 5 \cdot x} = \sqrt{45x}$ (com $x \geq 0$)

c) $4 \cdot y \sqrt[3]{3} = \sqrt[3]{4^3 \cdot y^3 \cdot 3} = \sqrt[3]{192 \cdot y^3}$

Veja como calculamos $\sqrt{2\sqrt{2}}$:

$$\sqrt{2\sqrt{2}} = \sqrt{\sqrt{2 \cdot 2^2}} = \sqrt{\sqrt{2^3}} = \sqrt[4]{2^3} = \sqrt[4]{8}$$

ATIVIDADES

51 Sendo $A = 2x^4 + 6x^2 + 5$, calcule o valor de A para $x = \sqrt{2}$.

52 Escreva as expressões na forma de uma única raiz.

a) $\sqrt{\sqrt[3]{7}}$

b) $\sqrt{\sqrt{3}}$

c) $\sqrt[4]{\sqrt{11}}$

d) $\sqrt[3]{\sqrt[3]{9}}$

e) $\sqrt[4]{\sqrt{17}}$

f) $\sqrt{\sqrt{\sqrt{3}}}$

53 Calcule:

a) $\sqrt{\sqrt[3]{64}}$

b) $\sqrt{\sqrt{4096}}$

c) $\sqrt{\sqrt{\sqrt{6561}}}$

54 Reduza estas expressões a um único radical.

a) $\dfrac{\sqrt{\sqrt{8}}}{\sqrt[4]{2}}$

b) $\sqrt{\sqrt[3]{3}} \cdot \sqrt[3]{\sqrt{12}}$

c) $\dfrac{\sqrt[4]{\sqrt[3]{324}}}{\sqrt[3]{\sqrt[4]{27}}}$

55 Introduza os fatores no radicando.

a) $3\sqrt{2}$

b) $7\sqrt{7}$

c) $\dfrac{1}{2}\sqrt{5}$

d) $2\sqrt{2^3}$

e) $\dfrac{3}{5}\sqrt{\dfrac{125}{36}}$

56 Efetue.

a) $\sqrt{3\sqrt{2}}$

b) $\sqrt[3]{2\sqrt{5}}$

c) $\sqrt[5]{\sqrt{2\sqrt{3}}}$

d) $\dfrac{\sqrt{5\sqrt{2}}}{\sqrt[4]{2}}$

EXPERIMENTOS, JOGOS E DESAFIOS

Os radicais de índice 2, 4 e a calculadora

É possível utilizar a calculadora para obter um valor aproximado da raiz quadrada de um número não negativo.

Exemplos:

$\sqrt{529}$ = ?
Na calculadora, digitamos:
[5] [2] [9] [√]   Visor: 23

$\sqrt{54756}$ = ?
Na calculadora, digitamos:
[5] [4] [7] [5] [6] [√]   Visor: 234

Se o número real for negativo, no visor aparecerá uma mensagem de erro. Exemplo:
$\sqrt{-4}$ = ?

Na calculadora digitamos:.

[-] [4] [=] [√]   Visor: Erro

Porém, com uma calculadora simples, podemos também obter um valor aproximado para raízes quartas, oitavas etc. de números reais não negativos.

Quando queremos um valor aproximado para a raiz quarta de um número real não negativo, basta digitarmos duas vezes a tecla [√]. Assim, para calcularmos $\sqrt[4]{16}$, teclamos [1] [6] [√] [√]. Utilize uma das propriedades dos radicais para explicar por quê.

▶ Racionalização de denominadores

No conjunto dos números reais existem expressões que apresentam um radical no denominador. Por exemplo, $\dfrac{1}{\sqrt{2}}$.

Sabe-se que se multiplicarmos o numerador e o denominador por um mesmo número (diferente de zero) não alteramos seu valor.

Em alguns cálculos é necessário encontrar uma expressão com o mesmo valor da primeira, porém com denominador natural.

Veja um exemplo:

$$\dfrac{1}{\sqrt{2}} = \dfrac{1 \cdot \sqrt{2}}{\sqrt{2} \cdot \sqrt{2}} = \dfrac{\sqrt{2}}{2}$$

Observe que $\dfrac{1}{\sqrt{2}} = \dfrac{\sqrt{2}}{2}$ e que, na segunda expressão, o denomidor é um número natural.

Esse procedimento é chamado racionalização do denominador.

Veja outras racionalizações de denominador:

a) $\dfrac{\sqrt{2}}{\sqrt{3}} = \dfrac{\sqrt{2} \cdot \sqrt{3}}{\sqrt{3} \cdot \sqrt{3}} = \dfrac{\sqrt{6}}{\sqrt{9}} = \dfrac{\sqrt{6}}{3}$

b) $\dfrac{3}{5\sqrt{7}} = \dfrac{2 \cdot \sqrt{7}}{5\sqrt{7} \cdot \sqrt{7}} = \dfrac{2 \cdot \sqrt{7}}{5 \cdot \sqrt{49}} = \dfrac{2 \cdot \sqrt{7}}{5 \cdot 7} = \dfrac{2 \cdot \sqrt{7}}{35}$

c) $\dfrac{2}{\sqrt[3]{3}} = \dfrac{2 \cdot \sqrt[3]{3^2}}{\sqrt[3]{3} \cdot \sqrt[3]{3^2}} = \dfrac{2 \cdot \sqrt[3]{9}}{\sqrt[3]{3^3}} = \dfrac{2 \cdot \sqrt[3]{9}}{3}$

Outro caso de racionalização

Veja agora como racionalizamos expressões que têm no denominador uma adição ou uma diferença de radicais.

Exemplos:

a) $\dfrac{3}{\sqrt{5} - \sqrt{2}} = \dfrac{3(\sqrt{5} + \sqrt{2})}{(\sqrt{5} - \sqrt{2})(\sqrt{5} + \sqrt{2})} = \dfrac{3(\sqrt{5} + \sqrt{2})}{5 - 2} = \dfrac{\cancel{3}(\sqrt{5} + \sqrt{2})}{\cancel{3}} = \sqrt{5} + \sqrt{2}$

b) $\dfrac{5}{\sqrt{7} + 2\sqrt{2}} = \dfrac{5(\sqrt{7} - 2\sqrt{2})}{(\sqrt{7} + 2\sqrt{2})(\sqrt{7} - 2\sqrt{2})} = \dfrac{5(\sqrt{7} - 2\sqrt{2})}{7 - 4 \cdot 2} = \dfrac{5(\sqrt{7} - 2\sqrt{2})}{7 - 8} = -5(\sqrt{7} - 2\sqrt{2})$

Simplificação de expressões

Veja como simplificamos a expressão:

$$\dfrac{3}{\sqrt{3} + 1} - \dfrac{\sqrt{3}}{\sqrt{3} - 1}$$

Racionalizamos o denominador de cada expressão e efetuamos os cálculos:

$\dfrac{3}{\sqrt{3} + 1} - \dfrac{\sqrt{3}}{\sqrt{3} - 1} =$

$= \dfrac{3(\sqrt{3} - 1)}{(\sqrt{3} + 1)(\sqrt{3} - 1)} - \dfrac{\sqrt{3}(\sqrt{3} + 1)}{(\sqrt{3} - 1)(\sqrt{3} + 1)} = \dfrac{3\sqrt{3} - 3 - 3 - \sqrt{3}}{(\sqrt{3} + 1)(\sqrt{3} - 1)} = \dfrac{2\sqrt{3} - 6}{3 - 1} =$

$= \dfrac{2\sqrt{3} - 6}{2} = \dfrac{2(\sqrt{3} - 3)}{2} = \sqrt{3} - 3$

ATIVIDADES

57 Racionalize o denominador das expressões.

a) $\dfrac{1}{\sqrt{3}}$

b) $\dfrac{1}{\sqrt{2}}$

c) $\dfrac{3}{2\sqrt{3}}$

d) $\dfrac{\sqrt{3}}{4\sqrt{2}}$

e) $\dfrac{1}{\sqrt{7}}$

f) $\dfrac{1}{\sqrt[3]{5}}$

58 Use os produtos notáveis e racionalize o denominador das expressões.

a) $\dfrac{1}{2+\sqrt{2}}$

b) $\dfrac{2}{\sqrt{3}+\sqrt{2}}$

c) $\dfrac{\sqrt{2}}{\sqrt{2}-2}$

d) $\dfrac{3-\sqrt{3}}{3\sqrt{3}-3}$

59 Encontre as três sentenças verdadeiras.

a) $\dfrac{15}{\sqrt{15}} = \sqrt{15}$

b) $\dfrac{6}{\sqrt{6}} = 6\sqrt{6}$

c) $\dfrac{a}{\sqrt[3]{a}} = \sqrt[3]{a^2}$ $(a>0)$

d) $\dfrac{2}{2+\sqrt{2}} = 2-\sqrt{2}$

e) $\dfrac{2}{\sqrt[3]{2}} = \sqrt[3]{2}$

f) $\dfrac{a}{a+\sqrt{a}} = a - \sqrt{a}$ $(a>0)$

60 Simplifique as expressões.

a) $\dfrac{2}{\sqrt{2}+3} + \dfrac{\sqrt{2}}{\sqrt{2}-3}$

b) $\dfrac{5}{4-\sqrt{3}} - \dfrac{1}{4+\sqrt{3}}$

c) $\dfrac{8}{\sqrt{5}} - \dfrac{7\sqrt{5}}{5}$

61 Sendo $a = \dfrac{2}{\sqrt{3}}$ e $b = \dfrac{3}{\sqrt{2}}$, calcule $a \cdot b$.

62 Sendo $a = \dfrac{\sqrt{3}}{2-\sqrt{3}}$ e $b = \dfrac{6-\sqrt{3}}{\sqrt{3}}$, calcule $a - b$.

EXPERIMENTOS, JOGOS E DESAFIOS

Jogando com a racionalização

Reúna-se com um ou três de seus colegas.

Vocês precisam confeccionar 28 peças de dominó com expressões cujos denominadores sejam irracionais. Veja alguns exemplos.

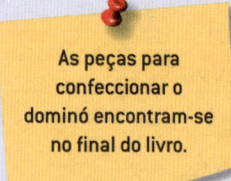

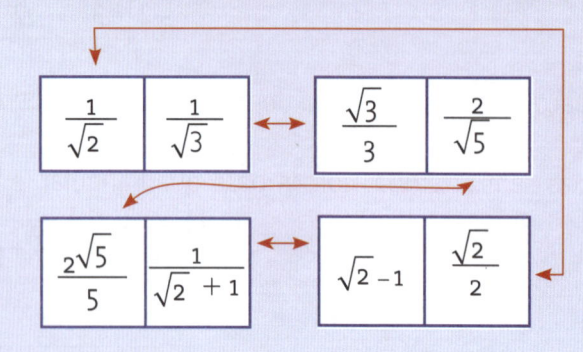

> As peças para confeccionar o dominó encontram-se no final do livro.

$$\boxed{\dfrac{1}{\sqrt{2}} \;\bigg|\; \dfrac{1}{\sqrt{3}}} \longleftrightarrow \boxed{\dfrac{\sqrt{3}}{3} \;\bigg|\; \dfrac{2}{\sqrt{5}}}$$

$$\boxed{\dfrac{2\sqrt{5}}{5} \;\bigg|\; \dfrac{1}{\sqrt{2}+1}} \longleftrightarrow \boxed{\sqrt{2}-1 \;\bigg|\; \dfrac{\sqrt{2}}{2}}$$

Lembre que as peças devem se encaixar consecutivamente (inclusive a 1ª com a última).

Cada participante recebe um número igual de peças, deixando ou não um montinho para compra.

Um dos jogadores, por sorteio, coloca a 1ª peça na carteira, e os outros, na sua vez, vão colocando as suas peças caso tenham um resultado que coincida com uma das pontas do jogo. Se um dos jogadores não tiver uma peça que se encaixe nas outras comprará uma peça do montinho até conseguir encaixar uma peça; caso não tenha mais peças no montinho, passa a vez. Ganha o jogo o participante que ficar sem nenhuma peça primeiro.

Capítulo 3
EQUAÇÕES DO 2º GRAU

▶ Equação do 2º grau com uma incógnita

Vamos representar a situação a seguir por meio de uma **equação do 2º grau com uma icógnita**.

Queremos construir caixas sem a tampa, com a base quadrangular, e que tenham 0,5 m de altura.

Se tivermos 3 m² de papelão e quisermos usar todo esse material, qual deve ser a medida do lado x do quadrado que representa a base da caixa?

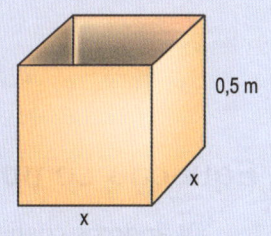

Solução

- A área da base pode ser representada por $x \cdot x = x^2$.
- A área de cada face lateral pode ser representada por $0{,}5 \cdot x$.
- A área das quatro faces laterais pode ser representada por $4 \cdot 0{,}5 \cdot x = 2 \cdot x$.
- A área total pode ser representada por $x^2 + 2x$.

A situação pode ser representada pela equação: $x^2 + 2x = 3$ ou $x^2 + 2x - 3 = 0$.

Nessa equação, o maior expoente da incógnita é 2.

> Toda equação do tipo **ax² + bx + c = 0**, em que a, b e c são números reais e a ≠ 0, é uma **equação do 2º grau com uma incógnita**.

A igualdade $ax^2 + bx + c = 0$ é a forma geral ou reduzida da equação do 2º grau.

Os números a, b e c são chamados coeficientes da equação, em que:

- a é o coeficiente de x^2.
- b é o coeficiente de x.
- c é o coeficiente ou termo independente de x.

Exemplos:

a) $-x^2 + 3x + 2 = 0$ é uma equação do 2º grau na incógnita x, com a = −1, b = 3 e c = 2.

b) $2y^2 - 8 = 0$ é uma equação do 2º grau na incógnita y, com a = 2, b = 0 e c = −8.

c) $-\dfrac{3}{5}t^2 + 6t = 0$ é uma equação do 2º grau na incógnita t, com a = $-\dfrac{3}{5}$, b = 6 e c = 0.

Escrevendo uma equação do 2º grau na forma geral

Algumas equações do 2º grau não estão escritas na forma geral, porém, após aplicarmos os princípios aditivo, multiplicativo e os produtos notáveis, elas podem ser reduzidas a essa forma. Veja os exemplos:

a) $2v^2 - 5 = 3v$
$2v^2 - 5 - 3v = 3v - 3v$
$2v^2 - 3v - 5 = 0$

b) $(4x + 3)^2 = 5x - (x - 1) \cdot (x + 1)$
$16x^2 + 24x + 9 = 5x - (x^2 - 1)$
$16x^2 + 24x + 9 = 5x - x^2 + 1$
$16x^2 + x^2 + 24x - 5x + 9 - 1 = 0$
$17x^2 + 19x + 8 = 0$

c) $\dfrac{x^2}{4} - \dfrac{3(x+1)}{5} = \dfrac{x}{20}$
$\dfrac{5x^2 - 12(x+1)}{20} = \dfrac{x}{20}$
$5x^2 - 12x - 12 = x$
$5x^2 - 12x - x - 12 = 0$
$5x^2 - 13x - 12 = 0$

Equação completa e equação incompleta

Quando os coeficientes b e c de uma equação do 2º grau são diferentes de zero, dizemos que essa **equação é completa**. Exemplos de equações completas:

a) $3x^2 - 4x + 5 = 0$
b) $\dfrac{1}{3}y^2 + y - 3 = 0$

Quando os coeficientes b ou c ou ambos são iguais a zero, dizemos que essa **equação é incompleta**. Exemplos de equações incompletas:

a) $y^2 - 9 = 0$

b) $2t^2 - 6t = 0$

c) $\dfrac{3}{4}z^2 = 0$

ATIVIDADES

1 Identifique as equações são do 2º grau com uma incógnita.

a) $x^2 - 3x - 1 = 0$

b) $x - 1 = 4$

c) $x^3 - x^2 + 1 = 0$

d) $\dfrac{x^2}{2} + 1 = 0$

e) $2x^4 + x^2 + 4 = 0$

f) $4x - 1 = x^2$

2 Identifique os coeficientes das equações do 2º grau abaixo escritas na forma $ax^2 + bx + c = 0$.

a) $x^2 - x - 1 = 0$

_____

b) $3x^2 - \dfrac{x}{2} + 4 = 0$

_____

c) $-x^2 + x - \dfrac{1}{3} = 0$

_____

d) $-5x^2 + 4x = 0$

_____

e) $4x^2 - 3 = 0$

f) $\dfrac{x^2}{2} - \dfrac{1}{2} = 0$

3 Escreva uma equação do 2º grau na forma geral ($ax^2 + bx + c = 0$), para:

a) $a = 2$; $b = 0$ e $c = -1$

b) $a = -1$; $b = -1$ e $c = 0$

c) $a = \dfrac{1}{3}$; $b = -3$ e $c = -\dfrac{1}{2}$

d) $a = 0,5$; $b = -0,1$ e $c = -0,4$

4 Diga se estas equações do 2º grau são completas ou incompletas.

a) $x^2 - 3x + 4 = 0$
d) $\dfrac{x^2}{2} - x - 1 = 0$

b) $3x^2 - 4 = 0$
e) $x - 1 + x^2 = 0$

c) $2x^2 - 3x = 0$
f) $4 - x^2 = 0$

5 Encontre o valor de a para que $(3a - 2)x^2 - 3x + 4 = 0$ represente uma equação do 2º grau.

6 Observando as medidas indicadas no paralelogramo abaixo, responda:

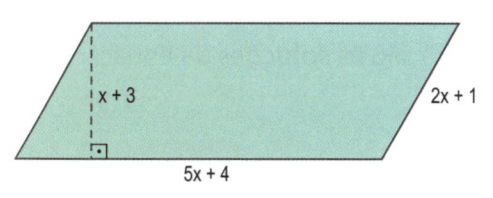

(paralelogramo com medidas: $x + 3$, $2x + 1$, $5x + 4$)

a) Que expressão algébrica representa a área desse paralelogramo?

b) Que expressão algébrica representa seu perímetro?

c) Sabendo que o perímetro desse paralelogramo é 62 cm, escreva uma equação que represente a igualdade encontrada nos itens b e c.

d) Sabendo que a área desse paralelogramo é 168 cm², escreva a equação que represente a igualdade encontrada nos itens a e d.

e) Qual das duas equações é do 2º grau?

f) Ela é completa ou incompleta?

7 Escreva as equações a seguir na sua forma geral.

a) $3x^2 - 4x = 1 - x$

b) $x(x - 2) + (x - 1)x = 4$

c) $(x - 1)^2 + (x + 2)^2 = 2x$

d) $3x^2 = \dfrac{x^2}{2} - 1x$

e) $\dfrac{x^2}{5} - \dfrac{x}{2} = \dfrac{24}{10}$

f) $\dfrac{8x}{3} = \dfrac{5}{2} + \dfrac{x^2 - 1}{3}$

g) $x^2 - 3x + \dfrac{x + 1}{3} = -\dfrac{24x}{9}$

h) $\dfrac{(x - 1)^2}{3} = \dfrac{x(x - 2)}{4}$

8 Identifique quais das equações da questão anterior são completas e quais são incompletas.

_____

_____

9 Represente as sentenças abaixo por meio de uma equação do 2º grau na sua forma geral, indicando por x a incógnita (número desconhecido).

a) O quádruplo do quadrado de um número é igual ao dobro desse número.

_____

b) A diferença entre o quadrado de um número e seu antecessor é 13.

_____

10 Observe a expressão que representa a medida do lado neste quadrado.

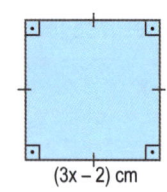

(3x – 2) cm

a) Que expressão representa a área do quadrado?

_____

b) Sabendo que a área desse quadrado é 169 cm², escreva uma equação na forma geral e que represente a igualdade encontrada no item anterior.

_____

11 A fórmula $d = \dfrac{n(n-3)}{2}$ pode ser usada para obter o número de diagonais de um polígono, em que d representa o número de diagonais e n, o número de lados do polígono.

Usando essa fórmula e sabendo que, em um polígono convexo d = 15, escreva uma equação do 2º grau, na sua forma geral, que represente essa situação.

_____

_____

_____

Soluções de uma equação do 2º grau

Verificando se um número é solução de uma equação

- Considere a equação $x^2 - 7x + 12 = 0$.

Substituindo x por 3, verificamos que a sentença obtida é verdadeira.

$(3)^2 - 7 \cdot 3 + 12 = 0$

$\quad 9 - 21 + 12 = 0$

$\quad\quad 9 - 9 = 0$

$\quad\quad\quad 0 = 0 \longrightarrow$ verdadeiro

Se fizermos o mesmo procedimento para x = 4, x = 5, x = – 4 e x = – 3, por exemplo, verificamos que apenas x = 4 forma a sentença verdadeira.

Dizemos que os valores que tornam a sentença verdadeira são as **soluções** da equação.

As soluções da equação $x^2 - 7x + 12 = 0$ são 3 e 4.

- Agora considere a equação $x^2 + 9 = 0$ ou $x^2 = -9$.

Como não existe número real que elevado ao quadrado dê –9, essa equação não tem solução real.

> Um número real é uma solução de uma equação do 2º grau quando, ao substituir a incógnita por esse número, encontra-se uma sentença verdadeira.

ATIVIDADES

12 Verifique se:

a) -3 é solução da equação $x^2 - 3x = 0$.

___

b) $\dfrac{1}{4}$ é solução da equação $8x^2 - 6x + 1 = 0$.

___

c) $\sqrt{3}$ é solução da equação $4x^2 - 12 = 0$.

___

d) existe raiz real para a equação $z^2 + 16 = 0$.

___

13 Quais dos números abaixo são soluções da equação $6x^2 + 7x + 2 = 0$?

$$\boxed{\dfrac{3}{2}} \quad \boxed{-\dfrac{2}{3}} \quad \boxed{\dfrac{1}{5}} \quad \boxed{-\dfrac{1}{2}} \quad \boxed{\dfrac{3}{4}}$$

14 Determine o valor de a para que o número 3 seja uma das soluções da equação
$(4a - 3)x^2 - (a + 1)x - 3 = 0$.

___

▶ Resolução de equações incompletas do 2º grau

Uma equação incompleta do 2º grau pode ter duas formas: $ax^2 + c = 0$ ou $ax^2 + bx = 0$, com b e c reais e a real e diferente de zero.

Exemplos de equações incompletas do 2º grau:

a) $2x^2 + 3 = 0$

b) $4x^2 = -2$ ou $4x^2 + 2 = 0$

c) $x^2 - 81 = 0$

d) $x^2 = 16$ ou $x^2 - 16 = 0$

Resolvendo equações do tipo $ax^2 + c = 0$

Vamos representar as situações a seguir por meio de equações incompletas do 2º grau, nas quais o coeficiente b é igual a zero, e resolvê-las.

43

SITUAÇÃO 1

Um quarteirão tem forma quadrangular e 22 500 m² de área. Qual é a medida do lado desse quarteirão?

Representada por x a medida do lado desse quarteirão, podemos escrever:

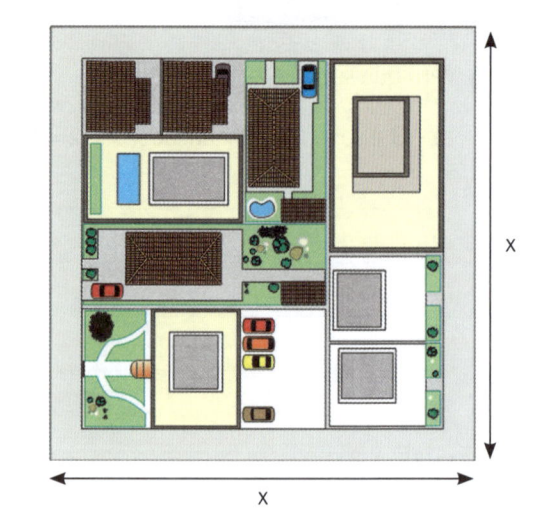

$x^2 = 22500$ Fatoração do número 22 500
$x^2 = 2^2 \cdot 3^2 \cdot 5^4$
$x = \pm \sqrt{2^2 \cdot 3^2 \cdot 5^4}$
$x = \pm 2 \cdot 3 \cdot 5^2$
$x = \pm 150$

22500	2
11250	2
5625	5
1125	5
225	5
45	5
9	3
3	3
1	

Como a medida do lado do quarteirão não pode ser negativa, a solução $x = -150$ não pode ser considerada.

Portanto, a medida do lado do quarteirão é 150 m.

SITUAÇÃO 2

A diferença entre o quadrado do sucessor de um número natural e o dobro desse número é 5. Qual é esse número?

Indicando por x o número natural, podemos escrever:

$(x + 1)^2 - 2x = 5$
$x^2 + 2x + 1 - 2x = 5$
$x^2 + 1 = 5$
$x^2 = 5 - 1$
$x^2 = 4$
$x = \pm \sqrt{4}$
$x = \pm 2$

Como o número é natural, a solução $x = -2$ não pode ser considerada.

Portanto, o número procurado é 2.

ATIVIDADES

15 Encontre as soluções das seguintes equações do 2º grau:

a) $x^2 = 144$

b) $y^2 = 18$

c) $-2x^2 + 4 = 0$

d) $y^2 - 100 = 0$

e) $3z^2 - 27 = 0$

f) $x^2 - 225 = 0$

16 Escreva com suas palavras por que a equação $x^2 + \dfrac{4}{9} = 0$ **não** admite soluções reais.

_____

17 Verifique quais das equações abaixo **não** têm solução real.
a) $x^2 + 1 = 0$
b) $-4x^2 - 16 = 0$
c) $36x^2 - 72 = 0$
d) $2x^2 - 8 = 0$
e) $-4x^2 = -16$
f) $2x^2 + 4 = 0$
g) $-1 = -x^2$
h) $x^2 = -100$

18 Observe a resolução da equação $(x-2)^2 = 9$.
Como $(x-2)^2 = 9$, podemos escrever que:

$x - 2 = 3$ ou $x - 2 = -3$
$x = 3 + 2$ $x = -3 + 2$
$x = 5$ $x = -1$

Logo, as duas soluções da equação são: 5 e −1.

Agora é com você. Encontre as soluções para:
a) $(x + 3)^2 = 4$

_____

b) $(x - 1)^2 = 25$

_____

c) $(x - 4)^2 = 0$

_____

d) $(x - 5)^2 = 3$

_____

19 A área deste quadrado é 169 m². Qual é a medida, em metros, do lado desse quadrado?

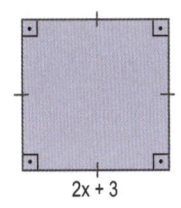

2x + 3

20 O triplo do quadrado de um número é 1 083. Qual é esse número?

21 Qual é a soma das soluções da equação $3x^2 - \dfrac{4}{3} = 0$?

_____

22 A área da figura abaixo é 104 cm².

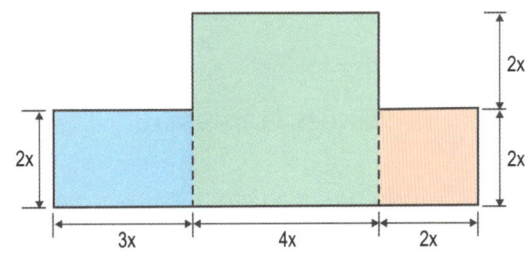

2x | 2x | 2x
3x | 4x | 2x

a) Encontre o valor de x.

_____

b) Qual é a área do retângulo azul?

_____

c) Qual é a área do quadrado verde?

_____

d) Qual é o perímetro do quadrado rosa?

_____

Resolvendo equações do tipo $ax^2 + bx = 0$

Para resolver equações do tipo $ax^2 + bx = 0$ usaremos a fatoração.
Acompanhe dois exemplos:

> Fatorar uma expressão algébrica é escrevê-la na forma de multiplicação.

a) $x^2 - 4x = 0$

$x \cdot (x - 4) = 0 \rightarrow$ Colocamos x em evidência

Se o produto é zero, então um dos fatores é zero. Logo:

$x = 0$ ou $x - 4 = 0$

$x = 4$

As soluções da equação $x^2 - 4x = 0$ são: 0 e 4.

b) $(x - 1)^2 = 1 - x \cdot (x + 3)$

Vamos escrever a equação na forma geral:

$x^2 - 2x + 1 = 1 - x^2 - 3x$

$x^2 - 2x + 1 - 1 + x^2 + 3x = 0$

$2x^2 + x = 0$

$x(2x - 1) = 0 \rightarrow$ Colocamos x em evidência

$x = 0$ ou $2x - 1 = 0$

$2x = 1$

$x = \dfrac{1}{2}$

As soluções da equação $(x - 1)^2 = 1 - x \cdot (x + 3)$ são: 0 e $\dfrac{1}{2}$.

De modo geral, a resolução de uma equação do 2º grau do tipo $ax^2 + bx = 0$ ($a \neq 0$) é dada por:

$ax^2 + bx = 0$

$x(ax + b) = 0$

$x_1 = 0$ ou $ax + b = 0$

$ax = -b$

$x_2 = -\dfrac{b}{a}$

Logo, as soluções dessa equação são $x_1 = 0$ e $x_2 = -\dfrac{b}{a}$.

ATIVIDADES

23 Encontre as soluções reais das seguintes equações incompletas do 2º grau.

a) $3x^2 - x = 0$

b) $4x^2 - 12x = 0$

c) $y(y + 1) = 3y$

d) $4z^2 + 3z = 3z^2 - 2z$

e) $(x - 4)^2 = 8(x + 2)$

f) $\dfrac{1}{3}y^2 - 2y = 0$

g) $\dfrac{y+1}{2} = \dfrac{y+3}{3} + \dfrac{y^2-3}{6}$

h) $(x+3)(x+4) - 2(x+6) = 0$

24 Ao resolver as equações da questão anterior, você encontrou uma solução comum a todas elas. Qual é essa solução?

25 Explique por que uma equação do 2º grau do tipo $ax^2 + bx = 0$ ($a \neq 0$) sempre tem duas soluções reais.

26 Observe as expressões que indicam o comprimento e a largura das figuras abaixo.

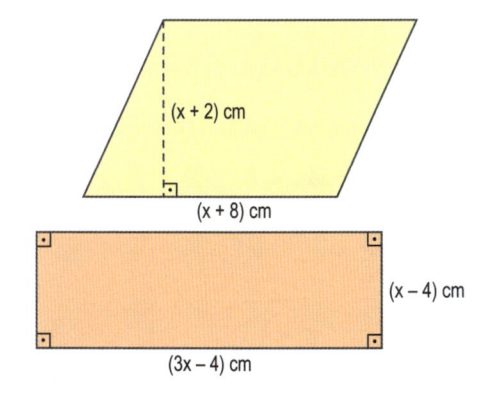

(x + 2) cm
(x + 8) cm
(x − 4) cm
(3x − 4) cm

O paralelogramo e o retângulo têm a mesma área. Qual é o valor de x?

27 Em um quadrado, a medida do lado é representada pela expressão x + 3.

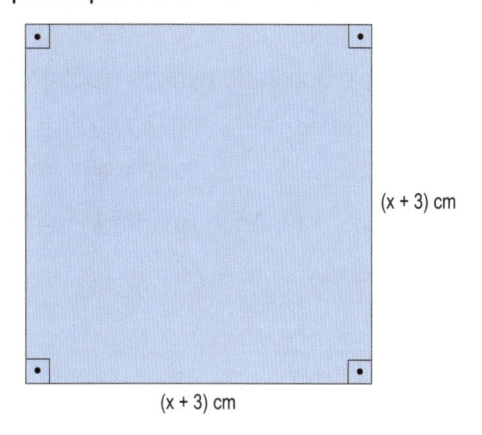

(x + 3) cm
(x + 3) cm

Sabendo que sua área é igual à diferença entre o dobro de seu perímetro e 15, determine:

a) o valor de x

b) a medida do lado desse quadrado

c) o perímetro desse quadrado

d) a área desse quadrado

Resolvendo equações completas do 2º grau

Podemos resolver uma **equação completa do 2º grau** de diferentes maneiras: por fatoração, completando quadrados ou pela fórmula de Bháskara.

47

Por fatoração

Em algumas equações do 2º grau, o primeiro membro é um trinômio quadrado perfeito, podendo, portanto, ser fatorado.

O trinômio quadrado perfeito é obtido quando elevamos uma soma ou uma diferença ao quadrado. Veja:

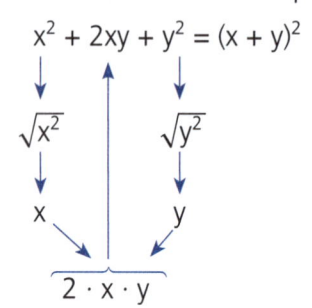

$(x + y)^2 = \underbrace{x^2 + 2xy + y^2}_{\text{Trinômio quadrado perfeito}}$ $(a - b)^2 = \underbrace{a^2 - 2ab + b^2}_{\text{Trinômio quadrado perfeito}}$

Fatorando o trinômio quadrado perfeito, temos:

$x^2 + 2xy + y^2 = (x + y)^2$ $a^2 - 2ab + b^2 = (a - b)^2$

$\sqrt{x^2} \quad \sqrt{y^2}$ $\sqrt{a^2} \quad \sqrt{b^2}$

x   y   a   b

$2 \cdot x \cdot y$ $2 \cdot a \cdot b$

Observe exemplos de resolução de equações completas do 2º grau, fatorando o trinômio quadrado perfeito:

a) $x^2 - 14x + 49 = 0$

$(x - 7)^2 = 0$

Essa equação pode ser escrita assim: $(x - 7) \cdot (x - 7) = 0$.

$(x - 7) \cdot (x - 7) = 0$ → $x - 7 = 0$ → **x = 7**
ou
$x - 7 = 0$ → **x = 7**

Assim, a equação $x^2 - 14x + 49 = 0$ tem duas soluções, ambas iguais a 7.

b) $x^2 + 6x + 9 = 4$

$(x + 3)^2 = 4$ → fatorando o 1º membro

$x + 3 = \pm\sqrt{4}$

$x + 3 = +2$ ou $x + 3 = -2$

$x = 2 - 3$ $x = -2 - 3$

x = -1   **x = -5**

Logo, as soluções da equação $x^2 + 6x + 9 = 4$ são: -5 e -1.

ATIVIDADES

28 Fatore o 1º membro e resolva as equações.

a) $x^2 + 4x + 4 = 0$

b) $x^2 + 14x + 49 = 0$

c) $x^2 - 16x + 64 = 0$

d) $x^2 - 26x + 169 = 0$

e) $x^2 + x + \dfrac{1}{4} = 0$

f) $9x^2 - 12x + 4 = 36$

g) $4x^2 - 20x + 25 = 100$

29 Em algumas equações, o 1º membro não é um trinômio quadrado perfeito. Porém, quando adicionamos um certo número aos dois membros da equação e/ou multiplicamos ambos os membros por um certo número, obtemos um trinômio quadrado perfeito no 1º membro.

Exemplos

a) $x^2 + 10x + 24 = 0$

$x^2 + 10x + 24 + 1 = 0 + 1$

$\underbrace{x^2 + 10x + 25} = 1$

$(x + 5)^2 = 1$

$x + 5 = 1$ ou $x + 5 = -1$

$x = -4$ $\quad\quad$ $x = -6$

b) $3x^2 - 4t + \dfrac{1}{3} = 0 \cdot (3)$

$9x^2 - 12t + 1 = 0$

$9x^2 - 12t + 1 + 3 = 0 + 3$

$\underbrace{9x^2 - 12t + 4} = 3$

$(3x - 2)^2 = 3$

$3x - 2 = \sqrt{3}$ ou $3x - 2 = -\sqrt{3}$

$3x = \sqrt{3} + 2$ $\quad\quad$ $3x = -\sqrt{3} + 2$

$x = \dfrac{\sqrt{3} + 2}{3}$ $\quad\quad$ $x = \dfrac{-\sqrt{3} + 2}{3}$

Agora é com você.

Resolva as equações:

a) $x^2 - 4x + 3 = 0$

b) $x^2 + 6x + 5 = 0$

c) $x^2 - 12x + 27 = 0$

d) $x^2 + 8x + 15 = 0$

e) $x^2 - 10x + 19 = 0$

30 Algumas equações, apesar de formarem um trinômio quadrado perfeito no 1º membro, não apresentam solução no conjunto dos números reais. Veja um exemplo:

$x^2 - 8x + 17 = 0$

$x^2 - 8x + 17 - 1 = 0 - 1$

$x^2 - 8x + 16 = -1 \quad \rightarrow \quad (x - 4)^2 = -1$

Essa equação não tem solução no conjunto dos números reais.

Agora é com você.

Verifique quais das equações abaixo não têm solução no conjunto dos números reais:

a) $x^2 + 2x + 2 = 0$

49

b) $x^2 + 6x + 10 = 0$

d) $x^2 - 4x + 5 = 0$

c) $x^2 + 6x + 9 = 0$

Pela fórmula de Bháskara

Vamos encontrar uma fórmula para resolver equações do 2º grau.

Considere a equação $ax^2 + bx + c = 0$, com a, b e c reais e $a \neq 0$.

Podemos escrevê-la assim: $ax^2 + bx = -c$

Dividindo todos os termos por a, temos:

$$\frac{ax^2}{a} + \frac{bx}{a} = -\frac{c}{a}$$

$$x^2 + \frac{b}{a}x = -\frac{c}{a}$$

$$x^2 + 2 \cdot \left(\frac{b}{2a}x\right) = -\frac{c}{a}$$

Para que o 1º membro da última equação seja trinômio quadrado perfeito, adicionamos $\left(\frac{b}{2a}\right)^2$ a ele. E para obter uma equação equivalente à anterior também adicionamos $\left(\frac{b}{2a}\right)^2$ ao 2º membro:

$$\underbrace{x^2 + 2 \cdot \left(\frac{b}{2a}x\right) + \left(\frac{b}{2a}\right)^2}_{\text{Trinômio quadrado perfeito}} = -\frac{c}{a} + \left(\frac{b}{2a}\right)^2$$

$$\left(x + \frac{b}{2a}\right)^2 = -\frac{c}{a} + \frac{b^2}{4a^2}$$

$$\left(x + \frac{b}{2a}\right)^2 = \frac{-4ac + b^2}{4a^2}$$

Extraindo a raiz quadrada, temos:

$$x + \frac{b}{2a} = \pm\sqrt{\frac{b^2 - 4ac}{4a^2}}$$

$$x + \frac{b}{2a} = \pm\frac{\sqrt{b^2 - 4ac}}{2a}$$

$$x = -\frac{b}{2a} \pm \frac{\sqrt{b^2 - 4ac}}{2a}$$

$$x = \frac{-b \pm \sqrt{b^2 - 4ac}}{2a}$$

Essa fórmula é chamada **fórmula de Bháskara**. Com ela podemos resolver qualquer equação do 2º grau.

Discriminante da equação do 2º grau

Normalmente, a expressão $b^2 - 4ac$ é indicada pela letra grega Δ (lê-se: delta) e é chamada **discriminante da equação**.

$$\Delta = b^2 - 4ac \qquad x = \frac{-b \pm \sqrt{\Delta}}{2a}$$

Quantidade de soluções de uma equação do 2º grau

O valor do discriminante determina a quantidade de soluções reais de uma equação do 2º grau:

- Quando $\Delta > 0$, a equação tem duas soluções reais e diferentes.

$$x = \frac{-b \pm \sqrt{\Delta}}{2a} \begin{cases} x_1 = \dfrac{-b + \sqrt{\Delta}}{2a} \\ x_2 = \dfrac{-b - \sqrt{\Delta}}{2a} \end{cases}$$

- Quando $\Delta = 0$, a equação tem duas soluções reais e iguais.

$$x = \frac{-b \pm \sqrt{\Delta}}{2a} = \frac{-b \pm 0}{2a} = \frac{-b}{2a}$$

- Quando $\Delta < 0$, a equação não tem solução no conjunto dos números reais.

Acompanhe os exemplos:

a) $x^2 + x - 2 = 0$

Nessa equação, temos: $a = 1$, $b = 1$ e $c = -2$.

$\Delta = b^2 - 4 \cdot a \cdot c$

$\Delta = 1^2 - 4 \cdot 1 \cdot (-2)$

$\Delta = 1 + 8 = 9$

Como $\Delta > 0$, a equação tem duas soluções reais e diferentes.

Calculando as soluções:

$$x = \frac{-b \pm \sqrt{\Delta}}{2a} = \frac{-(1) \pm \sqrt{9}}{2 \cdot 1} = \frac{-1 \pm 3}{2} \begin{cases} x_1 = \dfrac{-1 + 3}{2} = \dfrac{2}{2} = 1 \\ x_2 = \dfrac{-1 - 3}{2} = \dfrac{-4}{2} = -2 \end{cases}$$

Logo, $x_1 = 1$ e $x_2 = -2$.

b) $x^2 - 6x + 9 = 0$

$a = 1, b = -6$ e $c = 9$

$\Delta = b^2 - 4 \cdot a \cdot c$

$\Delta = (-6)^2 - 4 \cdot 1 \cdot 9$

$\Delta = 36 - 36 = 0$

Como $\Delta = 0$, a equação tem duas soluções reais e iguais.

$$\frac{-b \pm \sqrt{\Delta}}{2a} = \frac{-(-6) \pm \sqrt{0}}{2 \cdot 1} = \frac{6 \pm 0}{2} = 3$$

Logo, $x_1 = x_2 = 3$.

c) $2x^2 - 5x + 8 = 0$

$a = 2, b = -5$ e $c = 8$

$\Delta = b^2 - 4ac$

$\Delta = (-5)^2 - 4 \cdot 2 \cdot 8$

$\Delta = 25 - 64 = -39$

Como $\Delta < 0$, a equação não tem solução no conjunto dos números reais.

ATIVIDADES

31 Calcule o valor do discriminante de cada equação abaixo e escreva se ela tem duas soluções reais e iguais, duas soluções reais e diferentes ou não tem solução real.

a) $x^2 - 4x + 3 = 0$

b) $x^2 - 3x + 15 = 0$

c) $x^2 - 6x + 9 = 0$

d) $9x^2 + 8x + 5 = 0$

e) $x^2 - x - 12 = 0$

f) $7x^2 + 2x + 3 = 0$

32 Para quais valores de m a equação $9x^2 - 3mx + 1 = 0$ tem duas soluções reais e iguais?

33 Na equação $x^2 - 6x + 3a = 0$, encontre os valores de a para os quais essa equação não tem solução real.

34 Quais são os valores de m para os quais a equação $x^2 - x - m = 0$ tem soluções reais e diferentes?

35 Considere a equação $x^2 - 2x - 24 = 0$.
 a) Quais são os coeficientes a, b, c da equação?

 b) Qual é o valor do discriminante dessa equação?

 c) Quais são as soluções dessa equação?

36 Use a fórmula de Bháskara para resolver as equações no conjunto dos números reais:
 a) $y^2 + 6y - 7 = 0$

 b) $y^2 + 7x + 10 = 0$

 c) $u^2 - 14u + 49 = 0$

 d) $x^2 - 3x + 8 = 0$

 e) $9x^2 - 6x + 1 = 0$

 f) $12x^2 + 5x - 2 = 0$

37 Considere a equação $16x^2 - 9x = 0$.
 a) Resolva-a usando a fatoração.

 b) Resolva-a usando a fórmula de Bháskara.

 c) Qual dos métodos de resolução você achou mais fácil? Por quê?

38 Considere a equação $x^2 - 6x + 5 = 0$. Resolva-a:
 a) por fatoração;

 b) pela fórmula de Bháskara;

 c) Qual dos métodos de resolução você achou mais fácil? Justifique.

39 Resolva as equações a seguir pelo método que considerar mais conveniente:
 a) $9x^2 - 2x + 4 = -14x$

 b) $5x^2 + 2x + 3 = x - 2x^2$

 c) $(x + 2)^2 = 6 + x + 2x^2$

 d) $4(x^2 - 1) = 3(x - 1)^2$

 e) $\dfrac{x^2}{3} = -x - \dfrac{2}{3}$

40 Este triângulo tem 48 cm² de área.

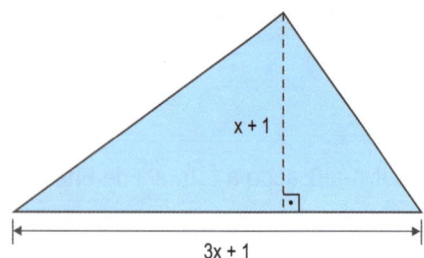

(triângulo com base $3x+1$ e altura $x+1$)

Determine:

a) o valor de x

b) a medida da base

c) a medida da altura

41 Lembrando que $d = \dfrac{n(n-3)}{2}$ é uma fórmula que relaciona o número de diagonais de um polígono e o número de lados, determine o número de lados de um polígono que tem 14 diagonais.

42 Um porta-retratos tem a forma retangular. A altura tem 5 cm a mais que a base. Quais são as dimensões desse porta-retratos, sabendo que ele tem 234 cm² de área?

43 Diminuindo as dimensões do retângulo laranja, obtemos o retângulo azul indicado na figura.

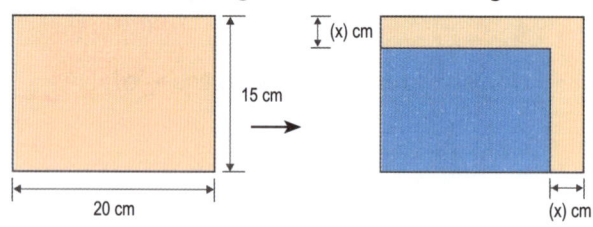

(retângulo laranja: 20 cm × 15 cm; retângulo azul com reduções de (x) cm)

A área do retângulo azul é metade da área do retângulo laranja.

a) Qual é a área do retângulo laranja?

b) Quais expressões representam a base e a altura do retângulo azul?

c) Qual expressão representa a área do retângulo azul?

d) Quais são as dimensões do retângulo azul?

EXPERIMENTOS, JOGOS E DESAFIOS

Os apertos de mão

Resolva dois problemas:

- O primeiro é bem simples: num grupo com 3 pessoas, se cada uma apertar a mão das outras; quantos apertos de mão vão ocorrer no total?
- Este é um desafio: quantas pessoas fazem parte de um grupo se ocorrerem 91 apertos de mãos? Use uma equação do 2º grau para resolver o problema.

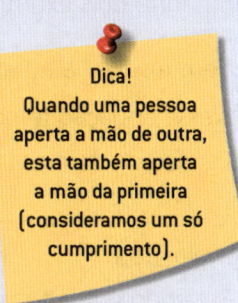

> **Dica!** Quando uma pessoa aperta a mão de outra, esta também aperta a mão da primeira (consideramos um só cumprimento).

▶ Relações entre soluções e coeficientes de uma equação do 2º grau

Considere a equação $ax^2 + bx + c = 0$, com a, b e c reais e $a \neq 0$. Sejam x_1 e x_2 as soluções dessa equação. Podemos estabelecer duas relações entre as soluções e os coeficientes dessa equação:

RELAÇÃO 1
Soma das raízes

Sendo $x_1 = \dfrac{-b + \sqrt{\Delta}}{2a}$ e $x_2 = \dfrac{-b - \sqrt{\Delta}}{2a}$ vamos adicionar membro a membro essas igualdades:

$$x_1 + x_2 = \dfrac{-b + \sqrt{\Delta}}{2a} + \dfrac{-b - \sqrt{\Delta}}{2a} = \dfrac{-b + \cancel{\sqrt{\Delta}} - b - \cancel{\sqrt{\Delta}}}{2a} = \dfrac{-2b}{2a} = \dfrac{-b}{a}$$

Numa equação do 2º grau em que x_1 e x_2 são as soluções:

$$\boxed{x_1 + x_2 = -\dfrac{b}{a}.}$$

RELAÇÃO 2
Produto das raízes

Sendo $x_1 = \dfrac{-b + \sqrt{\Delta}}{2a}$ e $x_2 = \dfrac{-b - \sqrt{\Delta}}{2a}$, podemos escrever:

$$x_1 \cdot x_2 = \dfrac{-b + \sqrt{\Delta}}{2a} \cdot \dfrac{-b - \sqrt{\Delta}}{2a} = \dfrac{(-b + \sqrt{\Delta})(-b - \sqrt{\Delta})}{4a^2} =$$

$$= \dfrac{b^2 + \cancel{b\sqrt{\Delta}} - \cancel{b\sqrt{\Delta}} - (\sqrt{\Delta})^2}{4a^2} = \dfrac{b^2 - \sqrt{(b^2 - 4ac)^2}}{4a^2} = \dfrac{b^2 - (b^2 - 4ac)}{4a^2} =$$

$$= \dfrac{\cancel{b^2} - \cancel{b^2} + 4ac}{4a^2} = \dfrac{\cancel{4}ac}{\cancel{4}a^2} = \dfrac{c}{a}$$

Numa equação do 2º grau em que x_1 e x_2 são as soluções:

$$x_1 \cdot x_2 = \frac{c}{a}$$

Acompanhe dois exemplos de aplicação dessas relações:

a) Sem resolver a equação $2x^2 + 8x + 15 = 0$, determine a soma e o produto de suas soluções.
Nessa equação temos $a = 2$; $b = 8$ e $c = 15$.
De acordo com as relações apresentadas, temos:

$$x_1 + x_2 = -\frac{b}{a} = -\frac{8}{2} = -4 \quad \text{e} \quad x_1 \cdot x_2 = \frac{c}{a} = \frac{15}{2}$$

b) Sabendo que a soma das soluções da equação $4x^2 - n \cdot x - 9 = 0$ é $\frac{3}{2}$, determine o valor de n.
Na equação temos $a = 4$; $b = -n$ e $c = -9$.
Conforme a relação da soma das raízes, temos: $x_1 + x_2 = -\frac{b}{a} = \frac{-(-n)}{4} = \frac{n}{a}$ ①

E, de acordo com os dados do problema, temos: $x_1 + x_2 = \frac{3}{2}$ ②

De ① e ②, podemos escrever:

$$\frac{n}{4} = \frac{3}{2} \rightarrow 2n = 12 \rightarrow n = \frac{12}{2} \rightarrow n = 6$$

ATIVIDADES

44 As soluções da equação $x^2 - x - 6 = 0$ são expressas por x_1 e x_2. Sem resolvê-la, determine:
a) $x_1 + x_2$
b) $x_1 \cdot x_2$
c) $\frac{1}{x_2} + \frac{1}{x_2}$

45 Determine a soma e o produto das soluções das equações abaixo sem resolvê-las:
a) $15x^2 + 2x - 13 = 0$

b) $-x^2 + x + 12 = 0$

c) $x^2 + 8x + 16 = 0$

d) $x^2 + 5x + 2 - 2x = 0$

46 Sabendo que x_1 e x_2 são as soluções da equação $25x^2 - 20x + 4 = 0$, sem resolvê-la, determine o valor de $(x_1 \cdot x_2) - (x_1 + x_2)$.

47 Encontre o valor do coeficiente m da equação $6x^2 + x - (m - 4) = 0$ para que o produto das soluções reais dessa equação seja $-\frac{1}{6}$.

48 A soma das soluções reais da equação $10x^2 + bx - 4 = 0$ é igual a $-\frac{7}{10}$.

Qual é o valor do coeficiente b?

_____

_____

_____

49 Na equação $x^2 - 3rx + (15 + r) = 0$, o produto das soluções é igual ao dobro da soma dessas soluções. Qual é o valor de r nessa equação?

_____

_____

_____

_____

Escrevendo uma equação do 2º grau conhecendo suas raízes

Vamos escrever uma equação na forma $ax^2 + bx + c = 0$, a partir de suas soluções.

Considere a equação $ax^2 + bx + c = 0$ (com a, b, c reais e a ≠ 0).

Como a ≠ 0, podemos dividir todos os termos dessa equação por a:

$\frac{ax^2}{a} + \frac{bx}{a} + \frac{c}{a} = 0 \to x^2 + \frac{b}{a}x + \frac{c}{a} = 0$ ①

Sabendo que x_1 e x_2 são as soluções da equação, temos:

$x_1 + x_2 = -\frac{b}{a} \to -(x_1 + x_2) = \frac{b}{a}$ ②

$x_1 \cdot x_2 = \frac{c}{a}$ ③

Substituindo ② e ③ em ①, temos:

$x^2 - (x_1 + x_2)x + x_1 \cdot x_2 = 0$

Indicando por S a soma das soluções $(x_1 + x_2)$ e por P o produto das soluções $(x_1 \cdot x_2)$, temos:

$$x^2 - Sx + P = 0$$

Nos exemplos a seguir vamos usar a equação $x^2 - Sx + P = 0$ para escrever uma equação do 2º grau na incógnita x, sendo conhecidas suas soluções.

a) Escreva uma equação do 2º grau na incógnita x, sabendo que suas soluções são – 1 e 5.

   $S = -1 + 5 = 4 \qquad P = (-1) \cdot 5 = -5$

   $x^2 - Sx + P = 0$

   $x^2 - 4x + (-5) = 0$

   $x^2 - 4x - 5 = 0$

   Logo, a equação é $x^2 - 4x - 5 = 0$

b) Sabendo que $-2 + \sqrt{5}$ e $-2 - \sqrt{5}$ são as soluções reais de uma equação na incógnita y, escreva-a.

   $S = -2 + \sqrt{5} - 2 - \sqrt{5} = \mathbf{-4} \qquad P = (-2 + \sqrt{5})(-2 - \sqrt{5}) = 4 - (\sqrt{5})^2 = \mathbf{-1}$

   $x^2 - Sx + P = 0$

   $x^2 - (\mathbf{-4})x + (\mathbf{-1}) = 0$

   $x^2 + 4x - 1 = 0$

   Logo, a equação é $x^2 + 4x - 1 = 0$

ATIVIDADES

50 Os pares de números a seguir são soluções de equações do 2º grau na incógnita y. Determine essas equações:

a) 1 e 3

b) –3 e –3

c) –5 e 1

d) 4 e –3

e) –3 e –9

f) 5 e –8

51 Escreva uma equação do 2º grau na incógnita x cujas soluções são $-\dfrac{2}{7}$ e $\dfrac{5}{8}$.

52 O semiperímetro (metade da medida do perímetro) de um retângulo é 12 cm e sua área é 32 cm². Escreva uma equação que permita determinar as dimensões desse retângulo.

Equações que recaem em equações do 2º grau

Algumas equações fracionárias, equações biquadradas e equações irracionais, quando reduzidas, recaem em equações do 2º grau. Vamos ver, inicialmente, as equações fracionárias.

Equações fracionárias

Toda equação fracionária apresenta pelo menos uma fração algébrica.

Algumas equações fracionárias, quando reduzidas, recaem numa equação do 2º grau. Veja um exemplo:

$$y - \dfrac{6}{y+1} = 0 \quad \text{com } (y \neq -1)$$

$$\dfrac{y}{1} = \dfrac{6}{y+1}$$

$$y^2 + y = 6$$

$$y^2 + y - 6 = 0$$

$$\Delta = 1 + 24 = 25$$

$$y = \frac{-b \pm \sqrt{\Delta}}{2a}$$

$$y = \frac{-1 \pm \sqrt{25}}{2}$$

$$y = \frac{-1 \pm 5}{2}$$

$y_1 = \frac{-1 + 5}{2} = \frac{4}{2} = 2$

$y_2 = \frac{-1 - 5}{2} = -\frac{6}{2} = -3$

As duas soluções: y = 2 e y = −3 são aceitas, pois satisfazem a condição inicial (y ≠ −1).

ATIVIDADES

53 Resolva as equações fracionárias:

a) $x + 7 = \frac{8}{x}$ (com x ≠ 0)

b) $\frac{2}{x} + \frac{1}{3} = \frac{2}{x-1}$ (com x ≠ 0 e x ≠ 1)

c) $\frac{2x}{x+3} - \frac{5}{x-2} = \frac{-19}{(x+3)(x-2)}$
(com x ≠ −3 e x ≠ 2)

d) $\frac{3}{x-3} + \frac{2x}{3x-4} = 4$ (com x ≠ 3 e x ≠ $\frac{4}{3}$)

e) $\frac{9}{x-2} - 4 = \frac{3(x+2)}{x}$ (com x ≠ 0 e x ≠ −2)

f) $\frac{4x}{x+1} + \frac{x}{x-1} = \frac{x+28}{x^2-1}$

54 Para quais valores de x as expressões

$\frac{2x^2 - 4}{x^2 - 4x + 4}$ e $\frac{6}{x-2} + 4$ são iguais?

55 Para quais valores reais de x a expressão

$\frac{x-4}{4x^2 - 12x + 9} + \frac{x-3}{2x-3}$ dá como resultado −3?

Equações biquadradas

Toda equação da forma $ax^4 + bx^2 + c = 0$, com a, b, c reais e $a \neq 0$, é chamada **equação biquadrada**.
Ao resolvermos equações biquadradas, recaímos em uma equação do 2º grau.
Veja alguns exemplos de aplicação:

a) $x^4 + 8x^2 - 9 = 0$

Inicialmente, indicamos x^2 por y (incógnita auxiliar).
Substituímos x^2 por y na equação dada:
$x^4 + 8x^2 - 9 = 0$
$(x^2)^2 + 8x^2 - 9 = 0$
$y^2 + 8y - 9 = 0$
a = 1, b = +8 e c = −9
$\Delta = b^2 - 4ac = (+8)^2 - 4 \cdot 1 \cdot (-9) = 64 + 36 = 100$

$y = \dfrac{-b \pm \sqrt{\Delta}}{2a} = \dfrac{-8 \pm \sqrt{100}}{2 \cdot 1} = \dfrac{-8 \pm 10}{2}$

$y_1 = \dfrac{-8 + 10}{2} = \dfrac{2}{2} = 1$

$y_2 = \dfrac{-8 - 10}{2} = -\dfrac{18}{2} = -9$

As soluções da equação $y^2 + 8y - 9 = 0$ são 1 e − 9.

Como substituímos x^2 por y, vamos agora obter os valores de x, que são as soluções da equação biquadrada:

Para y = 1, temos: $x^2 = 1 \rightarrow x = \pm \sqrt{1} \rightarrow x = \pm 1$.

Para y = − 9, temos: $x^2 = -9 \rightarrow x = \pm \sqrt{-9} \notin \mathbb{R}$.

Portanto, as soluções reais da equação $x^4 - 8x^2 + 9 = 0$ são −1 e 1.

b) $x^2 - 3 = \dfrac{x^2 + 1}{x^2 - 2}$ (com $x \neq -2$ e $x \neq 2$)

Vamos escrever a equação na sua forma geral:

$\dfrac{(x^2 - 3)(x^2 - 2)}{x^2 - 2} = \dfrac{x^2 + 1}{x^2 - 2}$

$x^4 - 3x^2 - 2x^2 + 6 = x^2 + 1$

$x^4 - 6x^2 + 5 = 0$

$(x^2)^2 - 6x^2 + 5 = 0$

Fazendo $x^2 = y$, temos:

$y^2 - 6y + 5 = 0$

a = 1; b = − 6 e c = 5

$\Delta = b^2 - 4ac = (-6)^2 - 4 \cdot 1 \cdot 5 = 36 - 20 = 16$

$$y = \frac{-b \pm \sqrt{\Delta}}{2a} = \frac{-(-6) \pm \sqrt{16}}{2 \cdot 1} = \frac{6 \pm 4}{2}$$

$y_1 = \frac{6+4}{2} = \frac{10}{2} = 5$

$y_2 = \frac{6-4}{2} = -\frac{2}{2} = 1$

As soluções da equação $y^2 - 6y + 5 = 0$ são 1 e 5.

Como substituímos x^2 por y, precisamos agora obter as soluções da equação biquadrada:

Para $y_1 = 5$, temos: $x^2 = 5 \to x = \pm\sqrt{5} \to$ $x_1 = \sqrt{5}$ ou $x_2 = -\sqrt{5}$

Para $y_2 = 1$, temos: $x^2 = 1 \to x = \pm\sqrt{1} \to$ $x_1 = 1$ ou $x_1 = -1$

Portanto, as soluções da equação $x^2 - 3 = \frac{x^2 + 1}{x^2 - 2}$ são $\sqrt{5}, -\sqrt{5}, 1$ e -1.

ATIVIDADES

56 Considere a equação $x^4 - 8x^2 - 9 = 0$.

a) Essa equação pode ser chamada biquadrada?

b) Ao substituir x^2 por y, que equação do 2º grau se obtém?

c) Quais são as soluções dessa equação?

d) Quais são as soluções da equação inicial?

57 Resolva as equações biquadradas:

a) $x^4 - 81x^2 = 0$

b) $x^4 - 3x^2 - 4 = 0$

c) $x^4 - 10x^2 + 9 = 0$

d) $x^4 - x^2 - 6 = 0$

e) $x^4 + x^2 - 12 = 0$

f) $x^4 + 4x^2 - 45 = 0$

58 Para que valores reais de x temos

$3 + \dfrac{x^2 - 3}{x^2 - 9} = x^2$ (com $x \neq 3$ e $x \neq -3$)?

59 Resolva estas equações:

a) $(x^2 - 2)(x^2 - 3) - 2 = 0$

b) $(x + 3)(x - 3)(x + 4)(x - 4) = 13x^2 + 8$

60 A quarta potência de um número real é igual à diferença entre o quíntuplo do quadrado desse número e 4. Qual é esse número?

Equações irracionais

Toda equação que apresenta uma incógnita no radicando é denominada **equação irracional**.

Ao resolvermos algumas equações irracionais, recaímos numa equação do 2º grau. Veja os exemplos de aplicação:

a) $\sqrt{x + 2} = x - 4$

Para eliminar o radical $\sqrt{x + 2}$, precisamos elevar os dois membros da equação ao quadrado.

$(\sqrt{x + 2})^2 = (x - 4)^2$

$x + 2 = x^2 - 8x + 16$

$x + 2 - x^2 + 8x - 16 = 0$

(–1) . $- x^2 + 9x - 14 = 0$ · **(–1)**

$x^2 - 9x + 14 = 0 \quad (a = 1, b = -9, c = 14)$

$\Delta = b^2 - 4ac$

$\Delta = (-9)^2 - 4 \cdot 1 \cdot 14 = 81 - 56 = 25$

$x = \dfrac{-b \pm \sqrt{\Delta}}{2a} \rightarrow x = \dfrac{-(-9) \pm \sqrt{25}}{2 \cdot 1} = \dfrac{9 \pm 5}{2}$

$x_1 = \dfrac{9 + 5}{2} = \dfrac{14}{2} = 7$

$x_2 = \dfrac{9 - 5}{2} = \dfrac{4}{2} = 2$

Como elevamos os dois membros da equação irracional ao quadrado, as soluções encontradas para a equação do 2º grau podem não ser as soluções da equação irracional.

Para verificarmos se as soluções encontradas satisfazem à equação original, substituímos esses valores nessa equação:

Para x = 7, temos:
$\sqrt{x+2} = x - 4$
$\sqrt{7+2} = 7 - 4$
$\sqrt{9} = 3$
3 = 3 (verdadeiro)

Para x = 2, temos:
$\sqrt{x+2} = x - 4$
$\sqrt{2+2} = 2 - 4$
$\sqrt{4} = -2$
2 = − 2 (falso)

O número 7 satisfaz à equação original e o número 2 não satisfaz à equação original.

Portanto, a única solução da equação é **7**.

b) $\sqrt{2x+3} - 4 = -2 + x$

Inicialmente isolamos o radical $\sqrt{2x+3}$ em um dos membros da equação:

$\sqrt{2x+3} = -2 + x + 4$

$\sqrt{2x+3} = 2 + x$

Elevamos os dois membros ao quadrado:

$(\sqrt{2x+3})^2 = (2+x)^2$

$2x + 3 = 4 + 4x + x^2$

$2x + 3 - 4 - 4x - x^2 = 0$

$(-1) \cdot -x^2 - 2x - 1 = 0 \cdot (-1)$

$x^2 + 2x + 1 = 0$

$\Delta = b^2 - 4ac$

$\Delta = 2^2 - 4 \cdot 1 \cdot 1 = 4 - 4 = 0$

$x = \dfrac{-b \pm \sqrt{\Delta}}{2a} = \dfrac{-(+2) \pm \sqrt{0}}{2 \cdot 1} = \dfrac{-2 \pm 0}{2} = \dfrac{-2}{2} = -1$

Verificação:

$\sqrt{2x+3} - 4 = -2 + x$

$\sqrt{2 \cdot (-1) + 3} - 4 = -2 + (-1)$

$\sqrt{-2+3} - 4 = -2 - 1$

$\sqrt{1} - 4 = -2 - 1$

$1 - 4 = -2 - 1$

− 3 = − 3 (verdadeiro)

Portanto, a solução da equação é **−1**.

ATIVIDADES

61 Calcule mentalmente:

a) $\sqrt{x} + 3 = 5$

b) $3\sqrt{x} = 12$

c) $\dfrac{\sqrt{x}}{2} = 3$

62 Resolva as seguintes equações irracionais:

a) $\sqrt{x+3} = 11$

b) $\sqrt{2x-5} - 5 = 0$

c) $\sqrt{3x+2} = \sqrt{x+6}$

d) $4\sqrt{x+2} = \sqrt{256}$

e) $2x = \sqrt{39-x}$

f) $3x - 2 = \sqrt{2-x}$

g) $\sqrt{4x+5} - 1 = 2x - 6$

h) $\sqrt{x^2 - 5x - 5} = 3$

63 Para que valores reais de x as expressões $\sqrt{\dfrac{6-x}{5}}$ e $\sqrt{\dfrac{2x}{3-x}}$ são iguais?

64 A soma de 3 com a raiz quadrada do dobro de um número real positivo é igual ao triplo desse número menos 17. Qual é esse número?

EXPERIMENTOS, JOGOS E DESAFIOS

Uma sequência diferente

Considere a sequência 10, 11, 12, 13, 14.

Com os números dessa sequência podemos escrever esta igualdade:

$10^2 + 11^2 + 12^2 = 13^2 + 14^2$.

- Confira se a igualdade acima é verdadeira.

- Encontre outra sequência de cinco números consecutivos cuja soma dos quadrados dos três primeiros seja igual à soma dos quadrados dos dois últimos.

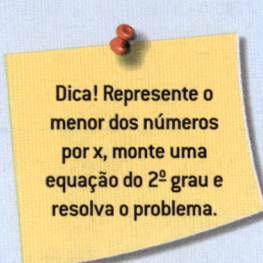

Dica! Represente o menor dos números por x, monte uma equação do 2º grau e resolva o problema.

▶ Sistemas de equações do 2º grau

Vamos representar a situação a seguir por meio de um sistema de equação do 2º grau.

Quais são os números cujo produto é 180 e cuja diferença entre eles é 3?

Representando esses números por x e por y, podemos escrever:

$$\begin{cases} x - y = 3 \\ x \cdot y = 180 \end{cases}$$

Para encontrar o valor de x e de y, resolvemos o sistema de equações.

Usando o método da substituição, temos:

$$\begin{cases} x - y = 3 \rightarrow x = 3 + y \text{ (Isolamos o x na primeira equação)} \\ x \cdot y = 180 \end{cases}$$

Substituímos x na segunda equação por 3 + y:

$x \cdot y = 180$

$(3 + y) \cdot y = 180$

$3y + y^2 = 180$

$y^2 + 3y - 180 = 0 \quad (a = 1, b = 3, c = -180)$

$\Delta = b^2 - 4ac$

$\Delta = 3^2 - 4 \cdot 1 \cdot (-180) = 9 + 720 = 729$

$y = \dfrac{-b \pm \sqrt{\Delta}}{2a} \rightarrow \dfrac{-3 \pm \sqrt{729}}{2 \cdot 1} = \dfrac{-3 \pm 27}{2}$

$y_1 = \dfrac{-3 + 27}{2} = \dfrac{24}{2} = 12$

$y_2 = \dfrac{-3 - 27}{2} = -15$

Conhecendo os valores para y, determinamos os valores de x:

Para y = 12, temos:
x = 3 + y
x = 3 + 12
x = 15

Para y = –15, temos:
x = 3 + y
x = 3 + (–15)
x = –12

Portanto, os pares ordenados (15, 12) e (–12, –15) são soluções do sistema.

O sistema que resolvemos acima é chamado de **sistema de equações do 2º grau**, pois para encontrar as soluções do sistema resolvemos uma equação do 2º grau.

ATIVIDADES

65 Resolva os sistemas de equações do 2º grau:

a) $\begin{cases} x = 3y \\ x + 2y^2 = 5 \end{cases}$

b) $\begin{cases} x - 3y = 14 \\ x \cdot y = -8 \end{cases}$

c) $\begin{cases} x = 3 + 2y \\ y^2 - 5 = x - 8 \end{cases}$

d) $\begin{cases} x - y = 3 \\ x^2 + xy = 2 \end{cases}$

66 O produto de dois números reais é –180 e a soma deles é 3. Quais são esses números?

67 O perímetro deste paralelogramo é 14 cm e sua área é 6 cm².

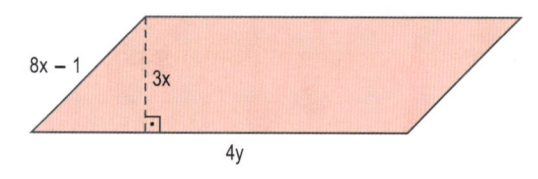

Quais são os valores de x e de y indicados na figura?

68 Existem apenas dois números naturais tais que:
- a diferença entre o quadrado de um deles e o produto desses números é 3.
- a soma desses números é 5.

Quais são esses números?

VOCÊ SABIA? A fórmula é de Bháskara?

O hábito de dar o nome de **Bháskara** para a fórmula de resolução da equação do segundo grau se estabeleceu no Brasil por volta de 1960. Esse costume, aparentemente só brasileiro (não se encontra o nome de Bháskara para essa fórmula na literatura internacional), não é adequado, pois:

- Problemas que recaem numa equação do segundo grau já apareciam, há quase quatro mil anos, em textos criados pelos babilônios. Nesses textos, o que se tinha era uma receita (escrita em prosa, sem uso de símbolos) que ensinava como proceder para determinar as raízes (soluções) em exemplos concretos com coeficientes numéricos.

- Bháskara, que nasceu na Índia em 1114 e viveu até cerca de 1185, foi um dos mais importantes matemáticos do século XII. As duas coleções de seus trabalhos mais conhecidas são Lilavati ("bela") e Vijaganita ("extração de raízes"), que tratam de aritmética e álgebra, respectivamente, e contêm numerosos problemas sobre equações lineares e quadráticas (resolvidas também com receitas em prosa), progressões aritméticas e geométricas, radicais, tríadas pitagóricas e outros.

François Viète.

- Até o fim do século XVI não se usava uma fórmula para obter as raízes de uma equação do segundo grau, simplesmente porque não se representavam por letras os coeficientes de uma equação. Isso começou a ser feito a partir de François Viète, matemático francês que viveu de 1540 a 1603.

Logo, embora não se deva negar a importância e a riqueza da obra de Bháskara, não é correto atribuir a ele a conhecida fórmula de resolução da equação do 2º grau.

Fonte: *Revista do Professor de Matemática*, nº 39.

Capítulo 4

FUNÇÕES

▶ Função

Inicialmente, vamos conhecer algumas situações do cotidiano que nos dão ideia de **função**.

Ideia de função

SITUAÇÃO 1

Em determinada região, o litro de gasolina custa R$ 2,20.

Podemos representar a quantidade de gasolina a ser comprada por x e o preço a ser pago por y, e montar a seguinte tabela:

Gasolina (L)	Preço (R$)
x	y
1	1 · 2,20 = 2,20
2	2 · 2,20 = 4,40
3	3 · 2,20 = 6,60
...	...

O preço a ser pago **depende** da quantidade de combustível comprado, isto é, o preço a ser pago varia **em função** da quantidade de gasolina comprada.

Essas situações envolvem duas grandezas que variam uma em função da outra.

Variáveis

Na última situação, o preço depende da quantidade de combustível, por isso é chamado **variável dependente**. A quantidade de combustível é a **variável independente**.

Observe que:
- A todos os valores da variável independente (x) estão associados valores da variável dependente (y).
- A cada valor da variável independente está associado um único valor da variável dependente.

Lei da função

A sentença que permite saber o preço a ser pago em função da quantidade de combustível comprado é dada por: y = 2,20 · x ou f(x) = 2,20 x.

Essa sentença é chamada **lei da função**.

Observando a tabela da página anterior, podemos dizer que: o número 2,20 está associado ao número 1; o número 4,40 está associado ao 2; o número 6,6 está associado ao 3 e assim por diante.

Escrevemos:

f(1) = 2,20; f(2) = 4,40; f(3) = 6,60...

Dizemos que 2,20 é a imagem de 1; 4,40 é a imagem de 2; 6,60 é a imagem 3 e assim por diante.

SITUAÇÃO 2

Carlos é vendedor. Seu salário mensal é composto de um valor fixo de R$1.500,00 e de uma comissão de 3% sobre o total das vendas mensais, em reais.

Podemos construir uma tabela relacionando o salário (S) que Carlos recebeu nos 3 primeiros meses do ano de 2012 com o total de suas vendas (V).

Mês	Total de vendas (V)	Salário (S)
Jan.	100	1 500 + 0,03 · 100 = 1 503
Fev.	200	1 500 + 0,03 · 200 = 1 506
Mar.	500	1 500 + 0,03 · 500 = 1 515

Nessa situação, o salário é a variável dependente e o total de vendas é a variável independente.

Observe que:

- a todos os valores de V estão relacionados valores de S.
- a cada valor de V corresponde um único valor de S.

A fórmula que relaciona o salário de Carlos ao total de suas vendas é:

S = 1 500 + 0,03 · V   ou   f(V) = 1 500 + 0,03 · V.

Com base nessa sentença, é possível responder a algumas questões:

a) Quanto Carlos ganhou se, durante um mês, obteve um total de R$ 5.600,00 em vendas?

S = 1 500 + 0,03 · V

S = 1 500 + 0,03 · 5 600

S = 1 500 + 168

S = 1 668

Seu salário foi de R$ 1.668,00.

b) Se no mês de janeiro o salário de Carlos foi de R$ 1.752,00, qual foi o seu total de vendas nesse mês?

S = 1 500 + 0,03 · V

1 752 = 1 500 + 0,03 V

1 752 − 1 500 = 0,03 V

252 = 0,03 V

V = $\dfrac{252}{0,03}$

V = 8 400

O total de vendas no mês de janeiro foi de R$ 8.400,00.

ATIVIDADES

1 Esta tabela relaciona a quantidade de caixas de leite com o preço a ser pago.

Número de caixas	1	2	3	4	5	6	7
Preço a pagar (R$)	1,60	3,20	4,80	6,40			

a) Complete a tabela.

b) A cada quantidade de caixas de leite corresponde um único preço a pagar?

c) O preço a pagar é dado em função de quê?

d) Qual é a variável independente?

e) Qual é a variável dependente?

f) De acordo com os dados da tabela, escreva uma sentença que relacione o preço a pagar (p) com o número de caixas de leite (n).

g) Quantas caixas de leite podem ser compradas com R$ 20,80?

h) Quanto se deve pagar por 23 caixas de leite?

2 A tabela abaixo mostra o perímetro de um triângulo equilátero em função da medida do seu lado.

Medida do lado (cm)	1	2	3
Perímetro (cm)	3	6	9

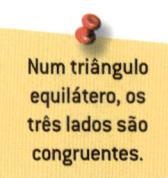

Num triângulo equilátero, os três lados são congruentes.

a) A cada medida do lado do triângulo corresponde um único perímetro?

b) O perímetro do triângulo é dado em função de quê?

c) Qual é a variável independente?

d) Qual é a variável dependente?

e) De acordo com os dados da tabela, escreva uma sentença que relacione o perímetro com a medida do lado do triângulo.

f) Qual é o perímetro de um triângulo equilátero cujo lado mede 15 cm?

g) Quantos centímetros tem o lado de um triângulo equilátero cujo perímetro mede 78 cm?

3 Nesta tabela, a cada número real x está associado um número real y que representa o dobro de x mais 4. Complete a tabela.

x	−2	0	2	5	6,5	10,1
y	0	4		14		

a) Qual é a lei de formação dessa função?

b) Qual é a variável independente?

c) Qual é a variável dependente?

d) Se x for −4, qual será o número y?

e) Se y for −10, qual será o número x?

4 Escreva uma sentença que relacione a variável x com a variável y de cada tabela:

a)
x	y
−1	2
0	0
1	−2
2	−4
4	−8

b)
x	y
−3	−9
1	3
3	9
4,5	13,5

c)
x	y
−2	8
−1	9
0	10
1	11
2	12

5 Escreva a lei de formação de cada função abaixo.

a) A cada número real x associe um número real y que represente o triplo de x menos 2. _____

b) A cada número real x associe um número real y que represente o quadrado de x mais o dobro de x. _____

c) A cada número real x associe um número real y que represente o quádruplo do inverso de x, sendo x ≠ 0. _____

Domínio e imagem de uma função

Quando relacionamos duas variáveis por meio de uma função, precisamos saber quais valores as variáveis podem assumir na função.

Domínio de uma função

> O conjunto de valores que a variável independente pode assumir chama-se **domínio da função** e é representado por D.

Acompanhe esta situação.

Considere o quadrado ao lado.

O perímetro y desse quadrado é dado em função do seu lado pela lei

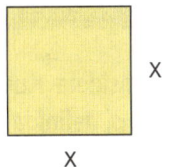

$f(x) = 4 \cdot x$ ou $y = 4x$

Observe que x tem de ser um número real positivo, pois não existe medida nula ou negativa.

Logo, o domínio dessa função são todos os números reais positivos.

Imagem de uma função

> O valor da variável dependente y correspondente ao valor da variável independente x é chamado **imagem** de x dada pela função.

No exemplo da área do quadrado:

- Se x = 2, então f(x) = 4 · 2 → f(x) = 8. O número 8 é a imagem do número 2 pela função.
- Se x = 3 emtµap f(x) = 4 · 3 → f(x) = 12. O número 12 é a imagem do número 3 pela função.

> O conjunto de todos os valores da variável dependente, que correspondem a algum valor da variável independente do domínio, é chamado **conjunto imagem** da função e é representado por Im.

Na situação anterior, para cada valor de x (x positivo) teremos um valor correspondente de f(x), também positivo.

Logo, o conjunto imagem dessa função são todos os números reais positivos.

Veja outro exemplo.

Dada a função $f(x) = \dfrac{2}{x}$, podemos escrever:

- a variável x pode assumir qualquer valor real, exceto o zero, pois o denominador de uma fração nunca pode ser zero. Logo, o domínio da função é $D = \mathbb{R} - \{0\}$.

- Se $x = 4$, então $f(4) = \dfrac{2}{4} \to f(4) = \dfrac{1}{2}$. O número $\dfrac{1}{2}$ é a imagem do número 4 pela função.

- Se $x = \dfrac{1}{2}$, então $f\left(\dfrac{1}{2}\right) = \dfrac{2}{\frac{1}{2}} \to f\left(\dfrac{1}{2}\right) = 2 \cdot \left(\dfrac{2}{1}\right) = 4$

O número 4 é a imagem do número $\dfrac{1}{2}$ pela função.

ATIVIDADES

6 Considere f uma função com domínio e imagem reais, definida por $f(x) = x^2 - 2x + 3$. Calcule:

a) f(1) _____

b) f(−1) _____

c) f(0) _____

d) $f\left(\dfrac{1}{2}\right)$ _____

7 Considere a função em que o domínio e a imagem são números reais dada por $f(x) = x^2 - 4x$.

a) Para $x = -\dfrac{1}{2}$, qual é o valor de f(x)?

_____

_____

b) Para que valores de x se tem $f(x) = -3$?

_____

_____

8 Considere a função:

$f(x) = 1 + 3x^2 - 2x^3$, com domínio e imagem reais.

a) Qual é o valor de f(x) para x = 2?

_____

b) Quanto é f(1)?

_____

_____

9 Considere a função $y = 2x + 1$. Nela não há restrições para os valores que x pode assumir.

a) Qual é o domínio dessa função?

_____

b) Qual é a imagem dessa função?

_____

c) Para x = −1, qual é e o valor de y?

_____

d) Para que valor de x tem-se uma imagem igual a 5?

_____

10 Considere o retângulo abaixo.

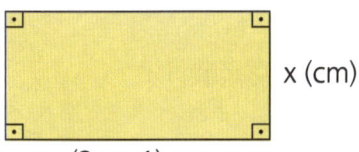

x (cm)

(2x + 1) cm

a) Qual é a lei de formação que relaciona o perímetro y em função de x?

_____

_____

b) Qual é o domínio dessa função?

_____

c) Se x = 3 cm, qual é o perímetro desse retângulo?

_____

_____

d) Se um retângulo tiver 50 cm de perímetro, qual será o valor de x?

_____

_____

_____

EXPERIMENTOS, JOGOS E DESAFIOS

As funções e os números triangulares e quadrangulares

Esta é a sequência dos números triangulares:

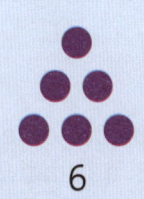

1   3   6   10   ...

A sequência 1, 3, 6, 10... é chamada sequência dos números triangulares.

1º termo: 1

2º termo: 1 + 2

3º termo: 1 + 2 + 3

4º termo: 1 + 2 + 3 + 4

Cada um desses termos pode ser obtido por meio de uma fórmula que associa o número de bolinhas (y) em cada figura à posição que a figura ocupa na sequência (x).

Veja como se obtém essa fórmula. Os números triangulares podem ser escritos assim:

1º número: $\dfrac{1 \cdot 2}{2}$

2º número: $\dfrac{2 \cdot 3}{2}$

3º número: $\dfrac{3 \cdot 4}{2}$

4º número: $\dfrac{4 \cdot 5}{2}$ ...

73

De um modo geral a lei de formação dessa função é dada por:

$$y = \frac{x \cdot (x+1)}{2}$$

Nessa expressão, x é a posição que a figura ocupa na sequência e y é o número de bolinhas dessa figura.

Vamos calcular a quantidade de bolinhas do 10º número triangular, aplicando a fórmula:

$$\frac{10 \cdot (10+1)}{2} = 55 \text{ bolinhas.}$$

Agora é com você.

Esta é a sequência dos números quadrangulares:

1   4   9   ...

Escreva a lei de formação que associe o número de bolinhas y em cada figura à posição x que a figura ocupa na sequência.

Interpretação e construção de gráficos

Uma função pode ser representada por meio de um gráfico.

Interpretação de gráficos

Inicialmente, vamos analisar **gráficos** de funções obtendo, com base neles, informações quantitativas (que envolvem números) e informações qualitativas (que apresentam aspectos gerais, sem envolver números).

O gráfico abaixo, por exemplo, apresenta a temperatura de um doente em função do tempo.

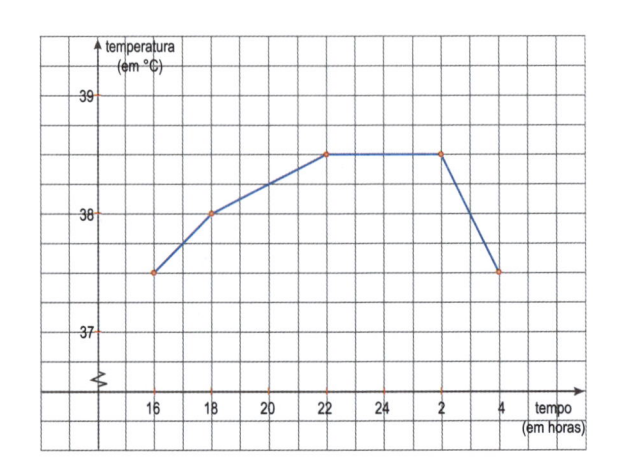

Observando o gráfico podemos obter as seguintes informações:

a) Quantitativas

- Às 16 horas, o doente apresentava uma temperatura de 37,5 °C.
- Das 22 às 2 horas, a temperatura manteve-se constante (38,5 °C).
- Das 2 às 4 horas (madrugada) a temperatura do doente caiu de 38,5 °C para 37,5 °C.

b) Qualitativas

- As grandezas envolvidas no gráfico são tempo e temperatura.
- O paciente esteve com febre durante todo o período de tempo analisado.

ATIVIDADES

11 O gráfico mostra a variação do consumo de energia elétrica de uma residência, de julho a dezembro de 2011.

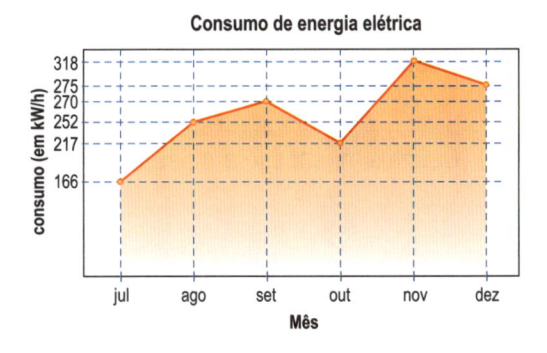

a) Em que mês houve um consumo de 275 kWh?

_____
_____

b) Qual foi o consumo de energia no mês de outubro?

_____
_____

c) Em que período houve um aumento acentuado do consumo de energia?

_____
_____

12 O gráfico mostra a velocidade de um objeto que se desloca numa trajetória retilínea em função do tempo.

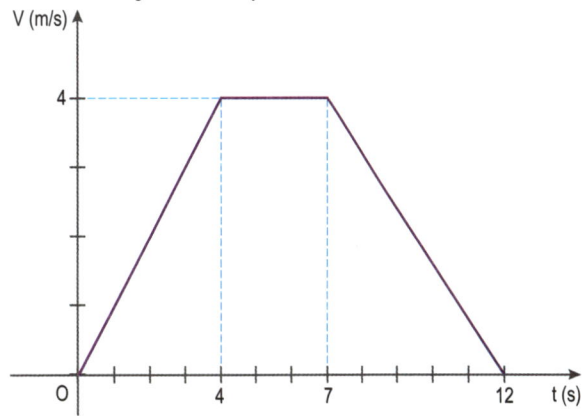

a) Qual era a velocidade desse objeto no início do deslocamento?

_____

b) Após quantos segundos o objeto atingiu uma velocidade de 4 m/s?

_____

c) Durante quantos segundos a velocidade desse objeto permaneceu constante?

_____
_____

13 O gráfico a seguir mostra o movimento de um objeto sobre uma mesa horizontal, sem atrito.

Sabendo que *d* representa a distância percorrida pelo objeto, em metros, e *t* representa o tempo, em segundos, responda:

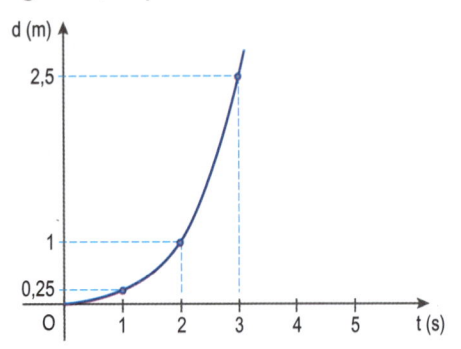

a) Quanto tempo demora para o objeto percorrer 0,25 m?

_____

b) Dois segundos após o início do movimento, quantos metros esse objeto havia se deslocado?

_____

c) Qual é a velocidade média do objeto após 2,5 m?

_____

14 Para esvaziar um tanque, usou-se uma bomba que retirava 80 L de água por minuto. Este gráfico relaciona o volume de água que restava no tanque em função do tempo de esvaziamento.

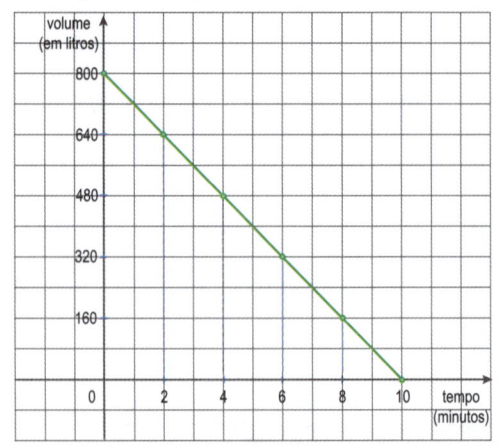

a) O volume de água no tanque aumenta ou diminui em função do tempo? _____

b) Qual é o volume inicial de água no tanque em litros? _____

c) Após 8 minutos, quantos litros de água haviam sido retirados do tanque?

_____

d) Quantos minutos foram necessários para esvaziar o tanque? _____

Construção de gráficos

Agora, vamos representar funções por meio de gráficos.

Esse tipo de gráfico é construído no plano cartesiano.

O sistema de coordenadas cartesianas é formado por duas retas perpendiculares, uma horizontal, chamada **eixo x**, e outra vertical, chamada **eixo y**, que se interceptam num ponto chamado origem do sistema.

O plano que contém o sistema de coordenadas cartesianas é chamado **plano cartesiano**.

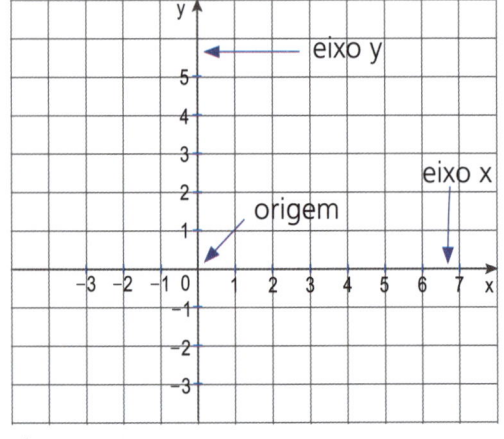

Plano cartesiano.

Nos eixos do sistema de coordenadas cartesianas, a cada ponto fazemos corresponder um número. Os números positivos estão à direita e acima da origem e os negativos, abaixo e à esquerda da origem.

Todo ponto do plano cartesiano fica determinado por um par ordenado de números reais. Esses números são as coordenadas do ponto.

No sistema de coordenadas cartesianas abaixo, destacamos alguns pontos.

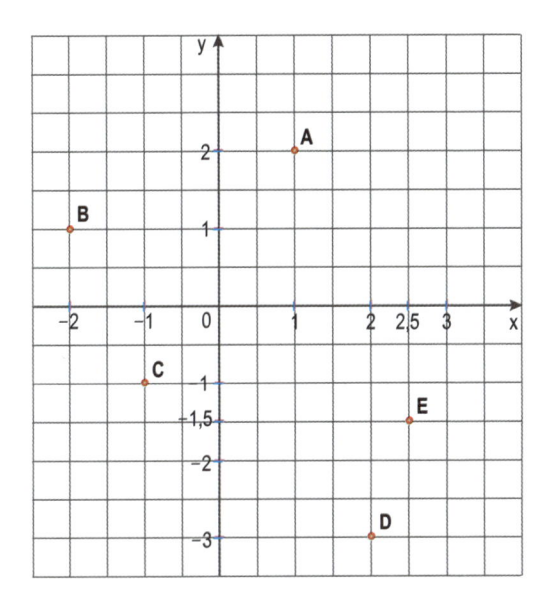

A (1, 2)
B (−2, 1)
C (−1, −1)
D (2, −3)
E (2,5; −1,5)

Cada valor de x do domínio, com o valor correspondente de y da imagem, formam um par ordenado (x,y). Esse par ordenado é representado por um ponto no plano cartesiano.

Fazendo a representação de todos os pares ordenados no plano, obtemos um conjunto de pontos que formam o **gráfico da função.**

Acompanhe como exemplo a construção do gráfico de duas funções:

EXEMPLO 1

O preço de uma caneta é R$ 3,00. O valor (v) a ser pago numa compra depende de quantas canetas forem adquiridas (c).

A função que representa essa situação é: $v = 3 \cdot c$.

Podemos construir uma tabela e relacionar a quantidade de canetas com o valor a ser pago.

Quantidade de canetas (c)	1	2	3	4	...
Valor a ser pago (R$)	3	6	9	12	...

Veja o gráfico abaixo, que corresponde aos dados tabela.

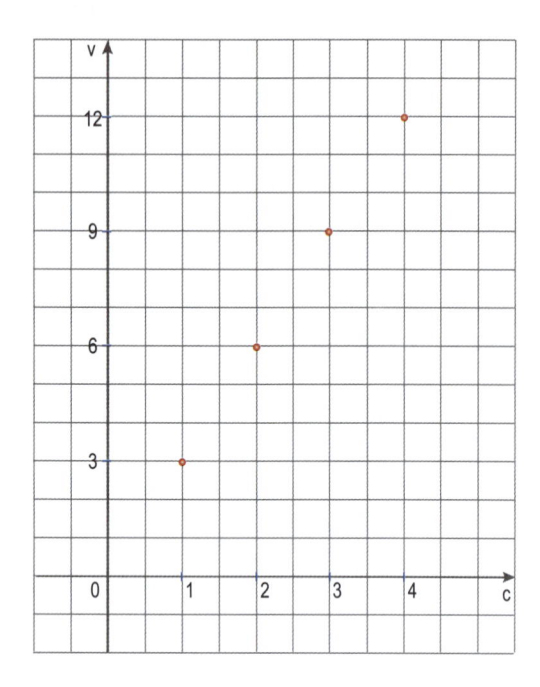

Nesse caso, não podemos unir os pontos do gráfico, pois a quantidade de canetas é um número natural. Não podemos comprar, por exemplo, 1,5 ou 4,8 canetas. O domínio da função é um número natural diferente de zero.

EXEMPLO 2

Flávia comprou um carro popular que tem como característica principal um baixo consumo de combustível por quilômetro rodado. A tabela relaciona o consumo desse carro com a distância percorrida:

Distância (km)	0	12	24	36	...
Consumo (L)	0	1	2	3	...

Veja o gráfico correspondente aos dados da tabela:

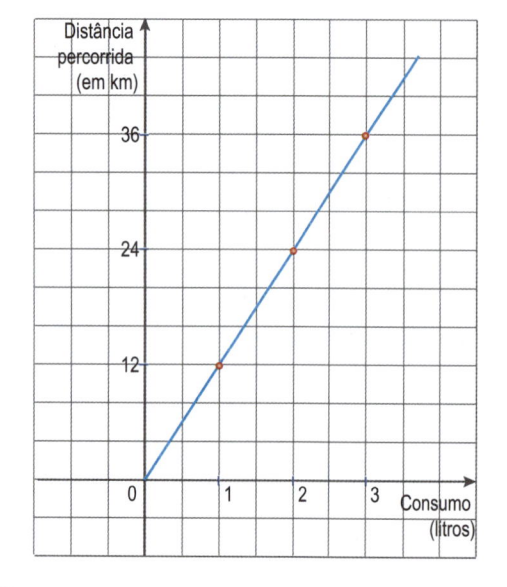

Nesse caso, podemos unir os pontos, pois, considerando valores intermediários de litros de combustível, obtemos valores correspondentes a distâncias percorridas. Para um consumo de 1,5 L, a distância percorrida seria 18 km. O domínio dessa função são todos os números reais não negativos.

ATIVIDADES

15 A tabela abaixo mostra o país-sede, o ano e o número de times que participaram dos campeonatos mundiais de futebol de 1990 a 2010.

Campeonatos mundiais de futebol		
País-sede	Ano	nº de times
Itália	1990	24
Estados Unidos	1994	24
França	1998	32
Coreia do Sul - Japão	2002	32
Alemanha	2006	32
África do Sul	2010	32

Fonte: FIFA. Disponível em:<http://pt.fifa.com/worldcup/archive/index.html>.
Acesso em: 20 jun. 2012.

Construa um gráfico, num plano cartesiano, que relacione o ano e o número de times que participaram desses campeonatos.

16 Complete esta tabela.

Polígono	nº de lados	nº de diagonais
triângulo	3	
quadrilátero	4	
pentágono	5	
hexágono		
heptágono		

a) Observe os valores obtidos e, indicando por x o número dos lados do polígono e por y o número de diagonais, escreva uma função que relacione x e y.

b) Construa o gráfico correspondente aos dados da tabela.

17 Complete a tabela.

Lado do triângulo equilátero (cm)	1	2	2,5	3	3,8	4
Perímetro do triângulo (cm)						

a) Indicando por P o perímetro e por x a medida do lado do triângulo, escreva a função que relaciona P e x.

b) Construa o gráfico correspondente à função obtida no item a, sabendo que a medida do lado do triângulo varia de 1 a 4 cm.

18 Um béquer com uma certa quantidade de água a 15 °C é aquecido por um bico de Bunsen, conforme mostra esta ilustração.
De 4 em 4 minutos a temperatura da água foi medida com um termômetro. Os resultados foram anotados na tabela:

Tempo (min)	0	4	8	12	16
Temperatura (°C)	15	19	23	27	31

a) Escreva a função que relaciona a temperatura (T) da água com o tempo (x) de aquecimento. _____

b) Construa o gráfico correspondente à função obtida no item a, sabendo que o tempo varia de 0 a 16 minutos.

79

▶ Função polinomial do 1º grau

Vamos representar as situações a seguir por meio de uma **função polinomial do 1º grau** e construir o gráfico de cada função.

SITUAÇÃO 1

O preço pago por uma corrida de táxi é composto de uma parte fixa chamada bandeirada e outra que está associada à distância percorrida. Em certa cidade, os taxistas recebem R$ 4,20 pela bandeirada e R$ 1,30 para cada quilômetro rodado.

O preço a ser pago por uma corrida de x quilômetros pode ser representado por:

$$P = 1{,}30 \cdot x + 4{,}20$$

Nessa sentença, a variável x só pode assumir valores reais maiores ou iguais a zero.

Vamos representar essa função por meio de um gráfico.

Inicialmente, organiza-se uma tabela atribuindo valores para x e determinando os valores correspondentes de P.

Para x = 0, temos P = 1,30 · 0 + 4,20 = 4,20
Para x = 1, temos P = 1,30 · 1 + 4,20 = 5,50
Para x = 2, temos P = 1,30 · 2 + 4,20 = 6,80

x	P	(x, P)
0	4,20	(0; 4,20)
1	5,50	(1; 5,50)
2	6,80	(2; 6,80)

Para cada par ordenado (x, P), marca-se um ponto no plano cartesiano.

Como só podemos atribuir valores maiores ou iguais a zero para a variável x, o gráfico dessa função é parte de uma reta.

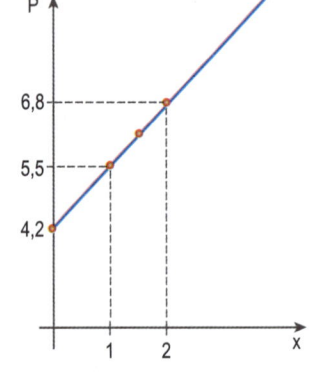

SITUAÇÃO 2

Em determinada empresa, os funcionários recebem R$12,00 por hora trabalhada.

O valor recebido por um funcionário pode ser representado por:

$$V = 12 \cdot x$$

em que x representa a quantidade de horas trabalhadas.

Nessa sentença, novamente, a variável x só pode assumir valores reais maiores ou iguais a zero.

Vamos representar graficamente essa função.

Para x = 0, temos V = 12 · 0 = 0
Para x = 1, temos V = 12 · 1 = 12
Para x = 1,5, temos V = 12 · 1,5 = 18

x	V	(x, V)
0	0	(0; 0)
1	12	(1; 12)
1,5	18	(1,5; 18)

O gráfico dessa função também é parte de uma reta.

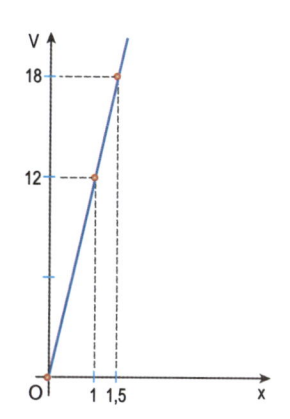

SITUAÇÃO 3

Observe, agora, a construção do gráfico de função y = 2x + 3 na qual a variável x assume qualquer valor real.

$$y = 2x + 3$$

Para x = – 1, temos y = 2 · (–1) + 3 = 1
Para x = 0, temos y = 2 · 0 + 3 = 3
Para x = 2, temos y = 2 · 2 + 3 = 7

x	y	(x, y)
–1	1	(–1, 1)
0	3	(0, 3)
2	7	(2, 7)

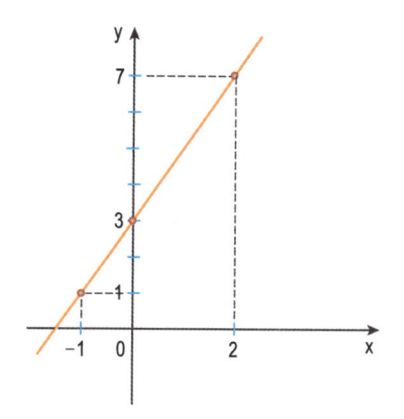

O gráfico da função y = 2x + 3 é uma reta.

Função linear

Toda função do tipo f(x) = ax, com a ≠ 0 e x real, é chamada **função linear**.

Vamos construir o gráfico da função y = – 3x, na qual a variável x assume qualquer valor real.

y = – 3x

Para x = –1,5, temos y = – 3 · (–1,5) = 4,5
Para x = 0, temos y = – 3 · 0 = 0
Para x = 1, temos y = – 3 · 1 = – 3
Para x = 1,5, temos y = – 3 · 1,5 = – 4,5

x	y	(x, y)
–1,5	4,5	(–1,5; 4,5)
0	0	(0, 0)
1	– 3	(1, – 3)
1,5	–4,5	(1,5; –4,5)

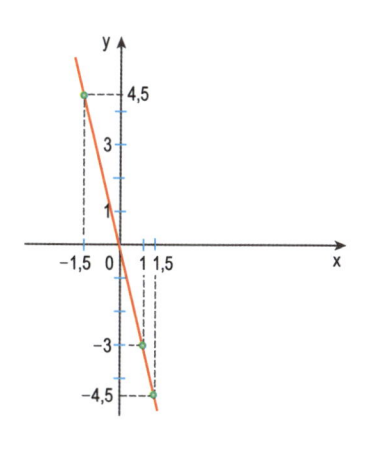

O gráfico da função y = –3x é uma reta que passa pela origem.

De modo geral podemos dizer que:

> - Uma função polinomial do 1º grau, definida para todo x real, pode ser representada pela sentença: **y = ax + b**, com a e b reais e a ≠ 0.
>
>   Nessa função a é chamado **coeficiente angular** e b é chamado **coeficiente linear**.
>
> - O gráfico de uma função polinomial do 1º grau, definida para todo x real, é sempre representado por uma reta.

ATIVIDADES

19) Quais das sentenças são funções polinomiais do 1º grau?

a) y = –3x – 1

b) y = x^2 – 1

c) y = $\sqrt{x}$

d) y = –x + $\dfrac{1}{2}$

e) y = –4x

f) y = x^3 – x^2 + 1

20) Escreva os coeficientes das funções polinomiais do 1º grau definidas por y = ax + b.

a) y = 2x + 3

b) y = –3x + 4

c) y = –x

d) y = $\dfrac{2}{3}$x + $\dfrac{1}{5}$

e) y = –$\dfrac{1}{3}$ + $\dfrac{2x}{5}$

f) y + 2x = 0

21) Considerando a função f(x) = –3x – 1, calcule:

a) f(–1)

b) f(0)

c) f(2)

d) f$\left(-\dfrac{1}{3}\right)$

22) A tabela abaixo relaciona alguns valores de uma função do 1º grau y = ax + b com a e b reais e a ≠ 0.

x	–1	0	1	2
y	–2	0	2	4

a) Escreva a equação que define essa função.

b) Determine f(–2).

c) Qual é o valor de x para y = 1?

d) Construa o gráfico dessa função.

23) Dada a função y = –3x + 2, encontre o número real x para y = –$\frac{1}{2}$.

_____

_____

_____

24) O perímetro de um pentágono regular é função da medida x do lado. Essa função é representada pela sentença: y = 5 · x, com x > 0.

a) Construa uma tabela para os seguintes valores de x: 1; 1,5 e 2.

b) Qual é o perímetro do pentágono cujo lado mede 2,5 cm?

_____

_____

c) Qual é a medida do lado do pentágono cujo perímetro é igual a 3,5 cm?

_____

_____

25) Verifique se o ponto A (0, –1) pertence ao gráfico da função y = – x – 1.

_____

_____

_____

26) Construa, num mesmo plano cartesiano, os gráficos das funções y = – x + 3 e y = x – 1.

a) Quais são as coordenadas do ponto em que esses gráficos se interceptam?

_____

_____

b) As retas que você construiu são paralelas ou perpendiculares?

_____

_____

27) Construa, num mesmo plano cartesiano, os gráficos das funções:

a) y = x – 1

b) y = x

c) y = x + 1

O que as retas construídas têm em comum?

_____

_____

28) Construa o gráfico da função y = –2x + 2. A reta obtida forma um triângulo com os eixos x e y. Calcule a área desse triângulo.

_____

_____

83

Raiz ou zero da função polinomial do 1º grau

A raiz da função y = ax + b é o valor de x para o qual y = 0.

Vamos determinar algebricamente, por exemplo, a raiz da função definida por y = 2x − 8.

Fazendo y = 0, temos:

$2x - 8 = 0 \rightarrow 2x = 8 \rightarrow x = \dfrac{8}{2} \rightarrow$ **x = 4**

Podemos também determinar a raiz da função geometricamente.

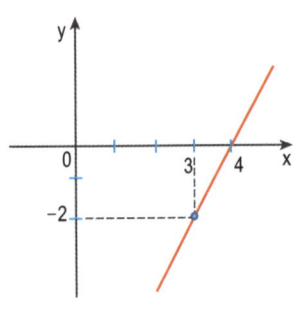

x	y	(x, y)
3	−2	(3, −2)
4	0	(4, 0)

Observe, no gráfico, que a raiz da função é o ponto em que a reta corta o eixo x. Portanto x = 4.

ATIVIDADES

29 Determine, algebricamente, a raiz de cada função polinomial do 1º grau:

a) y = x + 4

b) y = −x + 2

c) y = $\dfrac{x}{2}$ + $\dfrac{3}{5}$

d) y = 3x − 4

30 Determine, geometricamente, a raiz de cada função. Para responder cada um dos itens, deve-se construir um gráfico e verificar em que ponto a reta corta o eixo x. Veja como exemplo o item a:

a) y = x − 1

x	y
0	−1
1	0

x = 1

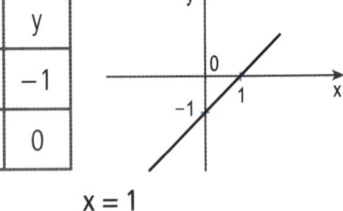

b) y = −x + 1

c) y = 3 − x

d) y = 2x − 1

Função polinomial do 1º grau crescente e decrescente

Considere a função y = x + 1.

Vamos analisar o que acontece com os valores de y quando aumentamos os valores de x.

x	−1	0	1	2	3
y = x + 1	0	1	2	3	4

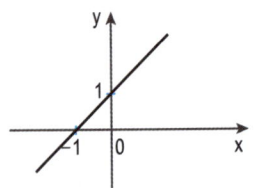

Observe que, aumentando os valores de x, os valores de y correspondentes também aumentam.

> Uma função y = ax + b é crescente quando o coeficiente a é maior que zero (a > 0).

Considere agora a função y = –2x + 3.

Vamos analisar o que acontece com os valores de y quando aumentamos os valores de x.

x	–1	0	1	2
y = –2x + 3	5	3	+1	–1

Observe que, aumentando os valores de x, os valores de y correspondentes diminuem.

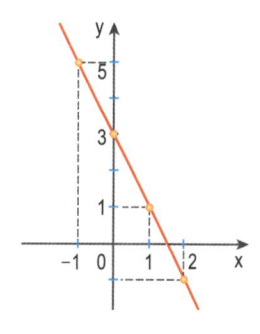

> Uma função y = ax + b é decrescente quando o coeficiente a é menor que zero (a < 0).

ATIVIDADES

31 Considere a função polinomial do 1º grau y = 2x – 1.

a) Qual é a raiz dessa função?

b) Analise a função quanto ao crescimento.

32 Classifique as funções em crescentes ou decrescentes:

a) y = x + 1

b) y = 3x – 1

c) y = 2 – x

d) y = – 3x + 1

33 Escreva a lei de formação da função: a cada número real x associe um número real y que represente o dobro de x mais 4.

Classifique essa função em crescente ou decrescente.

34 Quais devem ser os valores reais de c para que a função f(x) = (2c – 4)x + 1 seja decrescente?

35 Determine os valores reais de v para que a função f(x) = (–v + 1) x seja crescente.

85

Função polinomial do 2º grau

Do quadrado ABCD, cujo lado mede 3 cm, retiramos quatro quadrados com x cm de lado ($0 \leq x \leq 1,5$), obtendo uma nova figura na forma de cruz. Representando a área dessa figura por A, temos:

$A = 3^2 - 4 \cdot x^2$ ou $A = 9 - 4x^2$

Observe que o 2º membro dessa expressão é um polinômio do 2º grau na variável x.

De modo geral, podemos dizer:

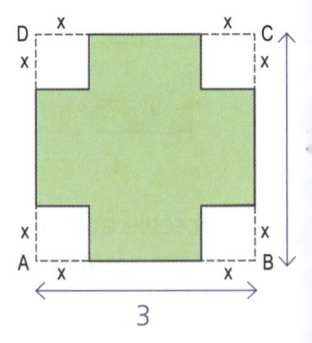

> Toda função definida pela sentença matemática $y = ax^2 + bx + c$, com a, b, c números reais e $a \neq 0$, é uma **função polinomial** do 2º grau.

Gráfico da função polinomial do 2º grau

O gráfico de uma função polinomial do 2º grau é representado por uma curva chamada **parábola**. Acompanhe, como exemplo, a representação gráfica de duas funções polinomiais do 2º grau.

EXEMPLO 1

$y = x^2 - 6x + 5$

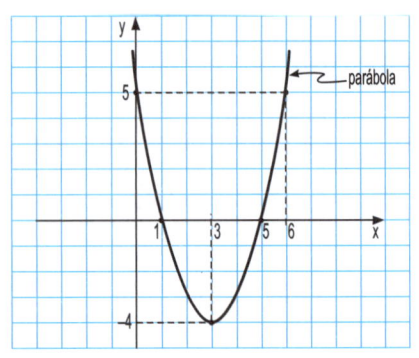

EXEMPLO 2

$y = -x^2 - 4x - 4$

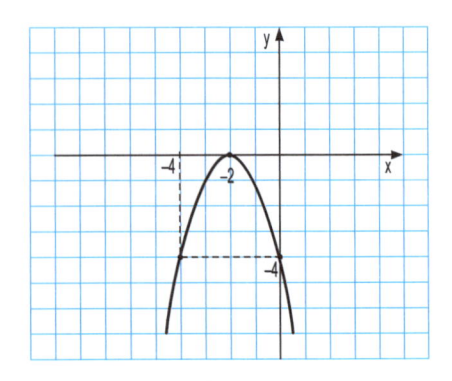

Alguns pontos importantes do gráfico da função do 2º grau

Existem alguns pontos importantes do gráfico da função do 2º grau. Dentre eles, podemos destacar:

- os pontos em que a parábola corta o eixo x;
- o ponto em que corta o eixo y;
- o vértice da parábola.

É o que veremos a seguir.

■ **Ponto em que a parábola corta o eixo y**

Um dos pontos importantes do gráfico da função do 2º grau é o ponto em que a parábola corta o eixo y.

Qualquer ponto desse eixo tem coordenadas (0, y). Portanto, sua abscissa é nula (x = 0).

Considere o exemplo 1. Na representação da função $y = x^2 - 6x + 5$, fazendo x = 0, temos:

$y = 0^2 - 6 \cdot 0 + 5 \rightarrow y = 5$.

Assim, o gráfico dessa função corta o eixo y no ponto (0, 5).

Considere agora o exemplo 2. No gráfico da função $y = -x^2 - 4x - 4$, fazendo x = 0, temos:

$y = -0^2 - 4 \cdot 0 - 4 \rightarrow y = -4$.

Assim, o gráfico dessa função corta o eixo no ponto (0, −4). Veja o gráfico da página anterior.

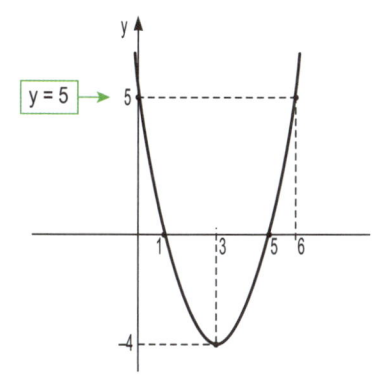

■ **Pontos em que a parábola corta o eixo x**

Outros pontos importantes são os que representam **raízes da função** do 2º grau, que correspondem aos **valores de x dos pontos nos quais a parábola corta o eixo x**.

Qualquer ponto desse eixo tem coordenadas (x, 0), ou seja, sua ordenada é nula (y = 0). Portanto, para encontrarmos as raízes da função do 2º grau $y = ax^2 + bx + c$, substituímos y por 0, ou seja, fazemos $ax^2 + bx + c = 0$.

Essa equação pode ser resolvida pela fórmula de Bháskara:

$x = \dfrac{-b \pm \sqrt{\Delta}}{2a}$, onde $\Delta = b^2 - 4ac$.

Dependendo do valor de Δ, a função pode ter duas raízes reais e diferentes, duas raízes reais e iguais ou não ter raízes reais:

> $\Delta > 0 \rightarrow$ duas raízes reais e diferentes.
> $\Delta = 0 \rightarrow$ duas raízes reais e iguais.
> $\Delta < 0 \rightarrow$ não tem raízes reais.

Voltando à função $y = x^2 - 6x + 5$ do exemplo 1, vamos determinar suas raízes:

$x^2 - 6x + 5 = 0$ (a = 1; b = −6; c = 5)

$\Delta = b^2 - 4ac \rightarrow \Delta = (-6)^2 - 4 \cdot 1 \cdot 5 \rightarrow \Delta = 36 - 20 \rightarrow \Delta = 16$

Portanto, a função possui duas raízes reais e diferentes:

$$x = \frac{-b \pm \sqrt{\Delta}}{2a} = \frac{-(-6) \pm \sqrt{16}}{2 \cdot 1}$$

$$x = \frac{6 \pm 4}{2} \begin{cases} x_1 = \frac{6+4}{2} = \frac{10}{2} = 5 \\ x_2 = \frac{6-4}{2} = \frac{2}{2} = 1 \end{cases}$$

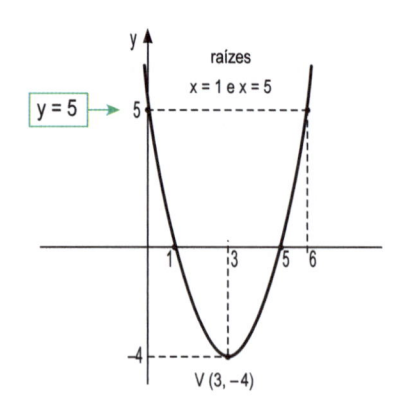

Logo, as raízes dessa função são 1 e 5.

Vamos agora retomar a função $y = -x^2 - 4x - 4$ do exemplo 2, e determinar suas raízes.

$-x^2 - 4x - 4 = 0 \quad (a = -1; b = -4; c = -4)$

$\Delta = b^2 - 4ac \rightarrow \Delta = (-4)^2 - 4 \cdot (-1) \cdot (-4) \rightarrow \Delta = 16 - 16 \rightarrow \Delta = 0$

Portanto, a função possui duas raízes reais e iguais:

$$x = \frac{-b \pm \sqrt{\Delta}}{2a} = \frac{-(-4) \pm \sqrt{0}}{2 \cdot (-1)} = \frac{4 \pm 0}{-2} \quad \boxed{x_1 = x_2 = -2}$$

Logo, as raízes dessa função são iguais a -2.

■ Vértice da parábola

Outro ponto importante do gráfico da função do 2º grau é o vértice da parábola.

O vértice de uma parábola dada por $y = ax^2 + bx + c$ ($a \neq 0$) é determinado por: $V = \left(\dfrac{-b}{2a}, \dfrac{-\Delta}{4a}\right)$

Podemos também obter a ordenada do vértice da parábola substituindo $x = -\dfrac{b}{2a}$ em $y = ax^2 + bx + c$.

Vamos determinar as coordenadas do vértice da parábola da função $y = x^2 - 6x + 5$.

$x_V = -\dfrac{b}{2a} = -\dfrac{-(-6)}{2 \cdot 1} = \dfrac{6}{2} = 3$

$y_V = 3^2 - 6 \cdot 3 + 5 = 9 - 18 + 5 = -4$

Logo, $\boxed{V(3, -4)}$.

Do exemplo 2, vamos determinar as coordenadas do vértice da parábola da função $y = -x^2 - 4x - 4$.

$x_V = -\dfrac{b}{2a} = -\dfrac{-(-4)}{2 \cdot (-1)} = \dfrac{4}{-2} = -2$

$y_V = -(-2)^2 - 4 \cdot (-2) - 4 = -4 + 8 - 4 = 0$

Logo, $\boxed{V(-2, 0)}$

O ponto em que a parábola corta o eixo y, as raízes e o vértice são importantes na construção do gráfico de uma função do 2º grau.

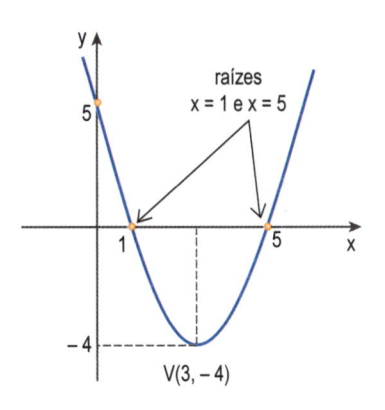

ATIVIDADES

36 Quais das sentenças abaixo são funções do 2º grau?

a) $y = -3x + 2$

b) $y = -x^2 + 4x$

c) $y = x^2 + 3x + 1$

d) $y = x + \sqrt{x}$

e) $y = x - 3x^2$

f) $y = 4 - \dfrac{x^2}{3}$

37 Considerando a função
$f(x) = \dfrac{-x^2}{3} + \dfrac{x}{2} - \dfrac{1}{6}$, calcule:

a) $f(1)$

b) $f(0)$

c) $f(-1)$

d) $f\left(\dfrac{1}{2}\right)$

38 Considere a figura abaixo:

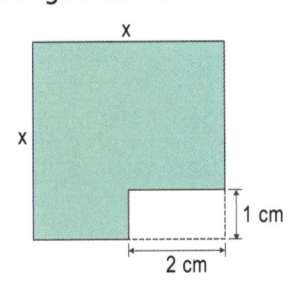

a) Escreva a fórmula da função que relaciona a área (A) da parte verde com a medida do lado do quadrado (x), sendo x maior que 2.

b) Essa função é do 1º ou do 2º grau? Por quê?

c) Qual é o valor de A se o lado do quadrado é igual a 8 cm?

d) Se a área A for igual a 47 cm², qual será a medida do lado do quadrado?

39 Considere o paralelepípedo abaixo:

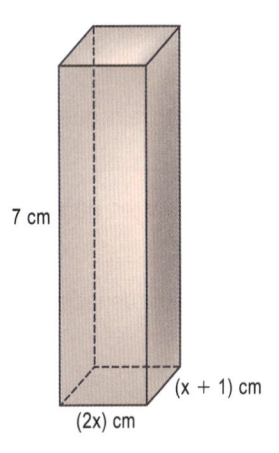

7 cm
(x + 1) cm
(2x) cm

a) Escreva a fórmula da função que relaciona o volume (V) e a medida x indicada.

b) Essa função é do 1º ou do 2º grau? Por quê?

c) Sendo x = 2 cm, qual é o valor de V?

d) Se o volume V for igual a 28 cm³, qual será o valor de x?

40 Observe a parábola abaixo:

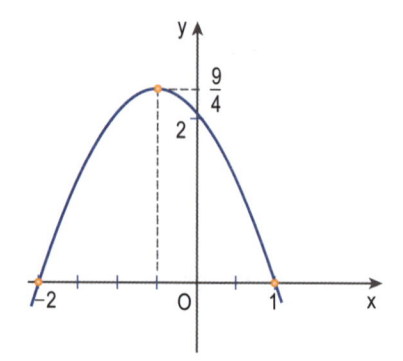

a) Qual é o ponto em que a parábola corta o eixo y? _____

b) Quais são as raízes da função representada pela parábola? _____

c) Quais são as coordenadas do vértice da parábola?

_____

41 A função $f(x) = (3x - 1)(x + 2) - x(x - 1)$ é uma função do 2º grau? Justifique.

_____
_____
_____

42 Quais são os valores de k para que a função

$f(x) = (k - 2)x^2 + 3x + 4$ seja do 2º grau?

_____

43 Determine as raízes reais de cada função.

a) $y = x^2 - 4x + 4$

_____

b) $y = -2x^2 + 3x - 1$

_____

c) $y = 5x^2 - 4x + 3$

_____
_____

d) $y = 2x^2 - 5x$

_____

e) $y = -x^2 + 25$

_____

f) $y = 4x^2$

_____

44 Verifique, sem fazer o gráfico, se a parábola que representa cada uma das funções abaixo corta ou não o eixo x.

a) $y = -x^2 - 4x - 5$ _____

b) $y = x^2 - 2x - 8$ _____

c) $y = x^2$ _____

d) $y = x^2 + 1$ _____

e) $y = x^2 - 3x$ _____

f) $y = 3x^2 + 4x + 2$ _____

45 Determine as coordenadas dos pontos em que a parábola que representa cada uma destas funções corta o eixo y.

a) $y = -3x^2 + 4x - 5$ _____

b) $y = 3x^2 + 1$ _____

c) $y = 5x^2 - 3x + 4$ _____

d) $y = 2x^2 + 2x$ _____

e) $y = 8x^2 - 4$ _____

f) $y = 8x^2 - 1$ _____

46 Determine, em cada função, as coordenadas do vértice da parábola que a representa.

a) $y = x^2 - 4x$ _____

b) $y = x^2 + 2x + 4$ _____

c) $y = 8x^2 - 16x + 9$ _____

d) $y = 4x^2 - 5$ _____

e) $y = -3x^2$ _____

Concavidade da parábola

Vamos examinar dois tipos de funções do 2º grau: com a > 0 e com a < 0.

Considere as funções do 2º grau e seus respectivos gráficos:

$y = 3x^2$ $y = 2x^2 + 4x$ 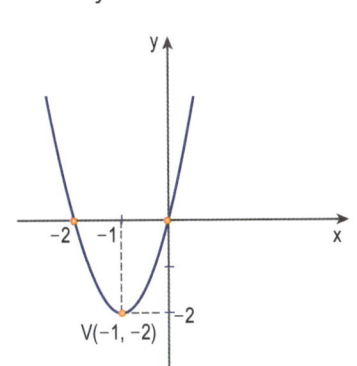 $y = x^2 - 2x + 1$

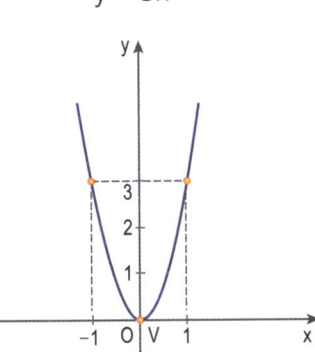

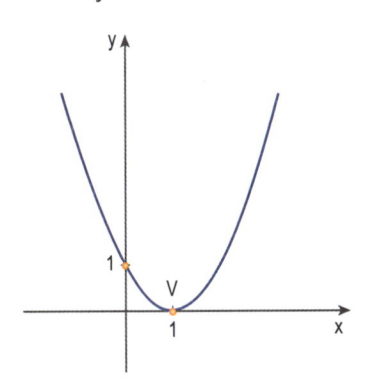

Observe que:

- **a > 0**

- O gráfico de cada uma dessas funções é uma parábola que tem concavidade para cima.

Considere agora as funções abaixo e seus gráficos:

$y = -2x^2$ $y = -x^2 - 3x$ 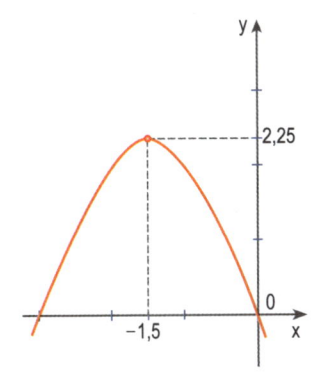 $y = -x^2 + 2x + 8$

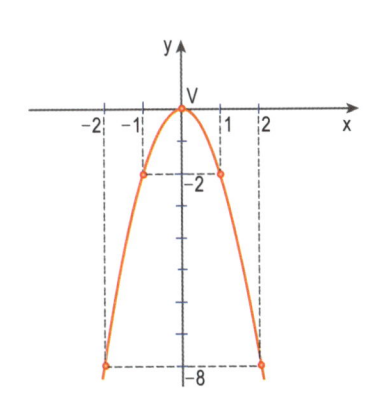

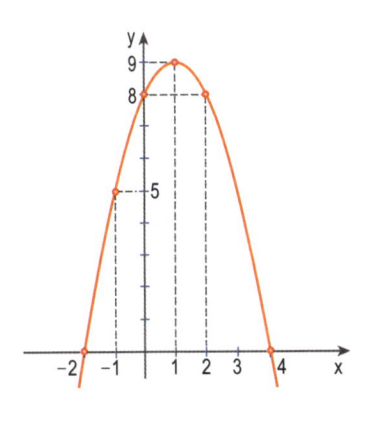

Observe que, nessas funções:

- **a < 0**

- O gráfico de cada uma dessas funções é uma parábola que tem concavidade para baixo.

De modo geral, dizemos que numa função f definida por $f(x) = ax^2 + bx + c$, com a, b e c reais e a ≠ 0:

> Se a > 0, a parábola tem a concavidade voltada para cima.
> Se a < 0, a parábola tem a concavidade voltada para baixo.

Pontos de máximo e de mínimo

- Considere uma função f definida por
  y = f(x) = ax² + bx + c, com a, b e c reais e a > 0.

Já sabemos que o gráfico dessa função tem concavidade para cima.

Da esquerda para a direita, os valores de y (y ∈ Im (f)) vão diminuindo até "alcançar" o valor do y do vértice da parábola. Depois, os valores de y (y ∈ Im (f)) vão aumentando.

Nesse caso, o vértice é o **ponto de mínimo da função**.

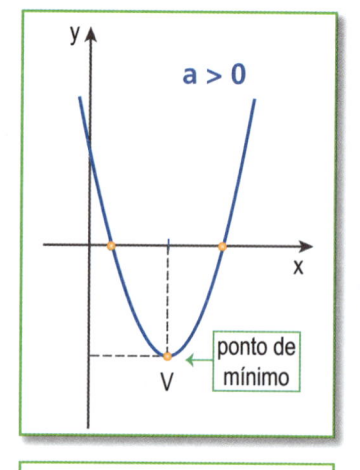

- Considere, agora, uma função f definida por f(x) = ax² + bx + c, com
  a, b e c reais e a < 0.

Já sabemos que o gráfico dessa função tem concavidade para baixo.

Da esquerda para a direita, os valores de y (y ∈ Im (f)) vão aumentando até "alcançar" o valor do y do vértice da parábola. Depois, os valores de y (y ∈ Im (f)) vão diminuindo.

Nesse caso, o vértice é o **ponto de máximo da função**.

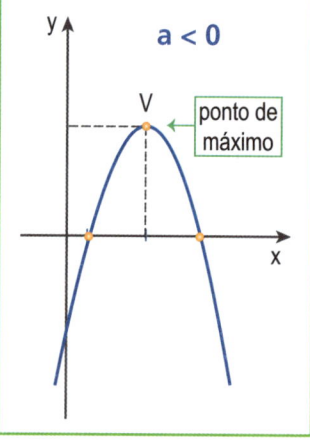

Valor máximo e valor mínimo

Considere as funções do 2º grau e seus gráficos:

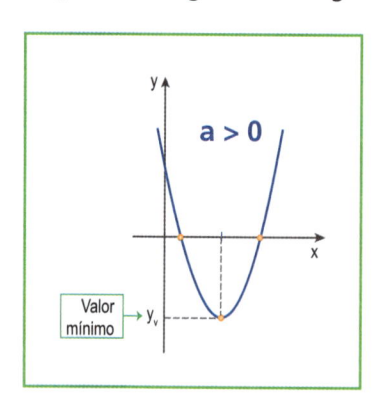

A ordenada do vértice (y_v) é o **valor mínimo** da função.

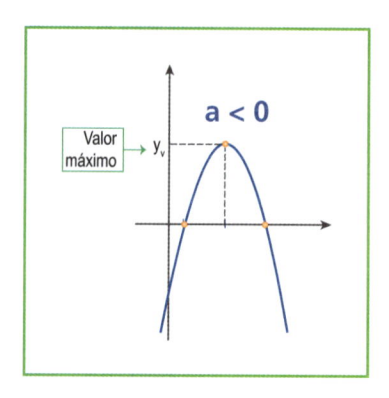

A ordenada do vértice (y_v) é o **valor máximo** da função.

Veja os exemplos:

EXEMPLO 1

Para que valores de x a função y = −3x² − 12x tem valor máximo?

$x_v = \dfrac{-b}{2a} = \dfrac{-(-12)}{2(-3)} = \dfrac{12}{6} = 2$

A função tem valor máximo para x = 2.

EXEMPLO 2

Determine o valor mínimo da função $y = x^2 - 6x + 5$.

$y_v = \dfrac{-\Delta}{4a} = -\dfrac{36 - 4 \cdot 1 \cdot 5}{4 \cdot 1} = -\dfrac{36 - 20}{4} = -4$

O valor mínimo dessa função é -4.

ATIVIDADES

47 Sem construir o gráfico, verifique se a parábola que representa cada função abaixo tem concavidade voltada para cima ou para baixo:

a) $y = 2x^2 + 3x - 1$

b) $y = -1 - 4x + x^2$

c) $y = 4x - x^2 + 1$

d) $y = x^2 - 4x - 1$

e) $y = -4 + x^2$

f) $y = -x^2 + 3x - 4$

48 Verifique qual das funções abaixo tem ponto de mínimo. Em seguida, calcule o valor mínimo dessas funções.

a) $y = x^2 - 3x$

b) $y = 9 - x^2$

c) $y = 7 - 3x - x^2$

d) $y = x^2 - 4x + 7$

e) $y = 1 + 2x - x^2$

f) $y = x^2 - 3 + 4x$

49 Observe as parábolas que representam funções do 2º grau definidas por $y = ax^2 + bx + c$, com $a \neq 0$. Para cada uma delas:
- Escreva se $a < 0$ ou $a > 0$.
- Escreva se tem ponto de máximo ou de mínimo.

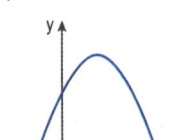

a)

b)

c)

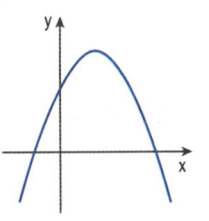

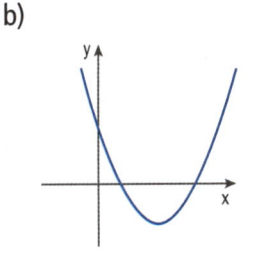

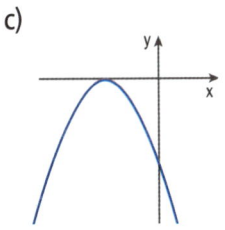

50 Verifique se as funções têm ponto de máximo ou de mínimo. Em seguida, determine as coordenadas desses pontos e os seus valores máximos ou mínimos.

a) $y = 3x^2 - 12x + 8$

b) $y = -5x^2 - 10x + 3$

c) $y = 7x^2 - 49$

d) $y = \dfrac{x^2}{2} + \dfrac{x}{3} + \dfrac{1}{9}$

e) $y = 4 - 3x^2$

f) $y = 8x^2 - 4x$

51 Para que valor de x a função $y = x^2 + 2x + 4$ tem valor mínimo?

EXPERIMENTOS, JOGOS E DESAFIOS

Obtendo lucro máximo

Um fabricante pode produzir sapatos ao custo de R$ 60,00 o par. Estima-se que, se cada par for vendido por x reais, o fabricante venderá por mês 140 −x (0 ≤ x ≤ 140) pares de sapatos. Assim, o lucro mensal do fabricante é uma função do preço de venda.

Por quantos reais o fabricante deve vender cada par de sapatos de modo que seu lucro mensal seja máximo?

Fonte: (UFPE - Modificado)

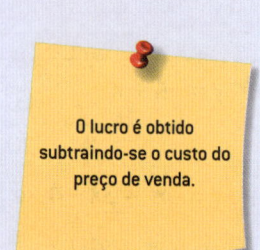

> O lucro é obtido subtraindo-se o custo do preço de venda.

Construção do gráfico de uma função do 2º grau

Para construir o gráfico de uma função do 2º grau no plano cartesiano podemos seguir estes passos:

1. Determinar as coordenadas do vértice.
2. Determinar as coordenadas do ponto em que a parábola corta o eixo y.
3. Determinar as raízes reais da função.
4. Escolher valores de x próximos aos da abscissa do vértice e determinar suas ordenadas (quando houver necessidade).
5. Organizar uma tabela com esses valores.

6. Marcar os pontos, no plano cartesiano, com base nos valores que estão na tabela.

7. Traçar a parábola que passa pelos pontos marcados.

Veja, como exemplo, a construção de três gráficos de funções do 2º grau:

EXEMPLO 1

$y = x^2 - 6x + 8$

- Determinando as coordenadas do vértice:

$x_V = -\dfrac{b}{2a} = +\dfrac{6}{2} = 3 \quad y_V = 3^2 - 6 \cdot 3 + 8 = -1 \quad V(3, -1)$

- Determinando as coordenadas do ponto em que a parábola corta o eixo y:

$x = 0$

$y = 0^2 - 6 \cdot 0 + 8 \quad\quad (0, 8)$

- Determinando as raízes reais.

$x^2 - 6x + 8 = 0$

$\Delta = 36 - 32 = 4$

$x = \dfrac{6 \pm 2}{2} \quad \begin{array}{l} x_1 = 4 \\ x_2 = 2 \end{array}$

- Organizando uma tabela com esses valores:

x	y	(x, y)
3	−1	(3, −1)
0	8	(0, 8)
2	0	(2, 0)
4	0	(4, 0)

- Marcando os pontos:

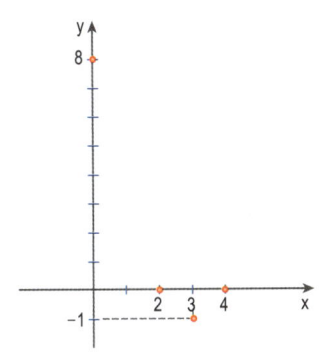

- Traçando a parábola:

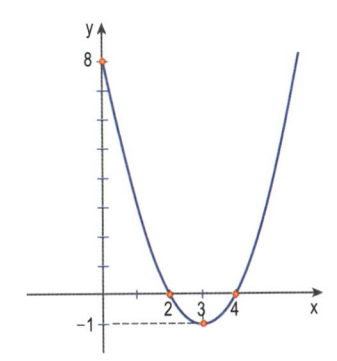

EXEMPLO 2

$y = x^2 + 2x + 4$

- Determinando as coordenadas do vértice:

$x_V = -\dfrac{b}{2a} = -\dfrac{2}{2} = -1 \quad\quad y_V = (-1)^2 + 2 \cdot (-1) + 4 = 3 \quad V(-1, 3)$

- Determinando as coordenadas do ponto em que a parábola corta o eixo y:

   $x = 0$

   $y = 0^2 + 2 \cdot 0 + 4$ (0, 4)

- Determinando as raízes reais:

   $x^2 + 2x + 4 = 0$

   $\Delta = 4 - 4 \cdot 1 \cdot 4 = 4 - 16 = -12$ (não existem raízes reais)

- Determinando os pares ordenados de abscissas próximas das abscissas do vértice:

   $x = -2 \rightarrow y = (-2)^2 + 2 \cdot (-2) + 4 = 4$ (−2, 4)

   $x = 1 \rightarrow y = 1^2 + 2 \cdot 1 + 4 = 7$ (1, 7)

- Organizando os dados numa tabela:

x	y	(x, y)
−1	3	(−1, 3)
0	4	(0, 4)
−2	4	(−2, 4)
1	7	(1, 7)

- Marcando os pontos:

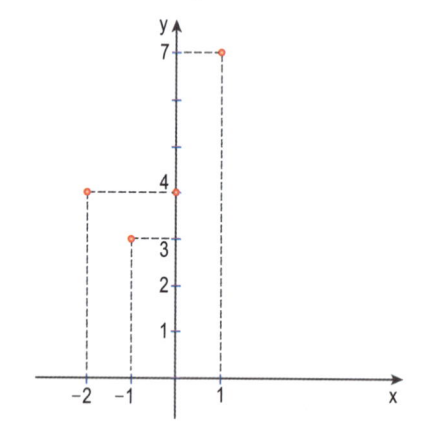

- Traçando a parábola:

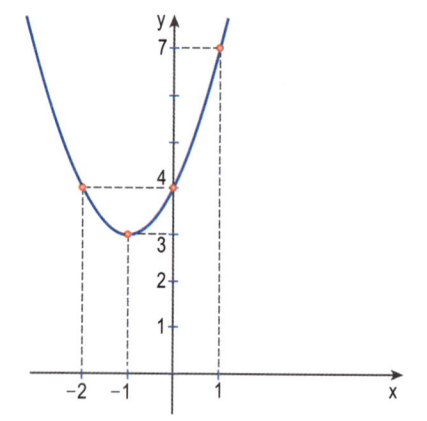

EXEMPLO 3

$y = -x^2 - 6x - 9$

- Determinando as coordenadas do vértice:

   $x_V = -\dfrac{b}{2a} = -\dfrac{6}{2} = -3$ $y_V = -(-3)^2 - 6 \cdot (-3) - 9 = 0$ V(−3, 0)

- Determinando as coordenadas do ponto em que a parábola corta o eixo y:

   $x = 0$

   $y = -0^2 - 6 \cdot 0 - 9 = -9$ (0, −9)

- Determinando as raízes reais:

$-x^2 - 6x - 9 = 0$

$\Delta = 36 - 4 \cdot (-1) \cdot (-9) = 36 - 36 = 0$

$x = \dfrac{-b \pm \sqrt{0}}{2a} = \dfrac{-(-6) \pm 0}{2 \cdot (-1)} = \dfrac{6}{-2} = -3$

- Determinando os pares ordenados de abscissas próximas das abscissas do vértice:

$x = -4 \rightarrow y = -(-4)^2 - 6 \cdot (-4) - 9 = -1 \quad (-4, -1)$

$x = -2 \rightarrow y = -(-2)^2 - 6 \cdot (-2) - 9 = -1 \quad (-2, -1)$

- Organizando esses dados numa tabela:

x	y	(x, y)
-3	0	(-3, 0)
0	-9	(0, -9)
-4	-1	(-4, -1)
-2	-1	(-2, -1)

- Marcando os pontos: 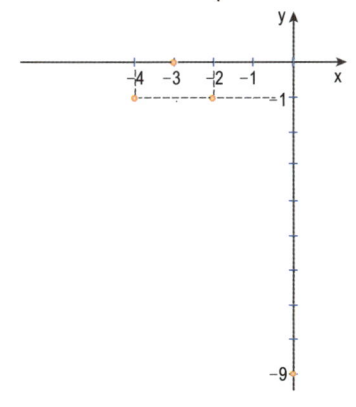
- Traçando a parábola:

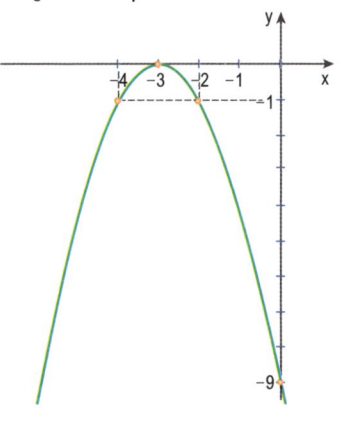

ATIVIDADES

52 Construa o gráfico destas funções em um papel quadriculado ou em seu caderno.

a) $y = -x^2 - 2x - 3$

b) $y = x^2 + 2x + 1$

c) $y = -x^2 + 2x - 2$

d) $y = x^2 - 4x + 5$

e) $y = x^2 - 9$

53 Num mesmo plano cartesiano construa os gráficos destas funções:

a) $y = x^2$

b) $y = 2x^2$

c) $y = 3x^2$

d) $y = -x^2$

e) $y = -2x^2$

f) $y = -3x^2$

Cite uma característica das parábolas construídas.

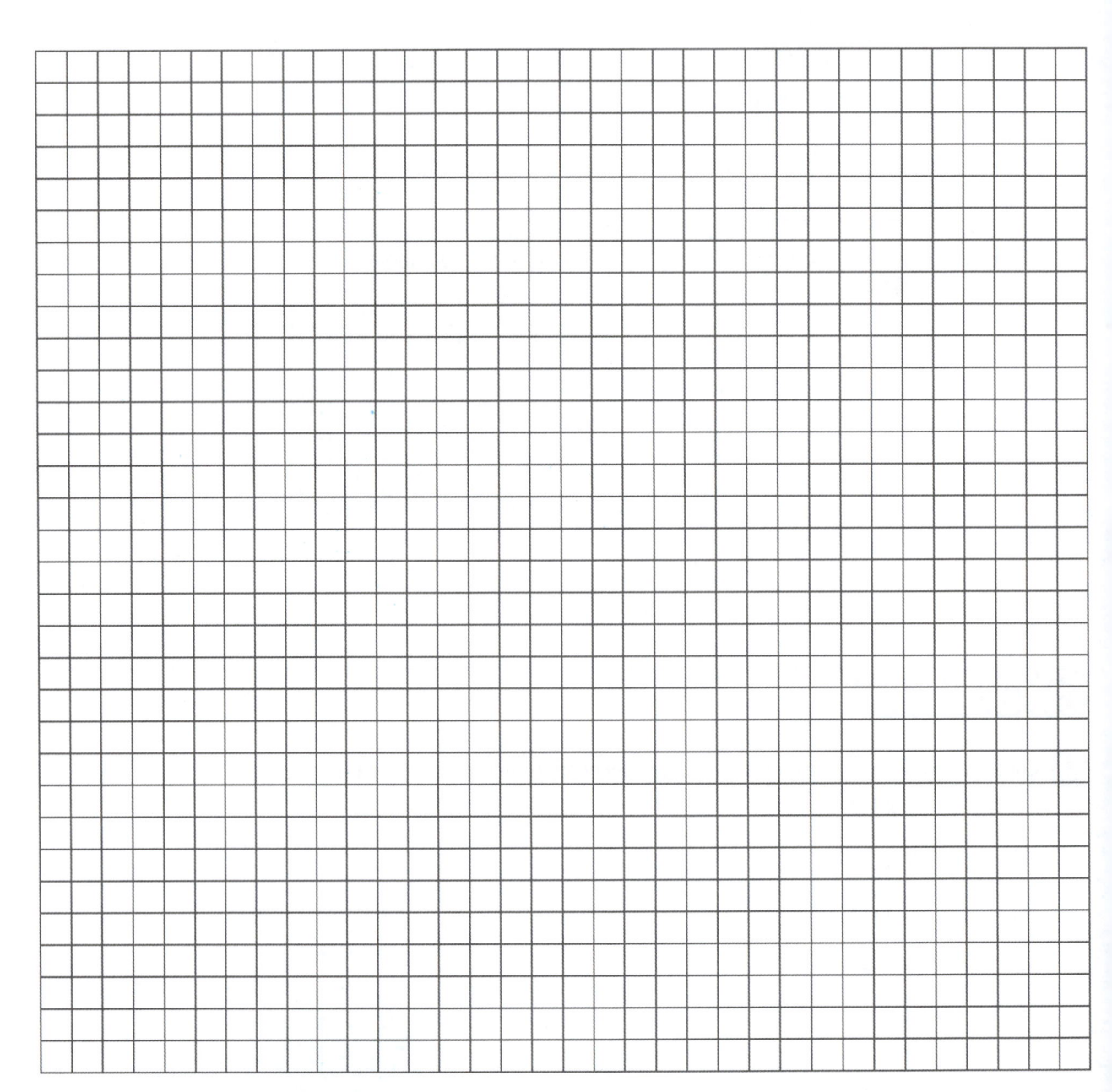

Capítulo 5

MATEMÁTICA FINANCEIRA

▶ Porcentagens

A ideia de **porcentagem** está presente em várias situações do nosso cotidiano.

No comércio, os descontos são oferecidos como um percentual do valor inicial.

Vamos rever algumas ideias e alguns cálculos com porcentagens.

Acompanhe estas situações que envolvem porcentagem.

SITUAÇÃO 1

Um televisor que custava R$ 680,00 foi vendido com desconto de 8%. Qual foi o preço da venda?

O preço inicial do televisor corresponde a 100%.

Com o desconto, o preço de venda corresponde a 100% − 8% = 92% de R$ 680,00.

O cálculo para encontrar 92% de R$ 680,00 pode ser feito de três maneiras:

$$\frac{92}{100} \cdot 680 = \frac{62\,560}{100} = 625,60$$

$$0,92 \cdot 680 = 625,60$$

Usando a calculadora:

| 6 | 8 | 0 | × | 9 | 2 | % |

O preço de venda foi R$ 625,60.

SITUAÇÃO 2

Uma mercadoria que custava R$ 120,00 teve um aumento de 15%. Qual é o novo preço dessa mercadoria?

Novamente, o preço inicial da mercadoria corresponde a 100%.

Com o aumento, o novo preço corresponde a 100% + 15% = 115% de R$ 120,00.

$\dfrac{115}{100} \cdot 120 = \dfrac{13\,800}{100} = 138$

$1{,}15 \cdot 120 = 138$

Usando a calculadora:

| 1 | 2 | 0 | × | 1 | 1 | 5 | % |

O novo preço dessa mercadoria é R$ 138,00.

SITUAÇÃO 3

Com o aumento salarial de 5% concedido por uma empresa, Carlos passou a receber R$ 670,00.

Qual era o salário de Carlos antes do aumento?

O salário anterior de Carlos corresponde a 100%.

Com o aumento, seu salário passou a corresponder a 100% + 5% = 105%.

Porcentagem	100%	105%
Salário (R$)	x	670

Como as grandezas são diretamente proporcionais, podemos montar esta proporção:

$\dfrac{100}{x} = \dfrac{105}{670}$

$105x = 100 \cdot 670$

$x = \dfrac{100 \cdot 670}{105} \rightarrow x = 638{,}09$

O salário de Carlos antes do aumento era de R$ 638,09.

SITUAÇÃO 4

Das 30 000 lâmpadas produzidas por uma fábrica, 1 500 estavam defeituosas. Qual é a porcentagem de lâmpadas defeituosas?

A razão que representa as lâmpadas defeituosas é $\dfrac{1\,500}{30\,000}$.

Para encontrar a porcentagem correspondente a essa razão, divide-se o numerador pelo denominador:

$\dfrac{1\,500}{30\,000} = \dfrac{15}{300} = \dfrac{5}{100}$

Logo, $\dfrac{1\,500}{30\,000} = \dfrac{5}{100} = 0{,}05$, que corresponde a 5%.

Das lâmpadas produzidas, 5% estavam defeituosas.

ATIVIDADES

1 O preço dos produtos de uma papelaria vai ter um aumento de 14%. Calcule os novos preços dos produtos relacionados e complete a tabela.

Produto	Preço (R$)	Novo preço (R$)
Caderno capa mole (200 folhas)	5,50	
Caderno capa dura (200 folhas)	12,50	
Lapiseira A	18,80	
Caneta tinteiro X	179,00	

2 Calcule o novo preço dos produtos abaixo, após o desconto:

a) Bola R$ 30,00 — 12% de desconto

b) Camisa esportiva R$ 120,00 — 15% de desconto

c) Tênis R$ 450,00 — 8% de desconto

d) Boné R$ 15,00 — 4% de desconto

3 Um objeto que custava R$ 300,00 foi vendido com um desconto de 3%. Qual foi o preço de venda desse objeto com o desconto?

4 Em qual das duas lojas (1 ou 2) o televisor tem o menor preço à vista?

LOJA 1: R$ 680,00 em 3X ou à vista com 8% de desconto

LOJA 2: R$ 670,00 em 3X. À vista com 6% de desconto

5 O preço de uma geladeira teve um aumento de 6%, sendo vendida atualmente por R$ 890,40. Qual era o preço da geladeira antes do aumento?

6 Numa empresa com 850 funcionários, 34 ganham mais de R$ 8.000,00.

a) Qual é a porcentagem de funcionários que ganham mais de R$ 8.000,00?

b) Quantos funcionários ganham menos de R$ 8.000,00?

7 Carlos estuda numa escola da cidade de São Paulo. De cada 5 alunos de sua classe, 3 torcem para o Corinthians. Qual é a porcentagem de alunos dessa classe que torcem para o Corinthians?

8 Cláudia tem um carro bicombustível. O tanque estava vazio e para enchê-lo colocou 30 L de gasolina e 20 L de álcool. Qual é a porcentagem de gasolina dessa mistura?

9 Uma mercadoria que custava R$ 150,00 teve dois aumentos sucessivos, um de 8% e outro de 6%. Qual é o preço dessa mercadoria após os dois aumentos?

10 O preço de um sapato teve três aumentos consecutivos. O primeiro de 5%, o segundo de 8% e o último de 15%. Qual foi a porcentagem acumulada após esses três aumentos?

11 Um produto custava R$ 100,00. Seu preço foi aumentado em 25%. Se ao preço atual houver um desconto de 25%, seu preço voltará a ser R$ 100,00?

Qual deve ser a porcentagem do desconto para que o produto volte a custar R$ 100,00?

▶ Lucro e prejuízo

No dicionário encontramos estes significados para as palavras **lucro** e **prejuízo**:

> LUCRO *s.m.* Utilidade; **ganho**; interesse, proveito, produto livre de despesas; vantagem.
> PREJUÍZO *s.m.* Ato de prejudicar; dano, **perda**, preconceito.

Desses significados destacamos lucro como ganho e prejuízo como perda.

Acompanhe as situações a seguir, que envolvem lucro, prejuízo e porcentagem.

SITUAÇÃO 1

Uma mercadoria foi comprada por R$ 100,00 e vendida por R$ 150,00.

De quanto por cento foi o lucro sobre o preço inicial?

Sendo L o lucro, I o preço inicial e V o preço de venda, temos:

V = I + L

L = V − I

L = 150 − 100

L = 50

Calculando a porcentagem do lucro sobre o preço inicial:

$\dfrac{L}{I} = \dfrac{50}{100} = 0{,}5 = 50\%$

O lucro sobre o preço inicial foi de 50%.

SITUAÇÃO 2

Felipe comprou um carro por R$ 8.000,00 e após dois anos vendeu-o com uma desvalorização de 7%.

a) Qual foi a desvalorização do carro?

b) Por quanto o carro foi vendido?

Calculamos a desvalorização em reais assim:

7% de 8 000 → 0,07 · 8 000 = 560

Logo, a desvalorização foi de R$ 560,00.

Como a desvalorização significa perda, temos:

Preço de venda → preço de compra − desvalorização

Preço de venda → 8 000 − 560

Preço de venda → 7 440

Felipe vendeu seu carro por R$ 7.440,00.

Desvalorização significa diminuição de valor.

ATIVIDADES

12 Paulo é um comerciante que quer ter 12% de lucro sobre o preço de suas mercadorias. Sabendo que ele comprou cada calça por R$ 60,00, por quanto ele deve vendê-la?

13 Fabiana comprou um relógio por R$ 540,00 e conseguiu revendê-lo com um prejuízo de 4% Por quanto ela vendeu o relógio?

14 Um apartamento foi comprado por R$ 150.000,00 e vendido por R$ 181.500,00. De quanto por cento foi o lucro sobre o preço de compra?

15 Carla, ao vender um produto por R$ 180,00 obteve um lucro de R$ 34,00.

a) Quanto pagou por esse produto? Lembre-se: V = L + C.

b) De quanto por cento foi o lucro sobre o preço de custo?

16 Gabriel comprou uma moto por R$ 5.800,00. Após alguns meses, vendeu-a por R$ 4.930,00.

a) Qual foi a desvalorização da moto em reais?

b) De quanto por cento foi a desvalorização?

▶ Juro

Veja o significado de **juro** em um dicionário:

> JURO s.m. Interesse, **rendimento de dinheiro emprestado**; (ant.) jus; (fam.) recompensa; ...

Mas, afinal, o que é juro?

Quando uma pessoa, uma indústria ou uma empresa faz um empréstimo num banco, assume um compromisso de pagar o dinheiro emprestado acrescido de um valor. Esse valor corresponde ao **juro**. Nesse caso, juro é o lucro que o banco tem por emprestar um valor durante um certo tempo, como se o dinheiro fosse alugado a uma pessoa.

Da mesma forma, quando uma empresa ou uma pessoa faz uma aplicação financeira como na caderneta de poupança, nos fundos de investimento, nos certificados de depósito bancário etc., após certo tempo, receberá o juro correspondente.

No pagamento de contas, prestações ou impostos em atraso, de modo geral, pagamos uma multa por atraso, mais um juro para cada dia de atraso. Desse modo, compensa-se quem deveria receber num dia determinado e não recebeu.

Em Matemática financeira, além da palavra **juro** (J), usam-se os seguintes termos:

- **Capital** (C): dinheiro que se empresta ou se pede emprestado.
- **Taxa de juro** (i): é a porcentagem que se recebe ou se paga pelo "aluguel" do dinheiro.
- **Montante** (M): total que se paga ao final de um empréstimo $(M = C + J)$.
- **Prazo** (t): período de duração do empréstimo ou da aplicação financeira.

Observações

- A taxa e o prazo precisam ter a mesma unidade de medida (se i for diário, t deverá ser em dias; se i for mensal, t deverá ser em meses etc.).
- No prazo comercial usa-se o ano comercial, que tem sempre 360 dias e cujo mês tem sempre 30 dias.

Existem dois tipos de juro: o simples e o composto.

Juro simples

Veja o significado de juro simples em um dicionário:

> JURO SIMPLES (mat.) Juro que não é somado ao capital para o cálculo de novos juros nos períodos seguintes.

Veja alguns exemplos de cálculo com juro simples:

EXEMPLO 1

- Uma prestação no valor de R$ 200,00 foi paga com 5 dias de atraso. No boleto da prestação estava indicado que o juro seria de 0,25% por dia de atraso.

    a) Quantos reais foram pagos de juros por dia de atraso?

    b) Qual foi o valor pago no caso daquela prestação?

Solução

a) Cálculo dos juros:

0,25% de 200 → 0,0025 · 200 = 0,5

Foram pagos R$ 0,50 por dia de atraso.

b) Como o atraso foi de 5 dias, temos: 5 · 0,5 = 2,5

O total de juros pago foi de R$ 2,50.

Observe que, no cálculo dos juros simples, efetuamos 0,0025 · 200 · 5 = 2,5.
De modo geral, temos:

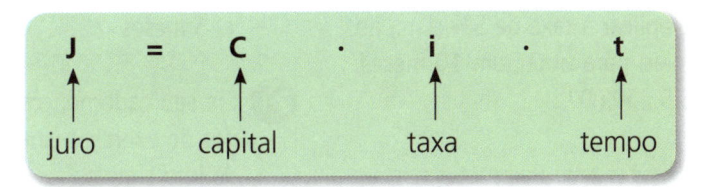

$$J = C \cdot i \cdot t$$

J: juro, C: capital, i: taxa, t: tempo

EXEMPLO 2

Dez mil reais aplicados a juros simples, durante quatro meses, produziram um montante de R$ 10.300,00. Qual foi a taxa mensal de juros?

Como M = C + J, então J = M − C.

J = 10 300 − 10 000 = 300

Calculando a taxa de juro i:

$J = C \cdot i \cdot t$

$300 = 10\,000 \cdot i \cdot 4$

$300 = 40\,000 \cdot i$

$i = \dfrac{300}{40\,000}$

$i = 0{,}0075$

Logo, a taxa de juro é 0,75% ao mês (indicamos: 0,75% a.m.).

EXEMPLO 3

Certo capital aplicado a juros simples durante seis meses, a uma taxa de 18% ao ano (18% a.a.), rendeu R$ 450,00. Qual foi o capital aplicado?

Como a taxa e o prazo devem estar na mesma unidade de medida, escrevemos:

18% a.a. é equivalente a $\dfrac{18}{12}$ = 1,5% a.m.

$J = C \cdot i \cdot t$

$450 = C \cdot 0{,}015 \cdot 6$ → $450 = C \cdot 0{,}09$ → $C = \dfrac{450}{0{,}09}$ → $C = 5\,000$

O capital aplicado foi R$ 5.000,00

ATIVIDADES

17) Calcule quanto renderá de juro a quantia de R$ 2.000,00, aplicada no regime de juro simples:

a) durante 3 meses, à taxa de 7% a.m.

b) durante 7 meses, à taxa de 3% a.m.

18) Que capital deve-se aplicar à taxa de 5% a.m., no regime de juro simples, para obter, em 10 meses, um montante de R$ 5.250,00?

19) Em quantos meses um capital de R$ 6.000,00, aplicado no regime de juro simples, à taxa de 24% ao ano, rende R$ 360,00 de juro?

20) Qual é o juro obtido quando se investem R$ 1.000,00 no regime de juro simples, a uma taxa de 5% a.m., aplicado durante:

a) 1 mês

b) 2 meses

c) 3 meses

d) 4 meses

e) 5 meses

21) Em seu caderno, construa uma tabela com os dados do exercício anterior e verifique se, no regime de juro simples, as grandezas tempo de aplicação e juro obtido são direta ou inversamente proporcionais.

22) Um capital de R$ 5.000,00 é aplicado durante 2 meses no regime de juro simples e rende R$ 200,00 de juros. Quanto renderá esse mesmo capital se for aplicado durante 5 meses?

Como é difícil pedir um empréstimo...

Juro composto

No caso do juro composto, os juros são adicionados ao capital anterior para se calcular os novos juros nos tempos posteriores.

EXEMPLO 1

Uma pessoa aplicou R$ 10 000,00 a juro composto, à taxa de 1% ao mês. Quantos reais ela terá após 3 meses de aplicação?

Mês	Montante no início do mês	Juro no mês	Montante ao final de cada mês
1º	10 000	1% de 10 000 = 100	10 100
2º	10 100	1% de 10 100 = 101	10 201
3º	10 201	1% de 10 201 = 102,01	10 303,01

Logo, após 3 meses, ela terá R$ 10 303,01.

Também podemos obter esse montante aplicando a seguinte fórmula:

$M = C \cdot (1 + i)^t$, em que
- M: montante
- C: capital
- i: taxa
- t: tempo

$M = 10\,000 \cdot (1 + 0,01)^3$

$M = 10\,000 \cdot (1,01)^3$

$M = 10\,000 \cdot 1,030301$

$M = 10\,303,01$

EXEMPLO 2

Um capital de R$ 4.000,00 ficou aplicado durante 2 anos num regime de juro composto de 10% a.a. Quanto foi obtido de juro ao final dessa aplicação?

Vamos resolver o problema, usando a fórmula.

$C = R\$ 4.000,00$
$t = 2$ anos
$i = 10\%$ a.a. $= 0,1$ a.a.
$\Rightarrow M = C \cdot (1 + i^t)$

$M = 4000 \cdot (1 + 0,1)^2 = 4000 \cdot 1,1^2 = 4000 \cdot 1,21 = 4840$

$M = C + J \quad \rightarrow \quad J = M - C$

$J = 4840 - 4000 = 840$

No final da aplicação, o juro obtido foi de R$ 840,00.

ATIVIDADES

23 Daniela aplicou R$ 500,00 a juro composto de 20% a.a.

a) Qual foi o montante obtido ao final de 3 anos?

b) Quanto essa aplicação lhe rendeu de juro?

24 Marcelo tem R$ 1.000,00 para investir. Supondo que ele aplique esse valor durante 4 meses, a uma taxa de 10% a.m., que montante vai obter se o regime for de:

> A taxa de 10% a.m. é bem maior que as praticadas atualmente no Brasil. Ela foi escolhida para facilitar os cálculos.

a) juro simples

b) juro composto.

25 Em qual das duas aplicações Marcos terá maior rendimento (juro) ao investir R$ 5.000,00?

Aplicação A
Regime de juro simples, à taxa de 2% a.m., durante 2 meses.

Aplicação B
Regime de juro composto, à taxa de 1% a.m., durante 3 meses.

26 Uma pessoa aplicou certa quantia a uma taxa de juro composto de 5% a.m. Após 2 meses recebeu um montante de R$ 11.025,00. Qual foi a quantia aplicada?

VOCÊ SABIA?   Os diversos tipos de aplicações

A Caderneta de Poupança é uma aplicação muito conhecida, que permite ao investidor obter liquidez mensal. Além desse tipo de aplicação, existem os fundos de investimentos.

Dentre os fundos de investimentos, os mais conhecidos são os fundos de ações. Neles os investidores aplicam seus recursos em ações.

O mercado das Bolsas de Valores é de risco, pois está sujeito a grandes variações de investimentos. No entanto, devido a esse risco, é maior a possibilidade de ganho a longo prazo. Esse risco provém principalmente de alterações políticas e econômicas no Brasil, no exterior ou na situação de uma empresa.

Corretores negociam ações na Bolsa de Valores de São Paulo, 2008.

Além da poupança e dos fundos, existe o certificado de depósito bancário, um tipo de investimento de baixo risco, de ganho garantido e de menor incidência de Imposto de Renda para prazos mais longos.

Capítulo 6

PROPORCIONALIDADE E SEMELHANÇA

▶ Razão entre segmentos e segmentos proporcionais

Vamos começar estudando o que é razão entre segmentos.

> Considere quatro segmentos quaisquer $\overline{AB}$, $\overline{CD}$, $\overline{EF}$, e $\overline{GH}$.
>
> Dizemos que esses segmentos, nessa ordem, formam uma proporção quando:
>
> $\dfrac{AB}{CD} = \dfrac{EF}{GH}$ Lê-se $\overline{AB}$ está para $\overline{CD}$ assim como $\overline{EF}$ está para $\overline{GH}$.

Razão entre segmentos

Para comparar duas grandezas, por exemplo o comprimento de dois segmentos, calculamos o quociente entre suas medidas.

Acompanhe os exemplos de aplicação:

a) Considere os segmentos $\overline{AB}$, de 4 cm, e $\overline{CD}$ de 5 cm

A ——— 4 cm ——— B   C ——— 5 cm ——— D

Comparando essas medidas pode-se dizer que $\overline{AB}$ é menor que $\overline{CD}$. Mas podemos comparar os dois segmentos mais detalhadamente calculando o quociente $\dfrac{AB}{CD}$.

$\dfrac{AB}{CD} = \dfrac{4 \text{ cm}}{5 \text{ cm}} = \dfrac{4}{5}$

AB é $\dfrac{4}{5}$ de CD

Dizemos que a razão dos segmentos $\overline{AB}$ e $\overline{CD}$ é $\dfrac{4}{5}$.

b) Vamos determinar a razão entre os segmentos $\overline{EF}$, de 0,5 m, e $\overline{GH}$ de 20 cm.

- Inicialmente, transformamos as medidas dos dois segmentos para a mesma unidade:

EF = 0,5 m = 50 cm.

- Calculamos o quociente $\dfrac{EF}{GH}$:

$\dfrac{EF}{GH} = \dfrac{50 \text{ cm}}{20 \text{ cm}} = \dfrac{50}{20} = 2,5$

A razão entre os segmentos $\overline{EF}$ e $\overline{GH}$ é 2,5.

> A **razão entre dois segmentos** é a razão de suas medidas, tomadas na mesma unidade.

Segmentos proporcionais

Considere os segmentos MN = 4 cm, OP = 6 cm, QR = 8 cm e ST = 12 cm.

Vamos determinar as razões $\dfrac{MN}{OP}$ e $\dfrac{QR}{ST}$.

$$\dfrac{MN}{OP} = \dfrac{4\text{ cm}}{6\text{ cm}} = \dfrac{4}{6} = \dfrac{2}{3}$$

$$\dfrac{QR}{ST} = \dfrac{8\text{ cm}}{12\text{ cm}} = \dfrac{8}{12} = \dfrac{4}{6} = \dfrac{2}{3}$$

As razões $\dfrac{MN}{OP}$ e $\dfrac{QR}{ST}$ são iguais a $\dfrac{2}{3}$.

Então, são iguais entre si.

Logo, $\dfrac{MN}{OP}$ e $\dfrac{QR}{ST}$ formam uma proporção.

$$\boxed{\dfrac{MN}{OP} = \dfrac{QR}{ST}}$$

Considere quatro segmentos quaisquer $\overline{AB}$, $\overline{CD}$, $\overline{EF}$ e $\overline{GH}$. Dizem que esses segmentos nessa ordem, determinam uma proporção se:

$$\dfrac{AB}{CD} = \dfrac{EF}{GH}$$

Lê-se: AB está para CD assim como EF está para GH.

ATIVIDADES

1) Qual é a razão entre os segmentos $\overline{CD}$ e $\overline{EF}$ desenhados abaixo?

C ——4 cm—— D   E —2 cm— F

2) Sabendo que AB = 8 cm, CD = 16 cm, EF = 4 cm e GH = 12 cm, determine:

a) $\dfrac{AB}{CD}$

b) $\dfrac{CD}{AB}$

c) $\dfrac{AB}{EF}$

d) $\dfrac{EF}{AB}$

e) $\dfrac{CD}{GH}$

f) $\dfrac{GH}{CD}$

3) Os segmentos $\overline{CD}$, $\overline{DE}$, $\overline{EF}$ e $\overline{FG}$ são congruentes.

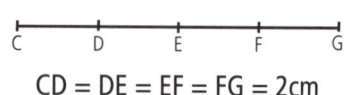

C   D   E   F   G

CD = DE = EF = FG = 2cm

Determine as razões:

a) $\dfrac{CD}{DE}$

b) $\dfrac{CD}{CE}$

c) $\dfrac{EF}{CF}$

d) $\dfrac{CG}{CF}$

e) $\dfrac{CF}{CG}$

4) Sabendo que M é o ponto médio do segmento $\overline{LN}$, determine as razões:

L   M   N

a) $\dfrac{LM}{NM}$

b) $\dfrac{LN}{LM}$

5 Qual é a razão entre o diâmetro e o raio da mesma circunferência?

6 Sabendo que $\dfrac{CD}{DE} = \dfrac{3}{4}$ e que DE = 20 cm, determine a medida do segmento $\overline{CD}$ na figura abaixo.

```
C    x    D    20 cm    E
```

7 Os segmentos $\overline{AB}$, $\overline{CD}$, $\overline{EF}$ e $\overline{GH}$ formam, nessa ordem, uma proporção. Sabendo que AB = 3 cm, CD = 5 cm e que EF = 9 cm, determine a medida do segmento $\overline{GH}$.

▶ Teorema de Tales

Antes de enunciarmos o **Teorema de Tales**, vamos estudar feixes de retas paralelas cortadas por uma reta transversal.

Feixe de paralelas cortadas por uma transversal

Duas retas coplanares são paralelas quando não possuem pontos em comum.

Observe a figura ao lado. Nela vemos quatro retas (a, b, c, d) paralelas entre si, formando um feixe de paralelas. Há uma reta (t) que corta essas paralelas, que é denominada reta transversal.

a // b // c // d
t: transversal

Pode-se demonstrar que:

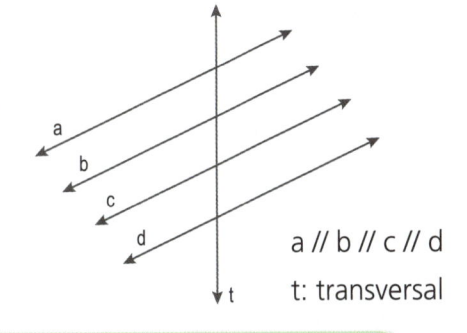

> Se um feixe de paralelas determina segmentos congruentes sobre uma transversal, então, também determinará segmentos congruentes sobre qualquer outra transversal.

Considere um feixe com três retas paralelas (x, y e z) e duas transversais (r e s).

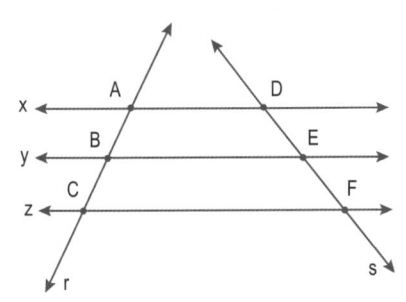

Observando a figura, temos: $\begin{cases} x \,//\, y \,//\, z \\ r \text{ e } s \text{ transversais} \\ \overline{AB} \cong \overline{BC} \end{cases}$

Pode-se provar que: $\overline{DE} \cong \overline{EF}$

Teorema de Tales

Agora, vamos analisar o que acontece quando os segmentos determinados por um feixe de paralelas sobre uma transversal não são congruentes entre si.

Considere as retas x // y // z, que determinam sobre a reta transversal r os segmentos $\overline{AB}$ e $\overline{BC}$ não congruentes e sobre a reta transversal s os segmentos DE e EF não congruentes.

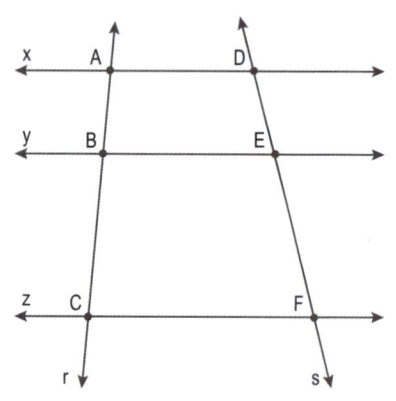

Observando a figura, temos: $\begin{cases} x \mathbin{/\mkern-5mu/} y \mathbin{/\mkern-5mu/} z \\ r \text{ e } s \text{ transversais} \end{cases}$

Pode-se provar que: $\dfrac{AB}{BC} = \dfrac{DE}{EF}$

Essa proporção é conhecida como **Teorema de Tales**.

Esse teorema pode ser enunciado assim:

> Um feixe de paralelas determina sobre duas transversais segmentos proporcionais.

Exemplos de uso do Teorema de Tales:

EXEMPLO 1

Sabendo que a // b // c, determine a medida de x na figura.

Pelo Teorema de Tales, podemos escrever:

$\dfrac{4}{8} = \dfrac{6}{x}$

$4x = 6 \cdot 8$

$4x = 48$

$x = \dfrac{48}{4}$

x = 12

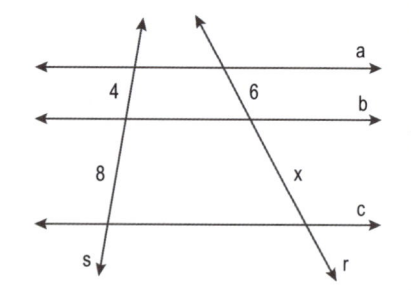

EXEMPLO 2

Na figura abaixo, a // b // c. Sabendo que DF = 48 cm, determine x e y.

Pelo Teorema de Tales, temos: $\dfrac{11}{5} = \dfrac{x}{y}$

Como DF = 48, temos: x + y = 48

Com as duas equações "montamos" um sistema:

$$\begin{cases} \dfrac{11}{5} = \dfrac{x}{y} \\ x + y = 48 \end{cases} \longrightarrow y = 48 - x$$

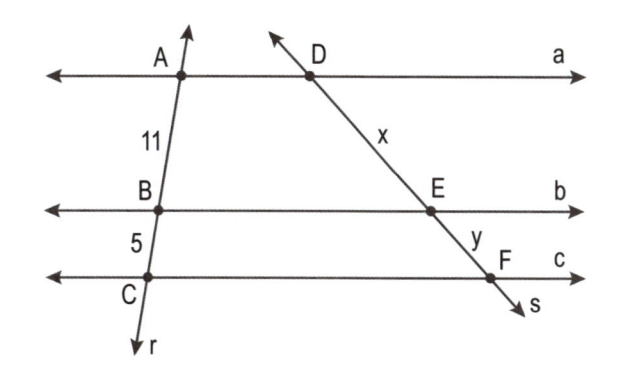

$\dfrac{11}{5} = \dfrac{x}{48 - x}$

$5x = 11 \cdot (48 - x)$

$5x = 528 - 11x$

$16x = 528$

$x = \dfrac{528}{16}$

$x = 33$

$y = 48 - x$

$y = 48 - 33$

$y = 15$

ATIVIDADES

8 Na figura abaixo, $\overline{AB} \cong \overline{BC} \cong \overline{CD}$ e VX = 4,5 cm.

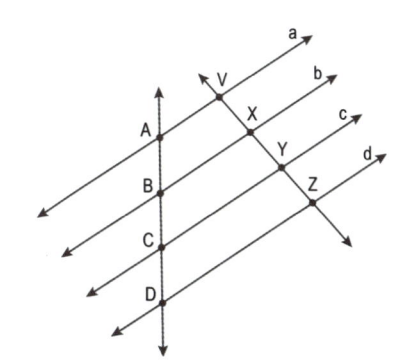

Sem fazer cálculos, determine as medidas de:

a) $\overline{XY}$ _____   b) $\overline{YZ}$ _____   c) $\overline{XZ}$ _____

9 Observe o feixe de paralelas a // b // c nas figuras a seguir e em cada uma determine os valores de x:

a)

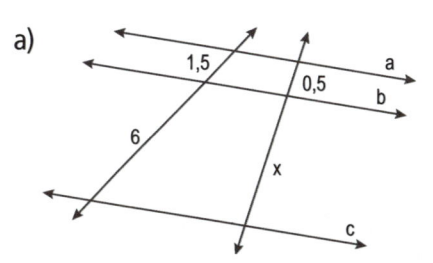

b)

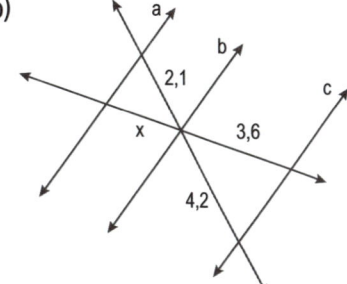

c)

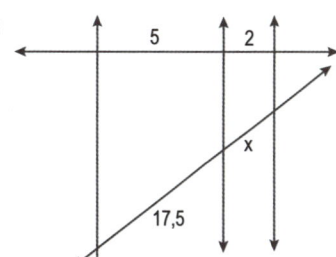

d)

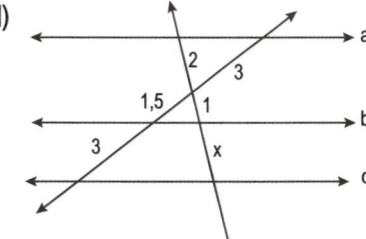

10 Sabendo que, na figura abaixo, r // s // t, determine o valor de x.

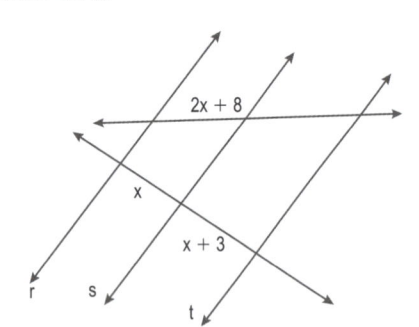

11 Um terreno com a forma de um trapézio foi dividido em três lotes como mostra a figura. Sabendo que as laterais dos terrenos são paralelas, determine x e y.

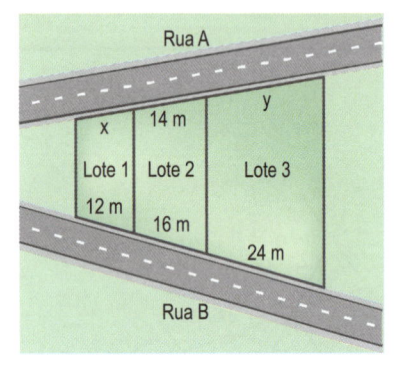

12 Três paralelas são cortadas por duas transversais a e b. Os pontos de encontro das paralelas com a transversal a são A, B e C e os pontos de encontro das paralelas com a transversal b são X, Y e Z. Sabe-se que AB = 4 cm; BC = 5 cm e XZ = 22,5 cm, quais são as medidas de $\overline{XY}$ e de $\overline{YZ}$?

Tales nos triângulos

Considere o triângulo ABC desenhado abaixo.

Traça-se uma reta s, paralela a $\overline{AB}$, que intercepta $\overline{AC}$ e $\overline{BC}$ nos pontos D e E. Pelo ponto C traça-se uma reta r, paralela à reta s. Com isso, obtemos três retas paralelas ($\overleftrightarrow{AB}$ // r // s) e duas retas transversais $\overleftrightarrow{AC}$ e $\overleftrightarrow{BC}$.

$\overleftrightarrow{AB}$ // r // s

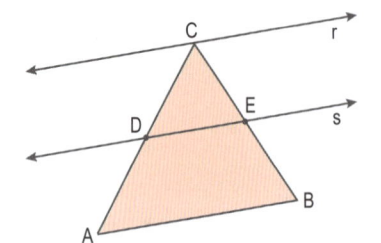

Pelo Teorema de Tales, temos:

$$\frac{CD}{DA} = \frac{CE}{EB}$$

> Toda reta paralela a um lado de um triângulo, que intercepta os outros lados em pontos distintos, determina, sobre esses lados, segmentos proporcionais.

ATIVIDADES

13 Nos triângulos abaixo, qual é o valor de y?

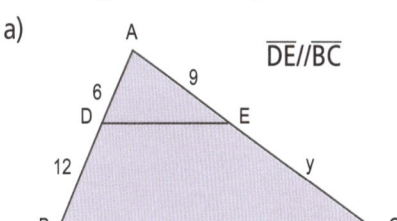

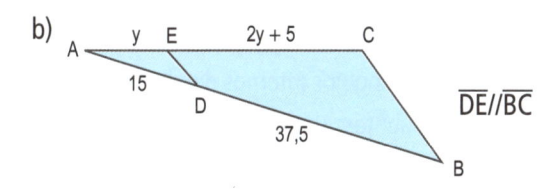

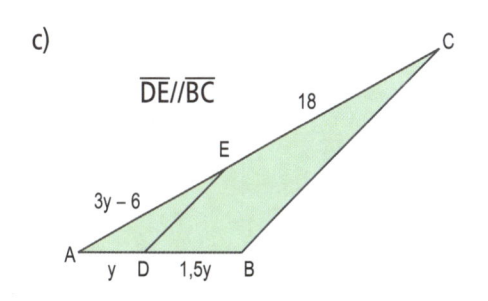

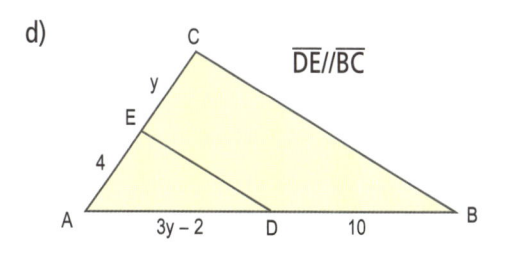

a) $\overline{DE} // \overline{BC}$ — AD=6, AE=9, DB=12, EC=y

b) $\overline{DE} // \overline{BC}$ — AE=y, EC=2y+5, AD=15, DB=37,5

c) $\overline{DE} // \overline{BC}$ — EC=18, AE=3y−6, AD=y, DB=1,5y

d) $\overline{DE} // \overline{BC}$ — CE=y, EA=4, AD=3y−2, DB=10

14 Sabendo que no triângulo abaxo, $\overline{BC} // \overline{DE}$ e que AB = 30 m, determine os valores de x e y.

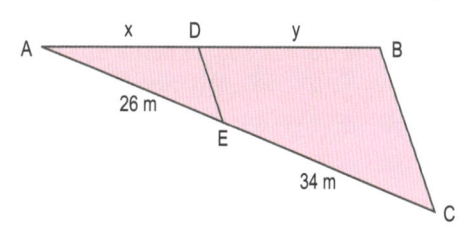

AD = x, DB = y, AE = 26 m, EC = 34 m

15 Em um triângulo ABC, traçamos uma reta paralela à base $\overline{AB}$ que intercepta $\overline{AC}$ e $\overline{BC}$ respectivamente nos pontos D e E.
Sabendo que AD = x cm, DC = 5 cm; CE = (x + 7) cm e BE = 6 cm, determine o valor de x.

Teorema da bissetriz interna

Este é o enunciado do teorema da bissetriz interna:

> A bissetriz de um ângulo interno de um triângulo divide o lado oposto a esse ângulo em dois segmentos. Os outros lados do triângulo são proporcionais a esses segmentos.

Considere o triângulo ABC, no qual $\overline{CD}$ é a bissetriz do ângulo $\hat{C}$.

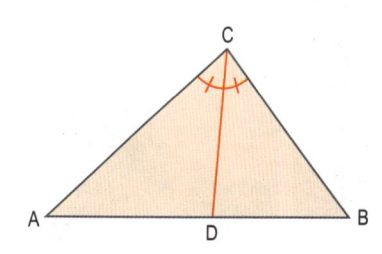

Pode-se provar que $\dfrac{AC}{BC} = \dfrac{AD}{DB}$

115

ATIVIDADES

16 Sabendo que $\overline{CD}$ é bissetriz interna do ângulo $\hat{C}$ do △ ABC, determine x.

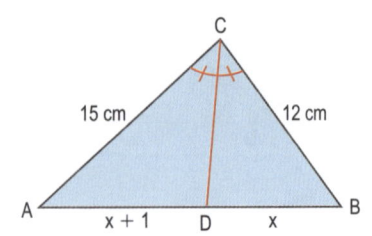

(Triângulo ABC com CA = 15 cm, CB = 12 cm, AD = x + 1, DB = x)

17 Sabendo que $\overline{CD}$ é bissetriz interna do ângulo $\hat{C}$ do △ ABC e que AB = 10 cm, determine x e y.

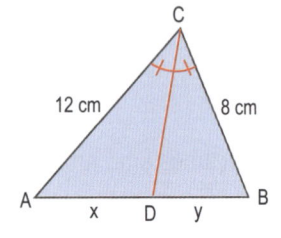

(Triângulo ABC com CA = 12 cm, CB = 8 cm, AD = x, DB = y)

18 Os lados de um triângulo medem 3 cm, 4 cm e 5 cm. Quais são as medidas dos segmentos determinados pela bissetriz do maior ângulo sobre o lado oposto?

19 O perímetro de um triângulo é 35 cm e a bissetriz de um dos ângulos internos divide o lado oposto em dois segmentos: um com 6 cm e outro com 8 cm. Qual é a medida do menor lado desse triângulo?

▶ Figuras semelhantes e figuras congruentes

Uma figura pode ser reproduzida, ampliada ou reduzida. As figuras obtidas são semelhantes à original. Observe, por exemplo, a foto ao lado:

Figura original.

Veja agora, uma reprodução da foto, uma ampliação e uma redução dessa foto:

Figura original.    Ampliação da figura original.   Redução da figura original.

Na reprodução, a figura obtida, além de ter a mesma forma da figura original, tem o mesmo tamanho. Nesse caso, as duas figuras são chamadas **figuras congruentes**. Figuras congruentes também são semelhantes.

De modo geral, temos:

```
                        ┌─ Semelhantes ─┬─ Congruentes
Par de figuras ─────────┤               └─ Não congruentes
                        └─ Não semelhantes
```

Polígonos semelhantes

Veja dois exemplos de polígonos semelhantes:

EXEMPLO 1

O triângulo A'B'C' é uma redução do triângulo ABC.

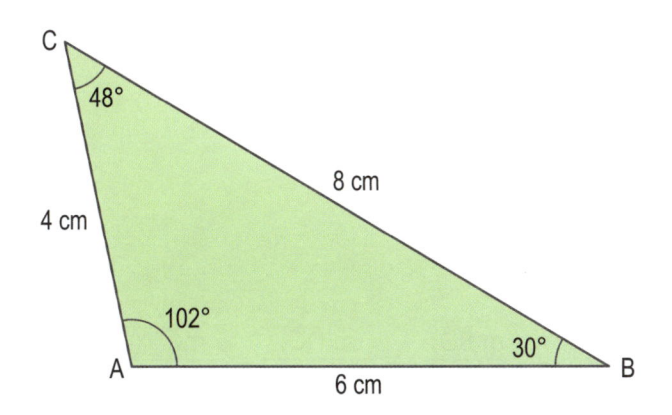

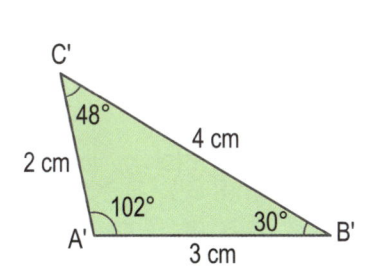

Observe que:

- Os ângulos correspondentes são congruentes: $m(\widehat{A}) = m(\widehat{A'})$; $m(\widehat{B}) = m(\widehat{B'})$ e $m(\widehat{C}) = m(\widehat{C'})$.

- As razões entre as medidas dos lados correspondentes são iguais:

$$\frac{m(\overline{AB})}{m(\overline{A'B'})} = \frac{6}{3} = 2 \qquad \frac{m(\overline{BC})}{m(\overline{B'C'})} = \frac{8}{4} = 2 \qquad \frac{m(\overline{AC})}{m(\overline{A'C'})} = \frac{4}{2} = 2$$

- Os lados correspondentes são proporcionais:

$$\frac{m(\overline{AB})}{m(\overline{A'B'})} = \frac{m(\overline{BC})}{m(\overline{B'C'})} = \frac{m(\overline{AC})}{m(\overline{A'C'})} = 2$$

Os triângulos ABC e A'B'C' são semelhantes. Indicamos: $\triangle ABC \sim \triangle A'B'C'$.

A razão entre um dos lados do triângulo ABC e o lado correspondente no triângulo A'B'C' é constante e igual a 2. Nesse exemplo, a **razão de semelhança** do △ ABC para o △ A'B'C' é 2. O triângulo ABC foi reduzido na razão 2 para 1.

EXEMPLO 2

O quadrilátero A'B'C'D' é uma ampliação do quadrilátero ABCD.

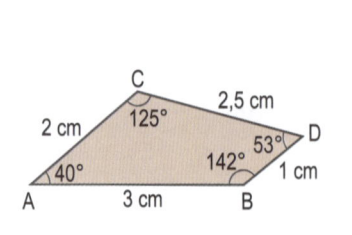

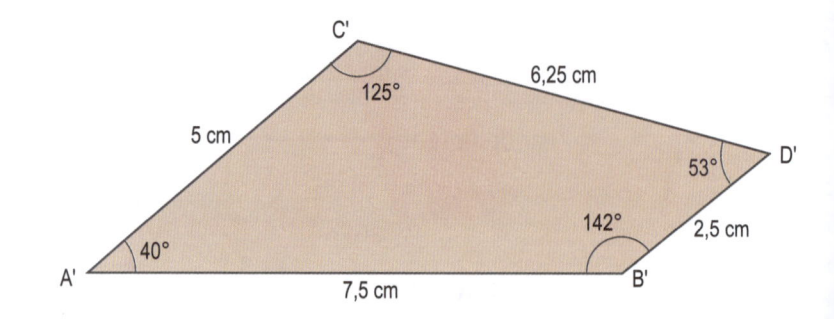

Observe que:

- Os ângulos correspondentes são congruentes: m($\hat{A}$) = m($\hat{A}'$); m($\hat{B}$) = m($\hat{B}'$); m($\hat{C}$) = m($\hat{C}'$) e m($\hat{D}$) = m($\hat{D}'$).

- Os lados correspondentes são congruentes:

$$\frac{m(\overline{AB})}{m(\overline{A'B'})} = \frac{3}{7,5} = \frac{6}{15} = \frac{2}{5}$$

$$\frac{m(\overline{BD})}{m(\overline{B'D'})} = \frac{1}{2,5} = \frac{2}{5}$$

$$\frac{m(\overline{DC})}{m(\overline{D'C'})} = \frac{2,5}{6,25} = \frac{10}{25} = \frac{2}{5}$$

$$\frac{m(\overline{CA})}{m(\overline{C'A'})} = \frac{2}{5}$$

$$\frac{m(\overline{AB})}{m(\overline{A'B'})} = \frac{m(\overline{BD})}{m(\overline{B'D'})} = \frac{m(\overline{DC})}{m(\overline{D'C'})} = \frac{m(\overline{CA})}{m(\overline{C'A'})} = \frac{2}{5}$$

Os quadriláteros ABCD e A'B'C'D' são semelhantes. Indicamos: quadrilátero ABCD ~ quadrilátero A'B'C'D'.

A razão de semelhança do quadrilátero ABCD para o quadrilátero A'B'C'D' é $\frac{2}{5}$ = 0,4. O quadrilátero ABCD foi ampliado na razão 2 para 5.

> Dois **polígonos** são **semelhantes** se todos os ângulos correspondentes são congruentes e todos os lados correspondentes são proporcionais.

ATIVIDADES

20 Entre os pares de figuras abaixo, quais são semelhantes?

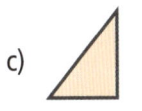

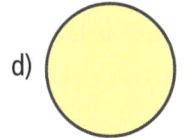

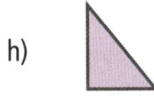

a) 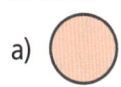 ⬤   e)  ▭

b) ▭   f) 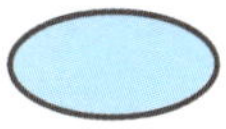 ⬭

c) △   g)  ▱

d) ⬤   h) △

21 Diga quais triângulos do tangram abaixo são:

a) semelhantes

_____

_____

b) congruentes

_____

_____

22 Qual das figuras abaixo é uma ampliação deste triângulo?

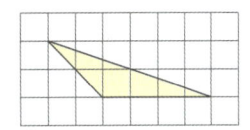

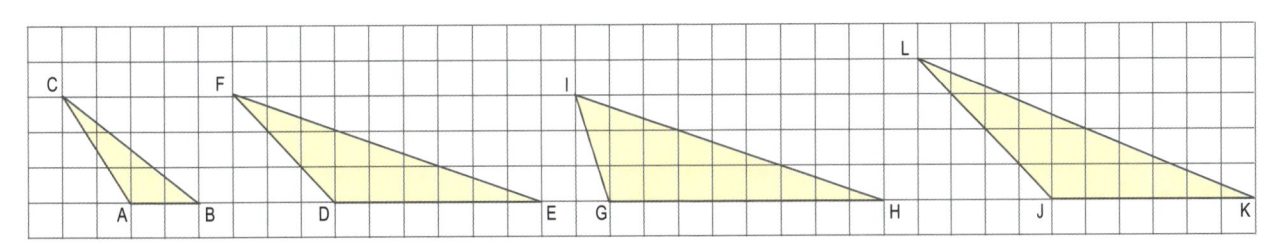

23 Verifique se os pares de paralelogramos são semelhantes. Em caso afirmativo, escreva a razão de semelhança.

a) 2 cm, 45°, 3 cm; 1 cm, 1,5 cm

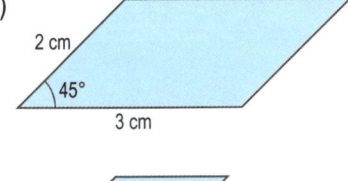

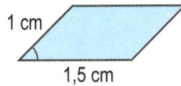

b) 2 cm, 60°, 3 cm; 75°

119

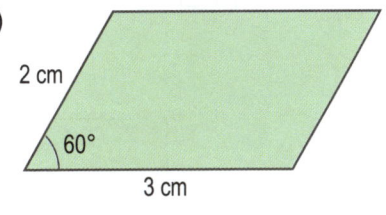

24 Os pentágonos I e II são semelhantes.

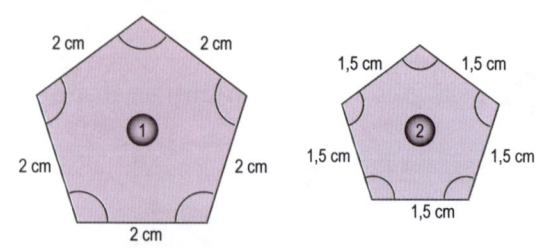

a) O que podemos dizer sobre os ângulos internos correspondentes de ① e ②

___

b) Qual é a razão de semelhança entre as figuras ① e ②?

___

25 Os trapézios abaixo são semelhantes. Determine os valores de x, y, z.

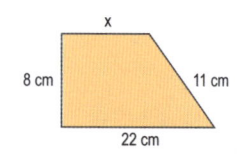

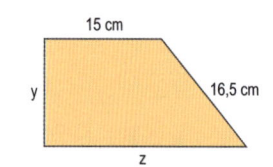

26 O quadrado ABCD com lado AB de 2,4 cm é semelhante a outro quadrado A'B'C'D'. Sabendo que o quadrado ABCD foi reduzido na razão 3 para 2, determine a medida do lado do quadrado A'B'C'D'.

27 Classifique cada sentença em verdadeira ou falsa.

( ) Dois quadrados são sempre semelhantes.

( ) Dois retângulos são sempre semelhantes.

( ) Dois triângulos retângulos são sempre semelhantes.

( ) Dois triângulos retângulos e isósceles são sempre semelhantes.

( ) Dois triângulos equiláteros são sempre semelhantes.

( ) Dois polígonos regulares, que tenham o mesmo número de lados, são sempre semelhantes.

▶ Razão entre perímetros e áreas de polígonos semelhantes

Razão entre perímetros de polígonos semelhantes

Considere os quadrados ABCD e A'B'C'D':

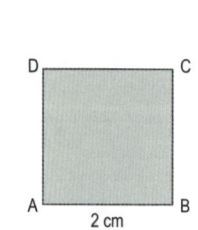

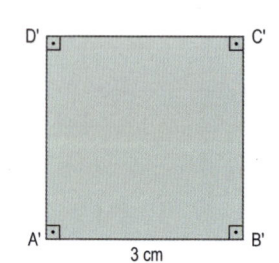

- A razão de semelhança do quadrado ABCD para o A'B'C'D' é $\frac{2}{3}$.
- O quadrado ABCD tem 8 cm de perímetro e o quadrado A'B'C'D' tem 12 cm de perímetro.

120

- A razão de semelhança entre esses perímetros é $\frac{8}{12}$ ou $\frac{2}{3}$.

- A razão de semelhança do quadrado ABCD para o A'B'C'D' é igual à razão entre seus perímetros.

> Se dois polígonos são semelhantes a razão entre os perímetros é igual à razão de semelhança entre os polígonos.

Razão entre as áreas de polígonos semelhantes

- Considere novamente os quadrados ABCD e A'B'C'D'.

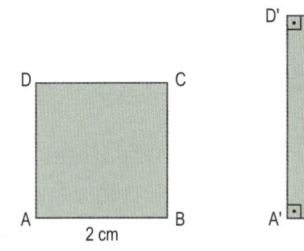

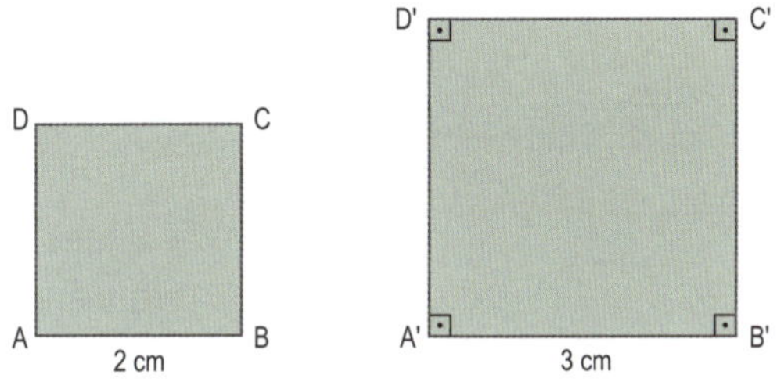

Pode-se verificar que:

- A razão de semelhança do quadrado ABCD para o quadrado A'B'C'D' é $\frac{2}{3}$.

- A área do quadrado ABCD é dada por:

  $A = 2 \cdot 2 = 4 \text{ cm}^2$

- A área do quadrado A'B'C'D' é dada por:

  $A = 3 \cdot 3 = 9 \text{ cm}^2$

- A razão de semelhança entre a área do quadrado ABCD e a área do quadrado A'B'C'D' é $\frac{4}{9}$.

A razão entre as áreas dos dois triângulos é igual ao quadrado da razão entre dois lados correspondentes. Veja:

Razão de semelhança entre as áreas		Quadrado da razão entre dois lados correspondentes
$\frac{4}{9}$	=	$\left(\frac{2}{3}\right)^2$
$\frac{4}{9}$	=	$\frac{4}{9}$

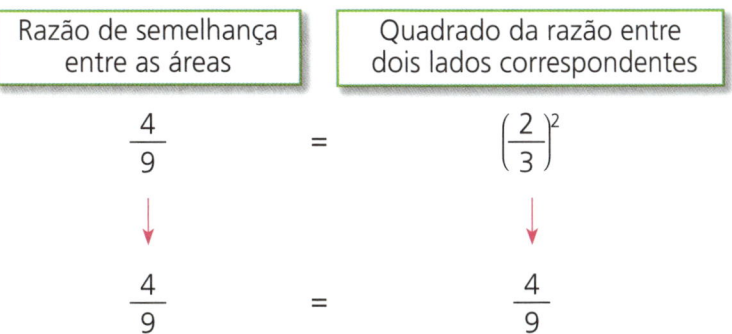

> Se dois polígonos são semelhantes, a razão entre suas áreas é igual ao quadrado da razão entre dois lados correspondentes.

ATIVIDADES

28 Um triângulo A'B'C' é semelhante ao triângulo abaixo. O triângulo A'B'C' tem 45 cm de perímetro. Quais são as medidas dos lados do A'B'C'?

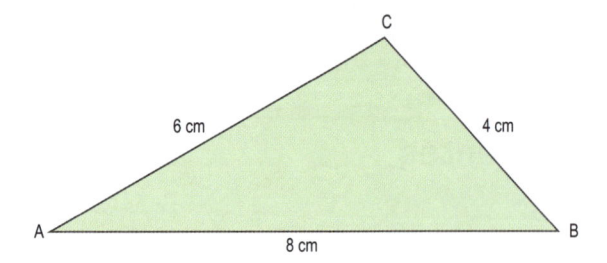

(triângulo ABC com AB = 8 cm, AC = 6 cm, BC = 4 cm)

29 Os retângulos abaixo são semelhantes:

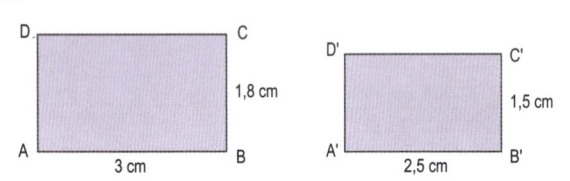

(retângulo ABCD com 3 cm × 1,8 cm; retângulo A'B'C'D' com 2,5 cm × 1,5 cm)

a) Qual é a razão de semelhança entre os retângulos ABCD e A'B'C'D'?

_____

_____

b) Sem fazer cálculos, escreva a razão entre os perímetros do retângulo ABCD e do A'B'C'D'.

_____

_____

c) Qual é a razão entre as áreas desses retângulos?

_____

_____

30 Um losango Ⓐ tem 5 cm de lado e 24 cm² de área. A razão de semelhança entre esse e um outro losango Ⓑ é $\frac{5}{8}$.

a) Qual é a medida do lado do losango Ⓑ?

_____

b) Qual é o perímetro do losango Ⓑ?

_____

c) Qual é a área do losango Ⓑ?

_____

_____

31 Um hexágono foi ampliado na razão 3 para 4.

a) Se o perímetro do hexágono menor for 36 cm, qual será o perímetro do hexágono ampliado?

b) Se a área do hexágono menor for 81 cm², qual será a área do hexágono ampliado?

32 Um paralelogramo Ⓐ é semelhante ao Ⓑ, e tem o quádruplo de sua área. Qual é a medida da:

a) base do paralelogramo Ⓐ ?

_____

_____

b) altura do paralelogramo A?

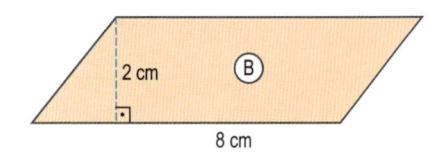

_____

_____

(paralelogramo B com base 8 cm e altura 2 cm)

33 Para azulejar uma parede retangular de uma cozinha foram necessários 340 azulejos. Quantos azulejos serão necessários para cobrir uma parede cujas dimensões são o dobro das anteriores?

▶ Semelhança de triângulos

Já sabemos que dois polígonos são semelhantes quando satisfazem, ao mesmo tempo, as duas condições a seguir:

- os ângulos correspondentes são congruentes;
- os lados correspondentes são proporcionais.

Porém, no caso dos polígonos serem triângulos, para que sejam semelhantes, basta que **satisfaçam apenas uma das condições** citadas anteriormente.

CONDIÇÃO 1

Os ângulos internos correspondentes são congruentes.

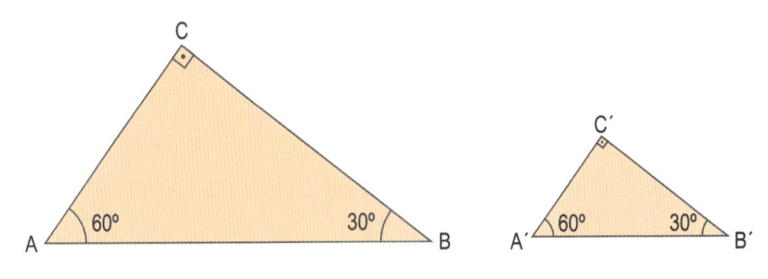

$\hat{A} \cong \hat{A}'$, $\hat{B} \cong \hat{B}'$, $\hat{C} \cong \hat{C}'$ ⟶ △ABC ~ △A'B'C'

CONDIÇÃO 2

Os lados correspondentes são proporcionais.

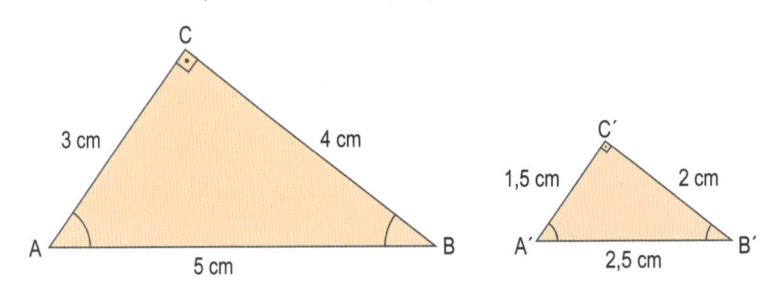

$\dfrac{AB}{A'B'} = \dfrac{5}{2,5} = 2$

$\dfrac{AC}{A'C'} = \dfrac{3}{1,5} = 2$ ⎫ △ABC ~ △A'B'C'

$\dfrac{BC}{B'C'} = \dfrac{4}{2} = 2$

Se os triângulos tiverem dois ângulos internos correspondentes congruentes, o terceiro ângulo de um dos triângulos também será congruente ao terceiro ângulo do outro triângulo, pois a soma das medidas dos ângulos internos de cada triângulo é igual a 180°.

> Logo, para saber se dois **triângulos** são **semelhantes** basta verificar se dois ângulos correspondentes são congruentes ou os lados correspondentes são proporcionais.

Observações:

1. Em dois triângulos semelhantes:
   - Os ângulos congruentes são chamados **ângulos homólogos**.
   - Os vértices desses pares de ângulos são chamados **vértices homólogos**.
   - Os lados determinados por vértices homólogos são chamados **lados homólogos**.
2. Pode-se provar que:

> Se dois triângulos são semelhantes, então, os lados de um deles são proporcionais aos lados homólogos do outro.

ATIVIDADES

34 Identifique os pares de triângulos semelhantes.

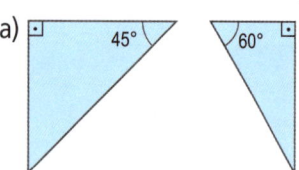

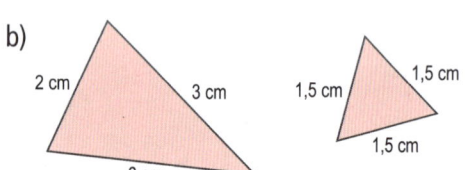

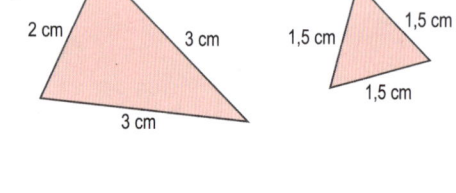

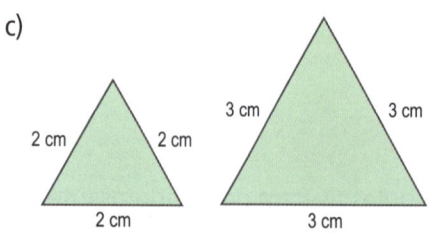

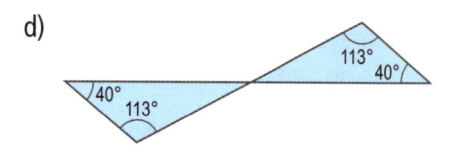

a) (triângulo com ângulo reto e 45°; triângulo com ângulo reto e 60°)

b) (triângulo com lados 2 cm, 3 cm, 3 cm; triângulo com lados 1,5 cm, 1,5 cm, 1,5 cm)

c) (triângulo com lados 2 cm, 2 cm, 2 cm; triângulo com lados 3 cm, 3 cm, 3 cm)

d) (triângulos com ângulos 40°, 113° e 113°, 40°)

35 Desenhe em seu caderno dois triângulos que tenham dois lados proporcionais e que não sejam semelhantes.

36 Sabendo que os triângulos são semelhantes, determine x e y.

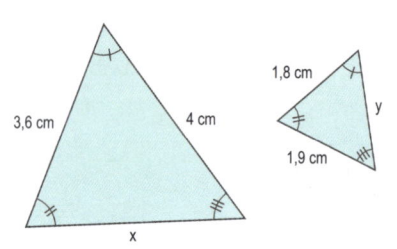

(triângulo maior com lados 3,6 cm, 4 cm e x; triângulo menor com lados 1,8 cm, 1,9 cm e y)

37 Sabendo que $\triangle ABC \sim \triangle A'B'C'$, determine x.

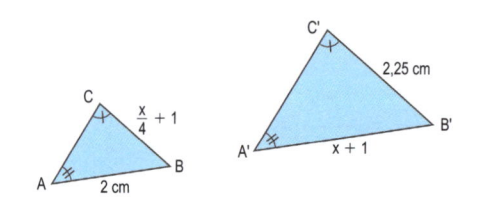

(triângulo ABC com lados $\frac{x}{4} + 1$ e AB = 2 cm; triângulo A'B'C' com lados 2,25 cm e $x + 1$)

124

38 Considere os triângulos ABC e EBD na figura abaixo:

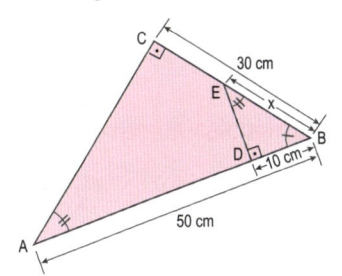

a) Eles são semelhantes? _____

b) Em caso afirmativo, quais são os lados correspondentes? _____

c) Qual é o valor de x? _____

39 Observe a figura:

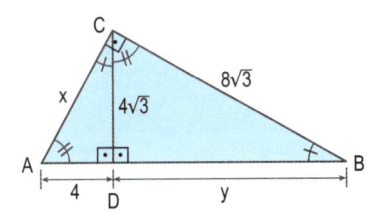

a) Os triângulos ABC e ACD são semelhantes? _____

b) Em caso afirmativo, quais são os valores de x e de y? _____

40 A razão de semelhança entre dois triângulos isósceles é $\frac{2}{5}$.

a) Sabendo que a base do triângulo menor mede 3 cm, quanto mede a base do maior?

b) Se a medida de cada lado congruente do triângulo maior é 15 cm, qual é a medida de cada lado congruente do menor?

Casos de semelhança de triângulos

Pode-se demonstrar que dois triângulos são semelhantes se apresentarem:

- dois ângulos correspondentes congruentes (caso A.A.)
- os três lados correspondentes proporcionais (caso L.L.L.).
- dois pares de lados correspondentes proporcionais e os ângulos entre eles congruentes (caso L. A. L.).

Caso Ângulo-Ângulo (A.A.)

Considere os triângulos ABC e DEF.

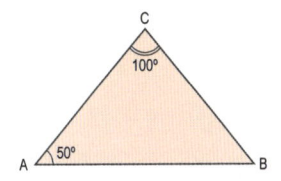

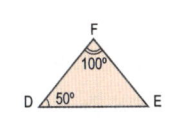

$\hat{A} \cong \hat{D}$ e $\hat{C} \cong \hat{F} \longrightarrow \triangle ABC \sim \triangle DEF$

125

Caso Lado-Lado-Lado (L.L.L)

Considere os triângulos ABC e DEF.

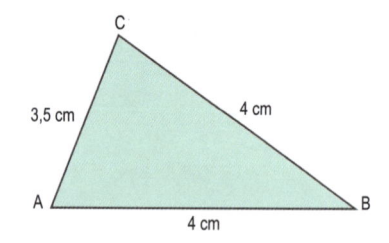

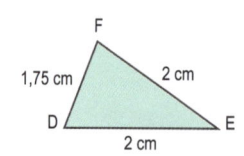

$$\frac{AB}{DE} = \frac{BC}{EF} = \frac{AC}{DF} \longrightarrow \triangle ABC \sim \triangle DEF$$

Caso Lado-Ângulo-Lado (L.A.L)

Considere os triângulos ABC e DEF.

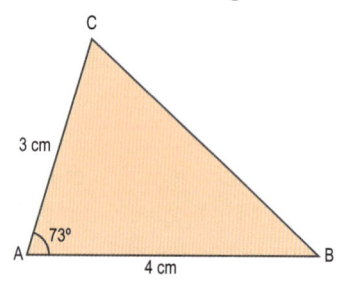

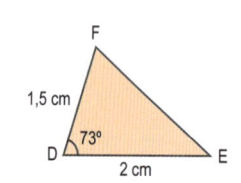

$$\frac{AB}{DE} = \frac{AC}{DF} \text{ e } \widehat{A} \cong \widehat{D} \longrightarrow \triangle ABC \sim \triangle DEF$$

ATIVIDADES

41 Quais pares de triângulos abaixo são semelhantes? Justifique.

a)

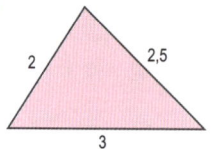

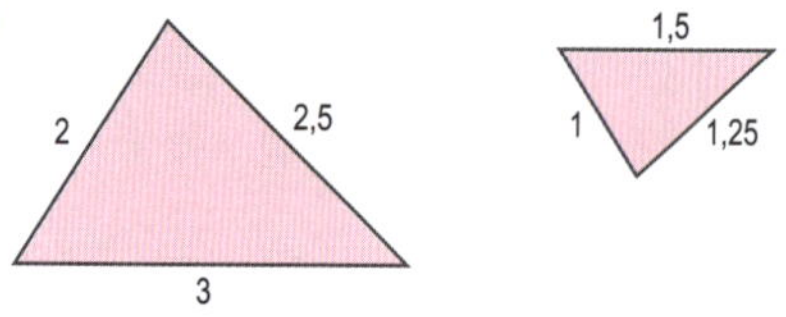

b)

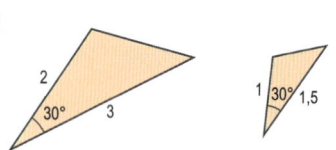

c)

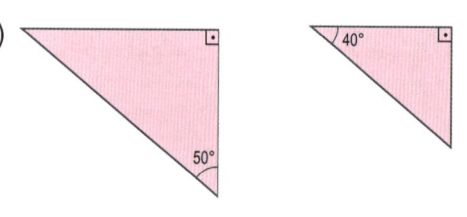

d)

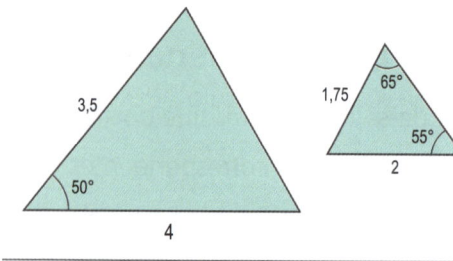

42 Em quais dos itens a seguir podemos afirmar que os triângulos envolvidos são semelhantes?

a) O △ ABC com lados de 6 cm, 8 cm e 12 cm e o △ XYZ com lados de 9 cm, 12 cm e 18 cm.

b) O △ ABC, em que m($\widehat{A}$) = 60° e m($\widehat{B}$) = 80°, e o △ XYZ com m($\widehat{X}$) = 40° e m($\widehat{Y}$) = 80°.

c) Dois triângulos retângulos.

d) Dois triângulos isósceles.

e) Dois triângulos equiláteros.

f) Dois triângulos retângulos com um ângulo, além do reto, congruente.

43 Dois ângulos de um triângulo medem 40° e 60°. Dois ângulos de outro triângulo medem 40° e 110°. Esses triângulos são semelhantes? Justifique.

44 Os triângulos abaixo são semelhantes? Justifique.

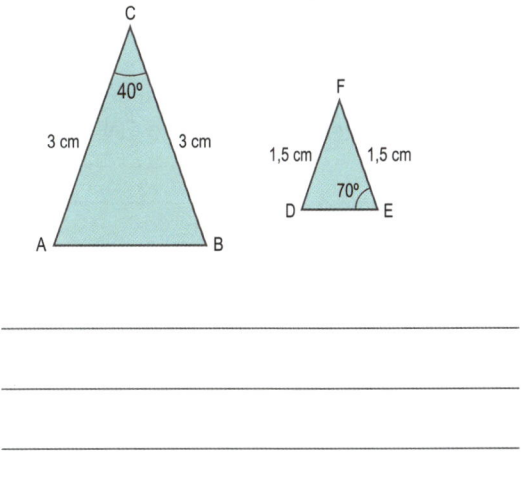

Teorema fundamental da semelhança de triângulos

Pode-se demonstrar que:

> Toda reta paralela a um dos lados de um triângulo, que intercepta os outros lados em dois pontos distintos, determina com esses lados outro triângulo semelhante ao primeiro.

Considere o triângulo ABC.

Vamos traçar a reta r paralela ao lado AB. Essa reta intercepta o lado AC em D e o lado BC em E.

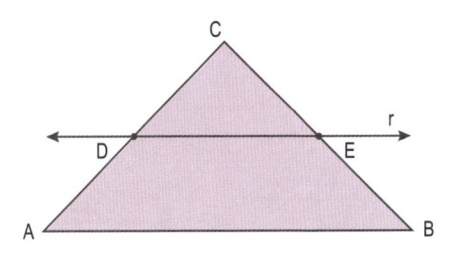

Temos: $\begin{cases} r \mathbin{/\mkern-6mu/} \overline{AB} \\ \overline{DE} \mathbin{/\mkern-6mu/} \overline{AB} \end{cases}$

Pode-se demonstrar que: △ABC ~ △DEC

ATIVIDADES

45) Sabendo que $\overline{AB}$ // $\overline{DE}$, determine as medidas dos ângulos internos do triângulo CDE.

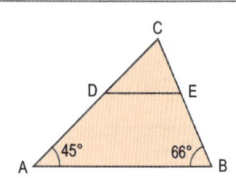

46) Sabendo que $\overline{AC}$ // $\overline{DE}$, determine x e y.

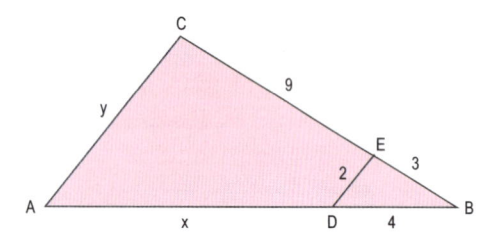

47) Sabendo que $\overline{MN}$ // $\overline{AB}$, calcule o valor de $3y - 2x$.

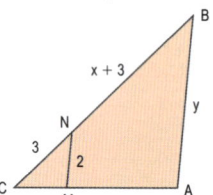

48) Este é um trapézio retângulo.

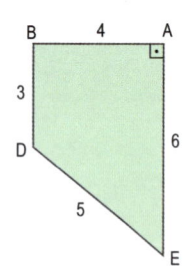

a) Prolongue $\overline{AB}$ e $\overline{ED}$ até se encontrarem num ponto C.

b) Os triângulos CAE e CBD são semelhantes? Justifique.

c) Determine as medidas de $\overline{CB}$ e $\overline{CD}$.

49) Na figura abaixo, $\overline{DE}$ // $\overline{AB}$.

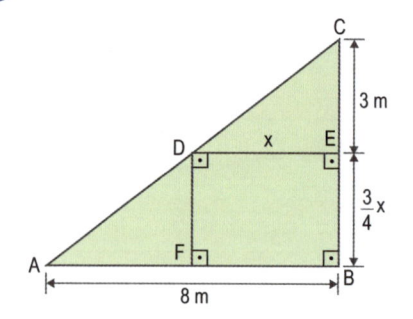

Determine:

a) o valor de x

b) o perímetro do retângulo BEDF

c) a área do retângulo BEDF

50) Na figura abaixo, considere as medidas indicadas. Qual é a altura do muro?

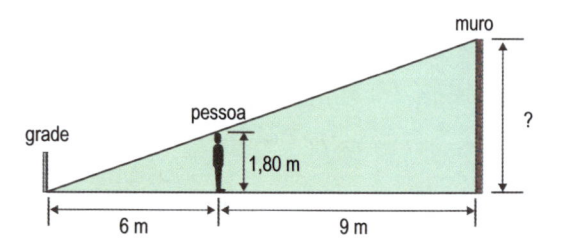

51) Sabendo que na figura abaixo $\overline{DE}$ // $\overline{BC}$, e que as medidas estão em centímetros, determine:

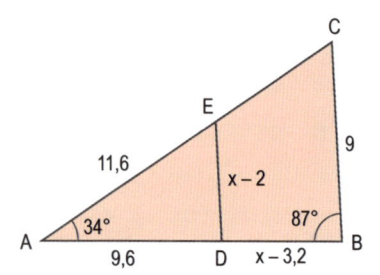

a) a medida de x

b) a medida de $A\widehat{D}E$, $A\widehat{C}B$ e $A\widehat{E}D$

c) o perímetro do triângulo ADE

d) a razão de semelhança entre os triângulos ADE e ABC

VOCÊ SABIA? **Tales de Mileto**

Tales de Mileto foi um filósofo e matemático grego. Nasceu em Mileto, numa região que hoje pertence à Turquia. Não há certeza sobre o ano de seu nascimento. Calcula-se que tenha nascido por volta de 624 a.C. e que morreu por volta de 548 a.C. Essas datas foram estimadas com base num eclipse que ocorreu em 585 a.C., e que Tales teria previsto quando estava com aproximadamente 40 anos.

De acordo com os relatos de antigos historiadores, Tales teria começado sua vida como mercador. Aristóteles conta que, prevendo uma grande safra de azeitonas, Tales monopolizou as prensas de azeitonas num ano em que houve grande colheita de azeitonas, fazendo com isso grande fortuna. Outras histórias contam que Tales foi mercador de sal.

Conta-se que, ao final de sua vida, dedicou-se aos estudos e a algumas viagens. O historiador Plutarco (46? – 120?) conta que, em uma de suas viagens ao Egito, Tales fincou uma vara e calculou a altura de uma pirâmide egípcia por meio da sombra, usando a semelhança dos triângulos.

Ele pôde calcular a altura da pirâmide partindo do princípio de que a razão entre a altura de vários objetos e o comprimento de suas sombras, quando projetadas no mesmo instante, é a mesma.

Fincou um bastão verticalmente no chão e, no mesmo instante, mediu a altura do bastão, o comprimento da sombra do bastão, o comprimento da sombra da pirâmide e determinou a altura da pirâmide.

Tales sabia que os triângulos XZY e ABC eram semelhantes e que, portanto, os lados desses triângulos eram proporcionais. Usando a proporção $\frac{YX}{CA} = \frac{XZ}{AB}$, determinou a altura da pirâmide.

Tales de Mileto.

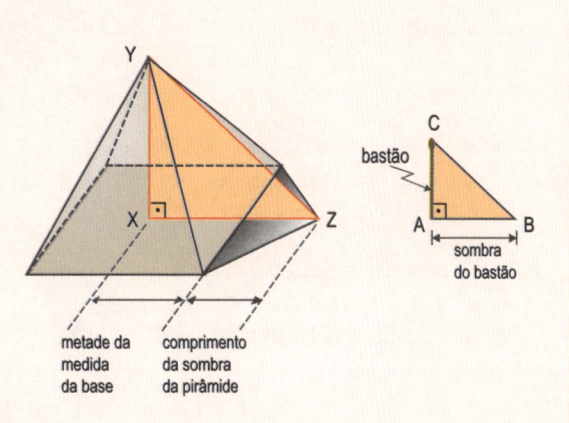

Semelhança nos triângulos retângulos

Inicialmente, lembre que:

- Um triângulo é retângulo quando tem um **ângulo reto**.
- O lado oposto ao ângulo reto chama-se **hipotenusa**.
- Os lados perpendiculares que formam o ângulo reto são os catetos.

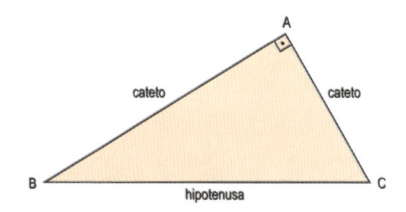

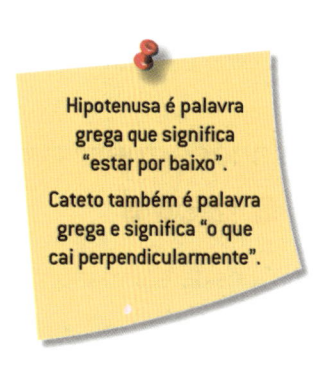

Hipotenusa é palavra grega que significa "estar por baixo".

Cateto também é palavra grega e significa "o que cai perpendicularmente".

129

Sobre os catetos, podemos dizer que:

- $\overline{AB}$ é cateto adjacente ao ângulo $\widehat{B}$ ou oposto ao ângulo $\widehat{C}$;
- $\overline{AC}$ é cateto adjacente ao ângulo $\widehat{C}$ ou oposto ao ângulo $\widehat{B}$.

Vamos traçar a altura $\overline{AH}$ relativa à hipotenusa $\overline{BC}$.

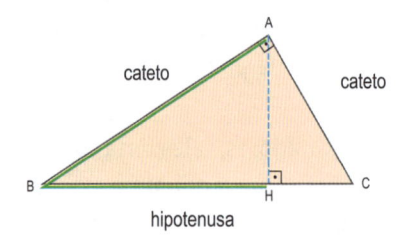

Com isso, obtemos:

- $\overline{BH}$: projeção de $\overline{AB}$ sobre $\overline{BC}$;
- $\overline{CH}$: projeção de $\overline{AC}$ sobre $\overline{BC}$.

Vamos demonstrar que os triângulos ABC, HBA e HAC são semelhantes.

Considerando os triângulos ABC e HBA, temos:

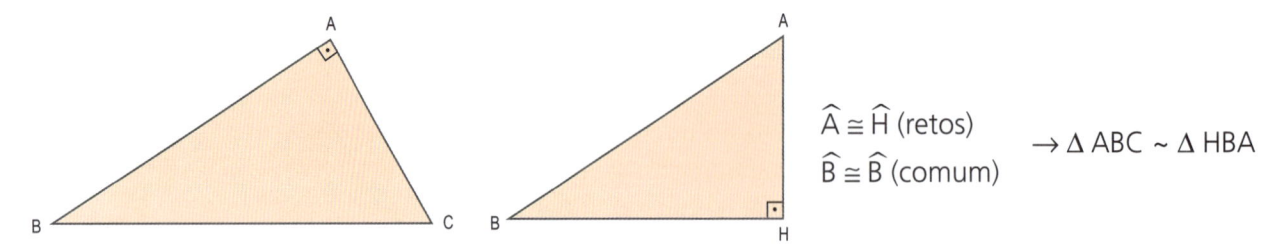

$\left. \begin{array}{l} \widehat{A} \cong \widehat{H} \text{ (retos)} \\ \widehat{B} \cong \widehat{B} \text{ (comum)} \end{array} \right\} \rightarrow \triangle ABC \sim \triangle HBA$

Considerando os triângulos ABC e HAC, temos:

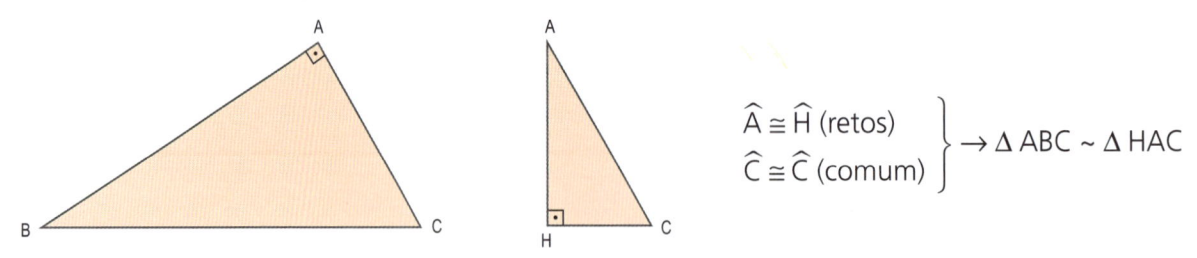

$\left. \begin{array}{l} \widehat{A} \cong \widehat{H} \text{ (retos)} \\ \widehat{C} \cong \widehat{C} \text{ (comum)} \end{array} \right\} \rightarrow \triangle ABC \sim \triangle HAC$

Como $\triangle ABC \sim \triangle HBA$ e $\triangle ABC \sim \triangle HAC$, então $\triangle HBA \sim \triangle HAC$.

Como $\triangle ABC \sim \triangle HBA$, $\triangle ABC \sim \triangle HAC$ e $\triangle HBA \sim \triangle HAC$, então $\triangle ABC \sim \triangle HBA \sim \triangle HAC$.

Como esses triângulos são semelhantes, seus lados correspondentes são proporcionais.

Relações métricas num triângulo retângulo

RELAÇÃO 1

Considere o triângulo retângulo ABC, em que $\widehat{A}$ é reto e $\overline{AH} \perp \overline{BC}$. Nesse triângulo:

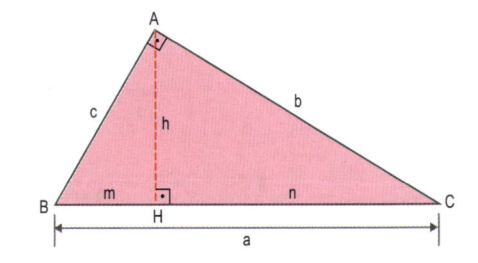

- a é a medida da hipotenusa $\overline{BC}$;
- b e c são as medidas dos catetos $\overline{AC}$ e $\overline{AB}$;

- h é a medida da altura relativa à hipotenusa $\overline{BC}$;
- m e n são as medidas das projeções dos catetos $\overline{AB}$ e $\overline{AC}$ sobre a hipotenusa $\overline{BC}$.

Vamos desenhar separadamente os triângulos ABC e HBA com as indicações dadas.

Já sabemos que $\triangle ABC \sim \triangle HBA$. Dessa semelhança, vamos determinar uma relação entre c, a e m.

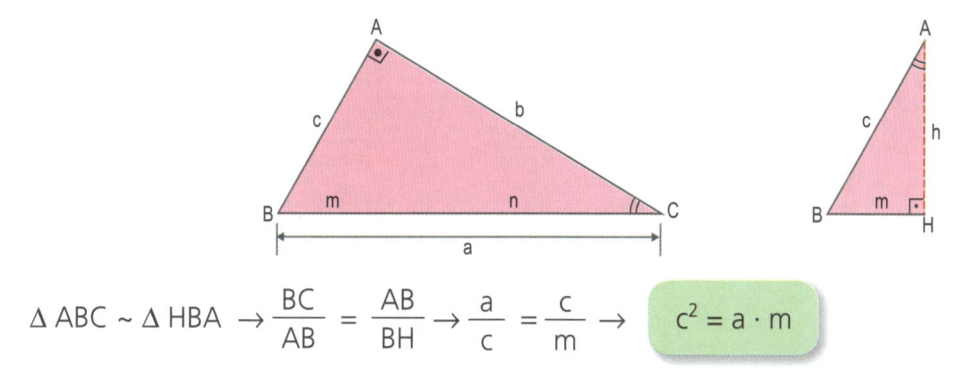

$\triangle ABC \sim \triangle HBA \rightarrow \dfrac{BC}{AB} = \dfrac{AB}{BH} \rightarrow \dfrac{a}{c} = \dfrac{c}{m} \rightarrow \boxed{c^2 = a \cdot m}$

RELAÇÃO 2

Agora, observando novamente os triângulos ABC e HBA, vamos encontrar uma relação entre b, c, h e a.

$\triangle ABC \sim \triangle HBA \rightarrow \dfrac{BC}{AB} = \dfrac{AC}{AH} \rightarrow \dfrac{a}{c} = \dfrac{b}{h} \rightarrow \boxed{a \cdot h = b \cdot c}$

RELAÇÃO 3

Vamos desenhar separadamente os triângulos ABC e HAC. Já sabemos que $\triangle ABC \sim \triangle HAC$. Dessa semelhança, vamos determinar uma relação entre b, a e n.

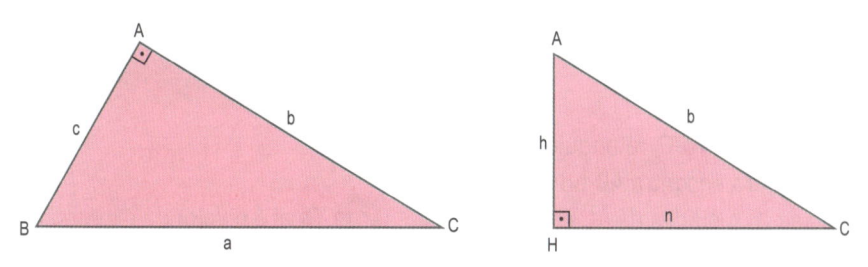

$\triangle ABC \sim \triangle HAC \rightarrow \dfrac{BC}{AC} = \dfrac{AC}{HC} \rightarrow \dfrac{a}{b} = \dfrac{b}{n} \rightarrow \boxed{b^2 = a \cdot n}$

RELAÇÃO 4

Vamos desenhar separadamente os triângulos HBA e HAC. Já sabemos que $\triangle HBA \sim \triangle HAC$. Dessa semelhança, vamos determinar uma relação entre h, m e n.

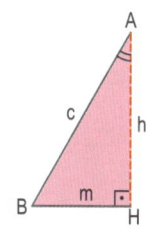

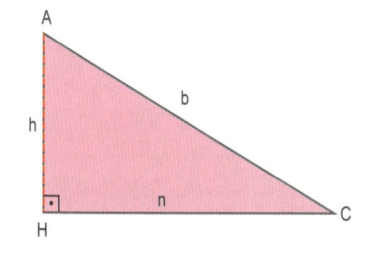

$\triangle HAC \sim \triangle HAC \rightarrow \dfrac{HA}{HC} = \dfrac{HB}{HA} \rightarrow$

$\dfrac{h}{n} = \dfrac{m}{h} \rightarrow \boxed{h^2 = m \cdot n}$

ATIVIDADES

52) Identifique os elementos do triângulo DEF, retângulo em D.

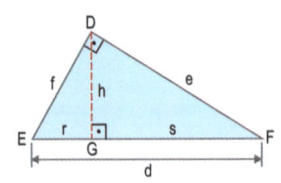

53) Use uma das relações abaixo para determinar o valor de x em cada triângulo.

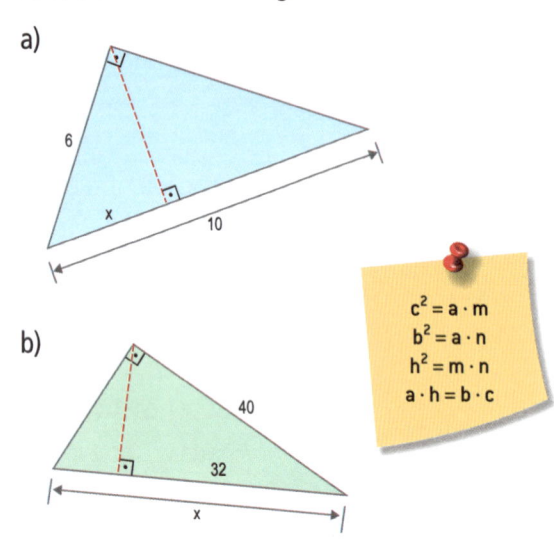

a)

b)

$c^2 = a \cdot m$
$b^2 = a \cdot n$
$h^2 = m \cdot n$
$a \cdot h = b \cdot c$

54) Num triângulo retângulo ABC, retângulo em C, $\overline{AB}$ mede 15 cm e a altura encontra $\overline{AB}$ no ponto D, a 4 cm de A. Calcule as medidas de $\overline{AC}$ e $\overline{BC}$.

55) Calcular o valor de x em cada triângulo:

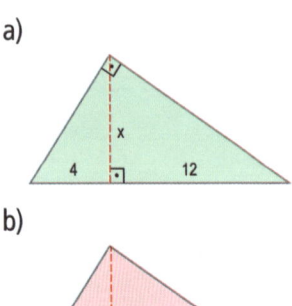

a)

b)

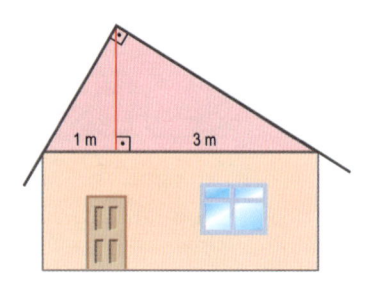

56) De acordo com as indicações da figura a seguir, qual é o comprimento da viga do telhado, pintado de vermelho?

57) As estradas RJ-5 e RJ-9 cortam-se perpendicularmente num ponto A. A estrada RJ-10 corta essas duas estradas em dois pontos B e C. Calcule a distância h do ponto A à estrada RJ-10, sabendo que AB = 18 km, AC = 24 km e BC = 30 km.

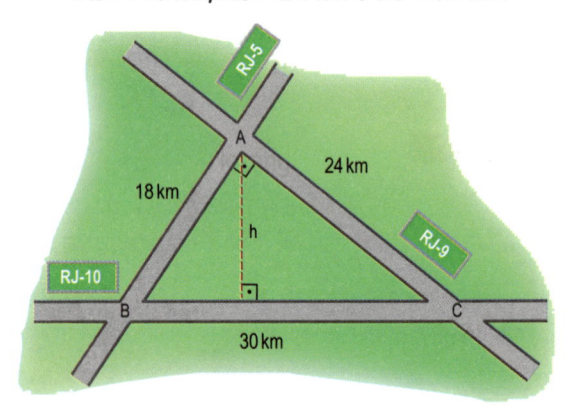

58) Qual é o valor da expressão $x^2 + y^2 + z^2$, de acordo com a figura abaixo?

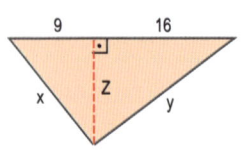

59) Num triângulo retângulo, a hipotenusa mede 10 cm. A altura relativa à hipotenusa mede 4,8 cm. Quanto medem as projeções dos catetos sobre a hipotenusa?

60 Num triângulo retângulo, um dos catetos mede $3\sqrt{34}$ cm e a projeção desse cateto sobre a hipotenusa mede 9 cm.

a) Qual é a medida da hipotenusa desse triângulo?

_____

b) Qual é a medida do outro cateto?

_____

c) Qual é a medida da altura relativa à hipotenusa?

_____

61 Flávio parte do ponto H de uma praça e percorre as distâncias representadas por $\overline{HC}$ e $\overline{CA}$. Paulo parte do ponto A e percorre as distâncias indicadas por $\overline{AB}$ e $\overline{BH}$. Calcule:

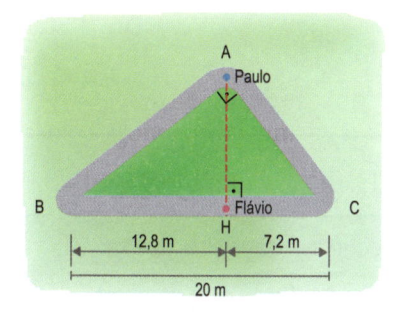

a) a distância percorrida por Flávio;

_____

_____

_____

b) a distância percorrida por Paulo;

_____

_____

_____

c) quantos metros Paulo andou a mais que Flávio;

_____

_____

d) quantos metros separavam os dois antes da caminhada.

_____

_____

Teorema de Pitágoras

Conta-se que os "esticadores de corda" do Antigo Egito usavam uma corda com 12 nós, à mesma distância um do outro, para obter um triângulo retângulo com vértices em três desses nós.

Esse procedimento podia ser feito com base em uma relação métrica muito importante, válida para todo triângulo retângulo, atualmente conhecida como **Teorema de Pitágoras**:

> Em todo triângulo retângulo, o quadrado da medida da hipotenusa é igual à soma do quadrado das medidas dos catetos.

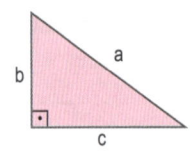

$$a^2 = b^2 + c^2$$

Existem vários modos de demonstrar esse teorema. Vamos demonstrá-lo algebricamente:

Demonstração

Considerando o triângulo retângulo ABC, em que a é a medida da hipotenusa e b e c as medidas dos catetos, vamos provar que: $a^2 = b^2 + c^2$.

Vamos usar as relações já demonstradas:

$b^2 = a \cdot n$ e $c^2 = a \cdot m$

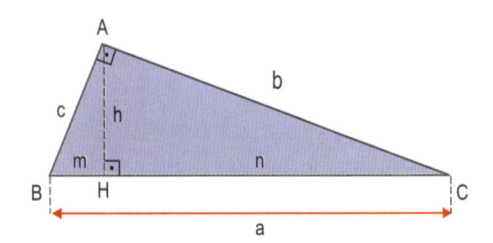

Adicionando, membro a membro, as duas igualdades, temos:

$b^2 + c^2 = a \cdot n + a \cdot m$

$b^2 + c^2 = a(n + m)$

$b^2 + c^2 = a \cdot a$

$\boxed{b^2 + c^2 = a^2}$ ou $\boxed{a^2 = b^2 + c^2}$

ATIVIDADES

62 Determine x em cada figura:

a) (triângulo retângulo com catetos 24 e 7, hipotenusa x)

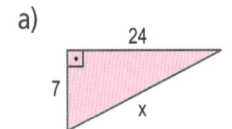

b) (triângulo retângulo com catetos x e x−16, hipotenusa 24)

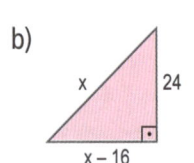

63 Para calcular a medida do lado desconhecido do triângulo abaixo, podemos usar uma calculadora:

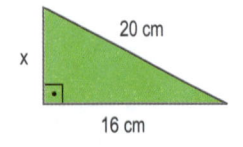

(triângulo retângulo com catetos x e 16 cm, hipotenusa 20 cm)

Sequência das teclas apertadas	Visor
2　0　×　2　0　M+	400
1　6　×　1　6　M−	256
MR　√	12

Agora é com você.

Use a calculadora para encontrar o valor de x em cada caso:

a) (triângulo retângulo com cateto 7, hipotenusa 25 cm, outro cateto x)

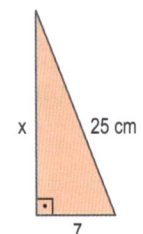

b) (triângulo retângulo com catetos 18 cm e 24 cm, hipotenusa x)

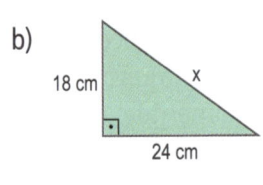

64 Calcule a área aproximada do quadrado.

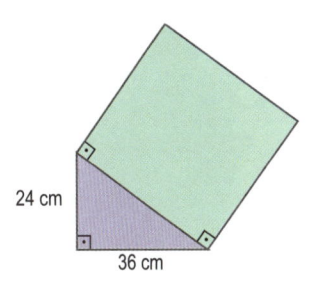

24 cm
36 cm

65 De acordo com as indicações que estão na figura e na lista da página seguinte, determine, sem fazer cálculos, o valor das expressões ali indicadas:

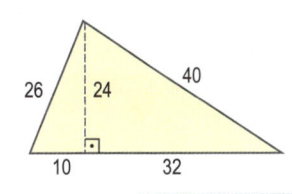

26, 24, 40, 10, 32

$40^2 = 1\,600$
$32^2 = 1\,024$
$26^2 = 676$
$24^2 = 576$
$10^2 = 100$

a) $24^2 + 10^2$
b) $40^2 + 32^2$
c) $24^2 + 32^2$
d) $26^2 - 24^2$

66 Marque sobre $\overline{AB}$, de medida 6,4 cm, o ponto médio M. Trace a mediatriz desse segmento. Marque sobre a mediatriz um ponto C, tal que AC = 4 cm. Determine:

a) a medida de $\overline{CM}$

b) a medida de $\overline{BC}$

67 Calcule a área do triângulo abaixo:

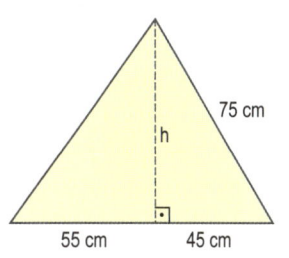

75 cm, h, 55 cm, 45 cm

68 Roberto estava viajando pela Estrada Pitágoras no sentido indicado na figura. Seu destino era chegar em B. Distraidamente, passou pelo cruzamento com a Estrada Tales, que é perpendicular à Estrada Pitágoras. Já havia percorrido 10 km contados a partir de A (em direção C) quando percebeu seu erro.

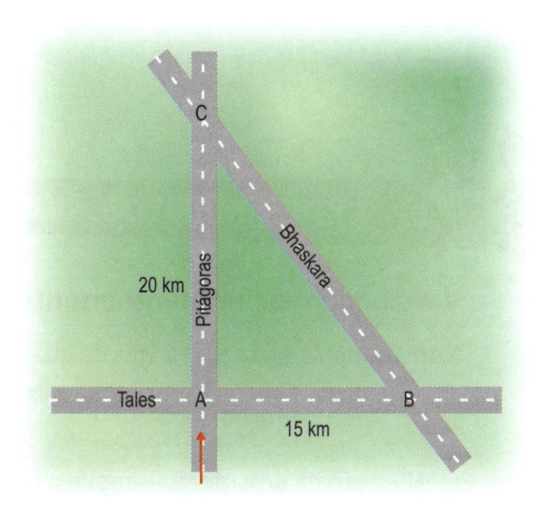

Calcule quantos quilômetros ele irá percorrer do ponto onde está até chegar em B, nos dois casos:

a) se ele voltar em A para pegar a Estrada Tales

b) se ele prosseguir viagem até C e depois pegar a Estrada Bháskara

135

69 O cubo abaixo tem 80 cm de aresta. O ponto I é ponto médio de $\overline{CF}$. O ponto J é médio de $\overline{CD}$. Qual dos caminhos é menor: o vermelho (OJ + JI) ou o azul (PC + CI)?

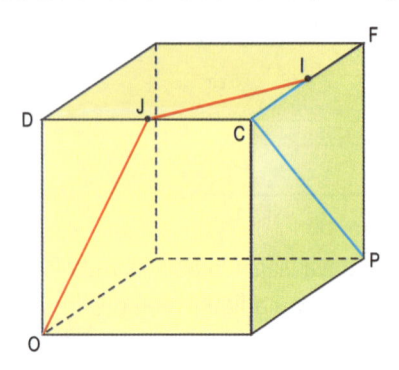

Use a calculadora para fazer os cálculos.

> As peças para montar o quebra-cabeça se encontram no final do livro.

EXPERIMENTOS, JOGOS E DESAFIOS

Verificando experimentalmente o Teorema de Pitágoras

Num triângulo retângulo, a área do quadrado construído sobre a hipotenusa é igual à soma das áreas dos quadrados construídos sobre os catetos.

Vamos verificar experimentalmente o Teorema de Pitágoras.

1. Numa folha de cartolina, amplie a figura ①. Os lados do triângulo verde devem ter 3 cm e 4 cm.
2. Marque o centro do quadrado maior (encontro das diagonais).
3. Pelo centro do quadrado, trace duas retas perpendiculares, sendo uma paralela à hipotenusa do triângulo verde (figura ②).
4. Recorte o quadrado menor.
5. Recorte o quadrado maior e as 4 peças formadas pelas linhas tracejadas.
6. Coloque as 4 peças em torno do quadrado menor, de modo a montar um quadrado sobre a hipotenusa, como mostra a figura ③.

Verifica-se assim que a área do quadrado construído sobre a hipotenusa é igual à soma das áreas dos quadrados construídos sobre os catetos.

Então, sendo a a medida da hipotenusa e b e c, as medidas dos catetos vale a relação:

$$b^2 + c^2 = a^2$$

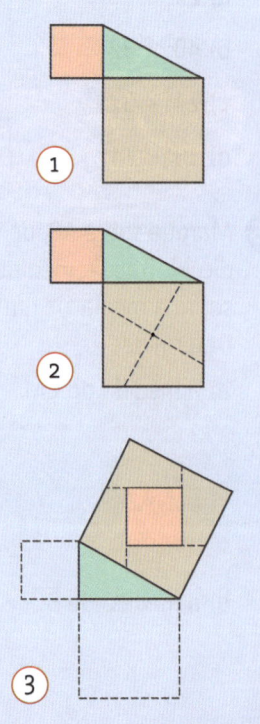

Aplicações do Teorema de Pitágoras em outros polígonos

O teorema de Pitágoras pode ser aplicado em outros polígonos, por exemplo, para o cálculo:

- da diagonal e do lado de um quadrado;
- da altura e do lado de um triângulo equilátero;
- do cálculo do lado de um trapézio isósceles ou retângulo.

Exemplo de aplicações do Teorema de Pitágoras:

Diagonal de um quadrado	Lado de um quadrado	Altura de um triângulo equilátero
$d^2 = 8^2 + 8^2$ $d^2 = 2 \cdot 8^2$ $d = \sqrt{2 \cdot 8^2}$ $d = 8\sqrt{2}$	$x^2 + x^2 = (10\sqrt{2})^2$ $2x^2 = 200$ $x^2 = 100$ $x = \sqrt{100}$ $x = 10$	$h^2 = 10^2 - 5^2$ $h^2 = 100 - 25$ $h^2 = 75$ $h = \sqrt{75}$ $h = 5\sqrt{3}$

Lado de um triângulo equilátero	Lado oblíquo de um trapézio retângulo	Lado oblíquo de um trapézio isósceles
$\left(\dfrac{x^2}{2}\right)^2 + (6\sqrt{3})^2 = x^2$ $\dfrac{x^2}{4} + 108 = x^2$ $x^2 - \dfrac{x^2}{4} = 108$ $3x^2 = 432$ $x^2 = 144 \rightarrow x = 12$	• Cálculo da base do triângulo: $14 - 8 = 6$ Cálculo do lado oblíquo do trapézio retângulo $x^2 = 8^2 + 6^2$ $x^2 = 64 + 36$ $x^2 = 100$ $x = 10$	• Cálculo da base de cada triângulo: $20,4 - 10 = 10,4$ $10,4 : 2 = 5,2$ Cálculo do lado oblíquo do trapézio isósceles: $x^2 = 3,9^2 + 5,2^2$ $x^2 = 15,21 + 27,04$ $x^2 = 42,25$ $x = \sqrt{42,25}$ $x = 6,5$

ATIVIDADES

70 A diagonal de uma tela quadrada mede $80\sqrt{2}$ cm. Calcule a área dessa tela.

71 No triângulo equilátero abaixo, determine:

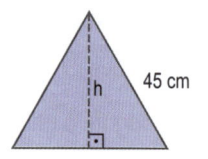

a) a medida da altura;

b) a área.

72 Os lados não paralelos de um trapézio isósceles medem, cada um, 5 cm. Sua base menor tem 6 cm e sua base maior 12 cm. Quanto mede a altura desse trapézio?

73 Determine o perímetro do pentágono ABCDE, sabendo-se que ABCD é um quadrado.

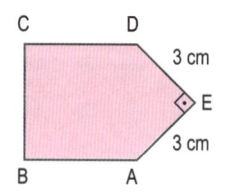

74 Determine a medida da mediana relativa à hipotenusa no triângulo retângulo ABP.

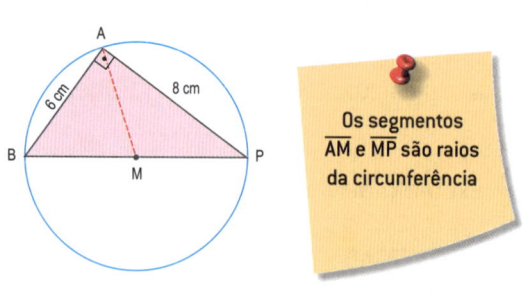

Os segmentos $\overline{AM}$ e $\overline{MP}$ são raios da circunferência.

75 No triângulo abaixo, a hipotenusa mede 12,4 cm.

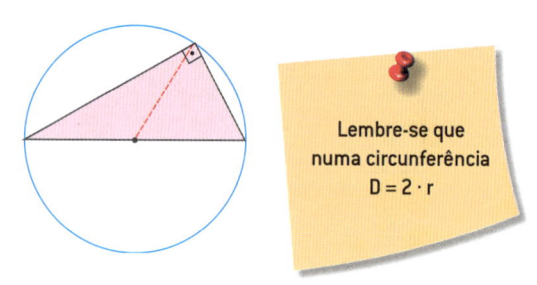

Lembre-se que numa circunferência $D = 2 \cdot r$

Quanto mede:

a) o raio da circunferência?

_____

b) a mediana relativa à hipotenusa?

_____

76 Sabendo que: ACDF é um retângulo e que: $m(\overline{AB}) = m(\overline{BC}) = m(\overline{EF}) = m(\overline{DE}) = \sqrt{3}$ cm determine a área do hexágono ABCDEF.

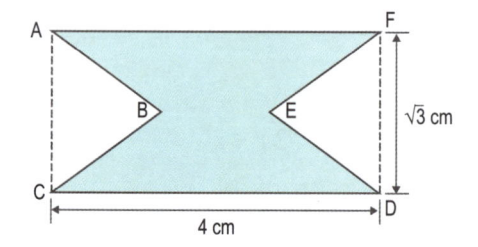

77 Num depósito de tonéis de vinho, eles ficam dispostos como mostra a figura. Qual é a altura aproximada desta pilha de tonéis, sabendo que o raio de cada um mede 0,60 m?

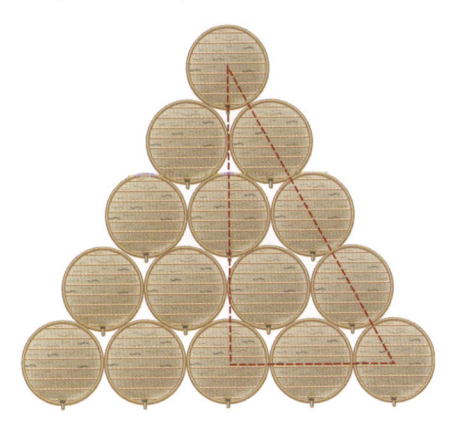

VOCÊ SABIA? Pitágoras de Samos

Ao que parece, Pitágoras nasceu por volta de 572 a.C., na ilha egeia de Samos, no porto marítimo de Crotona, uma colônia grega situada no sul da Itália, fundou a famosa escola pitagórica, que além de ser um centro de estudos de filosofia, matemática e ciências naturais, era também uma irmandade estreitamente unida por ritos secretos e cerimônias. Morreu com uma idade avançada, entre 75 e 80 anos de idade.

Todos os estudiosos atribuem a Pitágoras a descoberta independente do teorema sobre triângulos retângulos, hoje universalmente conhecido como Teorema de Pitágoras: **o quadrado da hipotenusa de um triângulo retângulo é igual à soma dos quadrados dos catetos**. Esse teorema já era conhecido pelos babilônios dos tempos de Hamurabi, que viveu mais de um milênio antes de Pitágoras, mas sua primeira demonstração geral pode ter sido dada por Pitágoras.

Desde os tempos de Pitágoras, muitas demonstrações do teorema em consideração foram realizadas. E. S. Loomis, na 2ª edição de seu livro *The Pythagorean Proposition* coletou e classificou nada menos que 370 dessas demonstrações.

Pitágoras, filósofo grego que viveu há mais de 2500 anos.

Adaptado de *Introdução à história da Matemática*, de Howard Eves. Campinas: Ed. Unicamp, 1995.

Capítulo 7
NOÇÕES DE TRIGONOMETRIA

▶ Razões trigonométricas

Em algumas situações do dia a dia, utilizando uma régua, trena etc, podemos obter algumas medidas de modo direto. Exemplos:

Pesquisador medindo o comprimento de uma estrela-do-mar.

Carpinteiro medindo o comprimento de um pedaço de madeira com trena.

No entanto, existem situações nas quais as medidas só podem ser obtidas de modo indireto, como no caso da medida da largura de um rio, da distância de uma ilha ao continente, da distância entre dois pontos da margem de um lago etc.

Para realizar essas medidas podemos utilizar as razões trigonométricas: **seno**, **cosseno** e **tangente**. Vamos iniciar com o seno.

Seno de um ângulo agudo

Considere os triângulos AOB, COD e EOF desta figura.

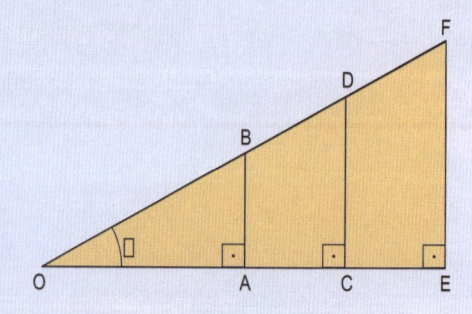

Observando a figura podemos escrever: $\triangle AOB \sim \triangle COD \sim \triangle EOF$.

Dessa semelhança, temos:

$$\frac{AB}{OB} = \frac{CD}{OD} = \frac{EF}{OF} = k_1 \text{ (constante)}$$

O número k_1 é chamado seno do ângulo agudo α.

Em qualquer outro triângulo retângulo com um ângulo α, a razão entre a medida do cateto oposto e a medida da hipotenusa será igual às anteriores, pois esse triângulo é semelhante aos anteriores.

$$\text{sen } \alpha = \frac{\text{medida do cateto oposto ao ângulo } \alpha}{\text{medida da hipotenusa}} \quad (0° < \alpha < 90°)$$

> A razão entre a medida do cateto oposto ao ângulo α de um triângulo retângulo e a medida da hipotenusa é chamada **seno**.

Cosseno de um ângulo agudo

Considere os triângulos AOB, COD e EOF desta figura.

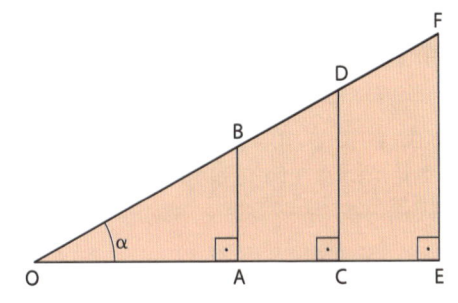

Observando a figura, podemos escrever: $\triangle AOB \sim \triangle COD \sim \triangle EOF$

Dessa semelhança, temos:

$$\frac{OA}{OB} = \frac{OC}{OD} = \frac{OE}{OF} = k_2 \text{ (constante)}$$

O número k_2 é chamado cosseno do ângulo agudo α.

Em qualquer outro triângulo retângulo com um ângulo α, a razão entre a medida do cateto adjacente e a medida da hipotenusa será igual às anteriores, pois esse triângulo é semelhante aos anteriores.

$$\cos \alpha = \frac{\text{medida do cateto adjacente ao ângulo } \alpha}{\text{medida da hipotenusa}} \quad (0° < \alpha < 90°)$$

> A razão entre a medida do cateto adjacente a um ângulo α e a medida da hipotenusa de um triângulo retângulo é chamada **cosseno** do ângulo.

Tangente de um ângulo agudo

Considere os triângulos AOB, COD e EOF desta figura:

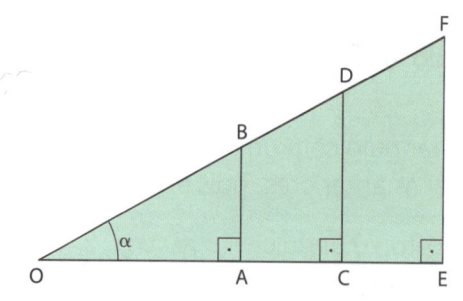

Observando a figura podemos escrever que $\triangle AOB \sim \triangle COD \sim \triangle EOF$.

Dessa semelhança, temos:

$$\frac{AB}{OA} = \frac{CD}{OC} = \frac{EF}{OE} = k_3 \text{ (constante)}$$

O número k_3 é chamado tangente do ângulo α.

Em qualquer outro triângulo retângulo com um ângulo α, a razão entre a medida do cateto oposto a α e a medida do cateto adjacente a α será igual às anteriores, pois esse triângulo é semelhante aos anteriores.

$$\text{tg } \alpha = \frac{\text{medida do cateto oposto ao ângulo } \alpha}{\text{medida do cateto adjacente ao ângulo } \alpha} \quad (0° < \alpha < 90°)$$

> A razão entre a medida do cateto oposto e a medida do cateto adjacente a um ângulo agudo de um triângulo retângulo é chamada **tangente** do ângulo.

Resumindo:

$$\text{sen } \alpha = \frac{\text{cateto oposto}}{\text{hipotenusa}} \quad ; \quad \cos \alpha = \frac{\text{cateto adjacente}}{\text{hipotenusa}} \quad e \quad \text{tg } \alpha = \frac{\text{cateto oposto}}{\text{cateto adjacente}}$$

ATIVIDADES

1 Veja como determinamos o cosseno do ângulo α no triângulo ABC:

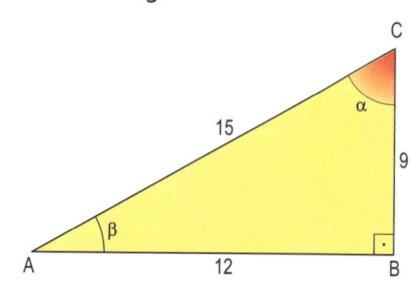

$$\cos \alpha = \frac{CA}{HIP}$$

$$\cos \alpha = \frac{9}{15} = \frac{3}{5}$$

Agora é com você.

Determine o cosseno do ângulo β.

_____

2 Considere o triângulo ABC e determine:

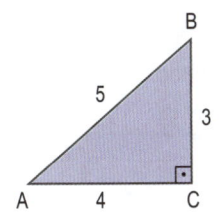

a) sen Â

b) cos Â

c) tg Â

d) sen B̂

e) cos B̂

f) tg B̂

3 Desenhe um triângulo retângulo ABC, em que Â = 90°, AB = 6 cm e AC = 8 cm.

a) Determine m ($\overline{BC}$).

b) Calcule sen B̂, cos Ĉ, tg B̂, sen Ĉ, cos B̂, tg Ĉ.

4 No triângulo abaixo:

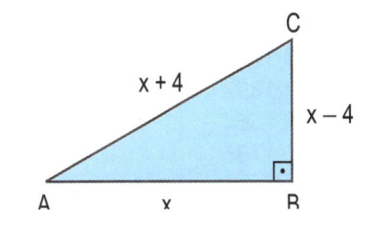

a) encontre o valor de x;

b) calcule sen Â, cos Â, tg Â, sen Ĉ, cos Ĉ e tg Ĉ.

5 Se um triângulo ABC retângulo em B é isósceles, quais são os valores de tg Â e de tg Ĉ?

143

▶ Tabela de razões trigonométricas

Apresentamos a seguir uma tabela com os valores do seno, do cosseno e da tangente de ângulos de 1° a 89°, com valores aproximados. Podem-se também obter esses valores por meio de uma calculadora científica.

ÂNGULO	SENO	COSSENO	TANGENTE	ÂNGULO	SENO	COSSENO	TANGENTE
1°	0,0175	0,9998	0,0175	46°	0,7193	0,6947	1,0355
2°	0,0349	0,9994	0,0349	47°	0,7314	0,6820	1,0724
3°	0,0523	0,9986	0,0524	48°	0,7431	0,6691	1,1106
4°	0,0698	0,9976	0,0699	49°	0,7547	0,6561	1,1504
5°	0,0872	0,9962	0,0875	50°	0,7660	0,6428	1,1918
6°	0,1045	0,9945	0,1051	51°	0,7771	0,6293	1,2349
7°	0,1219	0,9925	0,1228	52°	0,7880	0,6157	1,2799
8°	0,1392	0,9903	0,1405	53°	0,7986	0,6018	1,3270
9°	0,1564	0,9877	0,1584	54°	0,8090	0,5878	1,3764
10°	0,1736	0,9848	0,1763	55°	0,8192	0,5736	1,4281
11°	0,1908	0,9816	0,1944	56°	0,8290	0,5592	1,4826
12°	0,2079	0,9781	0,2126	57°	0,8387	0,5446	1,5399
13°	0,2250	0,9744	0,2309	58°	0,8480	0,5299	1,6003
14°	0,2419	0,9703	0,2493	59°	0,8572	0,5150	1,6643
15°	0,2588	0,9659	0,2679	60°	0,8660	0,5000	1,7321
16°	0,2756	0,9613	0,2867	61°	0,8746	0,4848	1,8040
17°	0,2924	0,9563	0,3057	62°	0,8829	0,4695	1,8807
18°	0,3090	0,9511	0,3249	63°	0,8910	0,4540	1,9626
19°	0,3256	0,9455	0,3443	64°	0,8988	0,4384	2,0503
20°	0,3420	0,9397	0,3640	65°	0,9063	0,4226	2,1445
21°	0,3584	0,9336	0,3839	66°	0,9135	0,4067	2,2460
22°	0,3746	0,9272	0,4040	67°	0,9205	0,3907	2,3559
23°	0,3907	0,9205	0,4245	68°	0,9272	0,3746	2,4751
24°	0,4067	0,9135	0,4452	69°	0,9336	0,3584	2,6051
25°	0,4226	0,9063	0,4663	70°	0,9397	0,3420	2,7475
26°	0,4384	0,8988	0,4877	71°	0,9455	0,3256	2,9042
27°	0,4540	0,8910	0,5095	72°	0,9511	0,3090	3,0777
28°	0,4695	0,8829	0,5317	73°	0,9563	0,2924	3,2709
29°	0,4848	0,8746	0,5543	74°	0,9613	0,2756	3,4874
30°	0,5000	0,8660	0,5774	75°	0,9659	0,2588	3,7321
31°	0,5150	0,8572	0,6009	76°	0,9703	0,2419	4,0108
32°	0,5299	0,8480	0,6249	77°	0,9744	0,2250	4,3315
33°	0,5446	0,8387	0,6494	78°	0,9781	0,2079	4,7046
34°	0,5592	0,8290	0,6745	79°	0,9816	0,1908	5,1446
35°	0,5736	0,8192	0,7002	80°	0,9848	0,1736	5,6713
36°	0,5878	0,8090	0,7265	81°	0,9877	0,1564	6,3138
37°	0,6018	0,7986	0,7536	82°	0,9903	0,1392	7,1154
38°	0,6157	0,7880	0,7813	83°	0,9925	0,1219	8,1443
39°	0,6293	0,7771	0,8098	84°	0,9945	0,1045	9,5144
40°	0,6428	0,7660	0,8391	85°	0,9962	0,0872	11,4301
41°	0,6561	0,7547	0,8693	86°	0,9976	0,0698	14,3007
42°	0,6691	0,7431	0,9004	87°	0,9986	0,0523	19,0811
43°	0,6820	0,7314	0,9325	88°	0,9994	0,0349	28,6363
44°	0,6947	0,7193	0,9657	89°	0,9998	0,0175	57,2900
45°	0,7071	0,7071	1,0000				

Veja, a seguir, alguns exemplos de aplicação dessa tabela:

EXEMPLO 1

Qual é o valor de sen 42°?

Vamos encontrar, na tabela, o seno de 42°.

Na coluna Ângulo, localizamos 42°.

Na coluna seno, encontramos 0,6691.

Logo: **sen 42° = 0,6691** (valor aproximado).

EXEMPLO 2

Determine a medida do ângulo x, sendo cos x = 0,2250.

Nesse exemplo conhecemos o cosseno do ângulo e desejamos determinar o valor do ângulo.

Na coluna cosseno, localizamos o número 0,2250.

Logo: cos x = 0,225 → **x = 77°**

Na coluna ângulo, encontramos 77°.

EXEMPLO 3

Qual é o valor de x no triângulo ao lado?

Veja como se usa a tabela para calcular o valor de x nesse triângulo retângulo.

A hipotenusa mede 45 mm.

O cateto adjacente ao ângulo de 54° é x.

$\cos 54° = \dfrac{x}{45}$ → x = 45 · cos 54° → x = 45 · 0,5878 → **x = 26,451**.

O cateto x mede 26,45 mm.

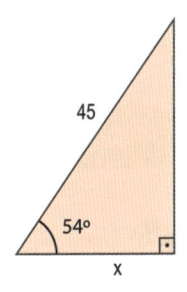

EXEMPLO 4

Veja agora como podemos encontrar a altura de um prédio, sem medi-la diretamente.

Inicialmente, nos afastamos, por exemplo, 22 m do pé do prédio: AB = 22 m. Do ponto A, medimos o ângulo sob o qual avistamos o topo desse prédio.

A figura abaixo representa essa situação:

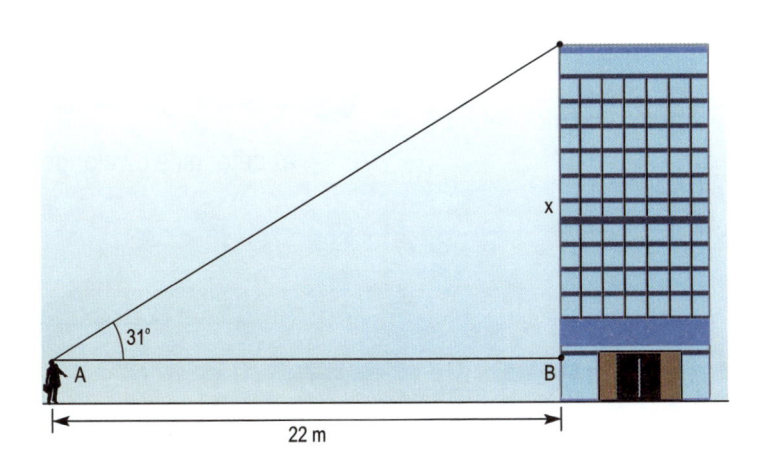

Sabendo que tg 31° ≅ 0,6, calculamos o valor de x da figura:

tg 31° = $\dfrac{\text{medida do cateto oposto a 31°}}{\text{medida do cateto adjacente a 31°}}$

tg 31° = $\dfrac{x}{22}$

0,6 = $\dfrac{x}{22}$

x = 0,6 · 22

x = 13,2 m

Para encontrar a altura do prédio adicionamos a nossa própria altura ao valor encontrado para x. Se a pessoa que estiver medindo a altura do prédio tiver 1,80 m, então efetuará a seguinte adição:

```
  13,20
+  1,80
-------
  15,00
```

Portanto, a altura do prédio é 15 m.

ATIVIDADES

6 Veja como obtemos o valor de x no triângulo retângulo abaixo, sabendo que tg 40° = 0,84:

tg 40° = $\dfrac{x}{32}$

0,84 = $\dfrac{x}{32}$

x = 32 · 0,84

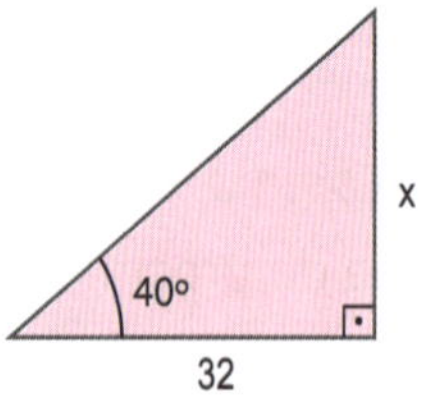

x = 26,88

Agora é com você.

Determine o valor de x nos triângulos retângulos a seguir:

Considere tg 25° = 0,47.
a)

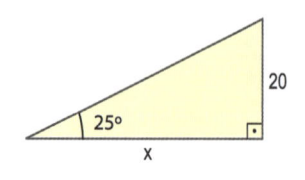

b)

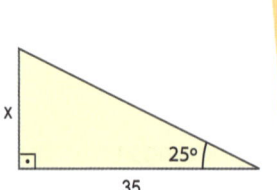

Para facilitar os cálculos, utilize uma calculadora.

7 Considere tg 58° = 1,6.

a) determine o valor de x no triângulo.

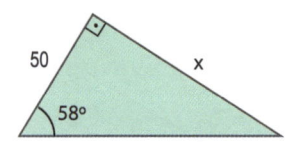

b) Determine o valor de y no triângulo.

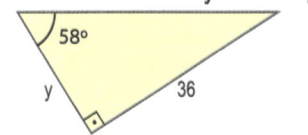

(triângulo com ângulo 58°, lado y, lado 36)

8 Considere tg 35° = 0,7 e calcule o comprimento da represa.

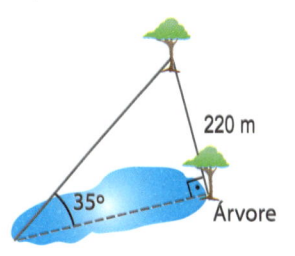

(figura: represa com 220 m e ângulo 35°, árvore)

9 O esquema abaixo indica a posição das casas de três amigos: Paulo, Nélson e Fábio. Calcule, em metros, o comprimento aproximado de fio telefônico necessário para ligar a casa da chácara de Paulo à casa da chácara de Nélson.

Considere tg 30° = 0,5774

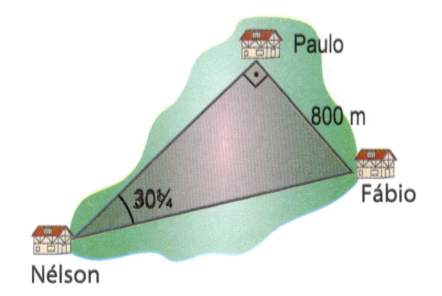

(figura: Paulo, 800 m, Fábio, 30°, Nélson)

10 A pipa de Ronaldo está com 135 m de linha. A que altura a pipa se encontra do solo?

Considere:

cos 40° = 0,76

sen 40° = 0,64

tg 40° = 0,84

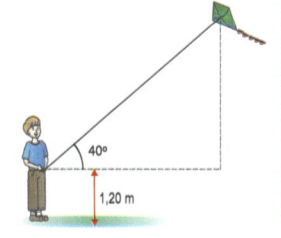

(figura: pipa, ângulo 40°, 1,20 m)

11 Observe a figura e determine o comprimento aproximado da escada, em metros.

Considere:

sen 36° = 0,58, cos 36° = 0,8, tg 36° = 0,72.

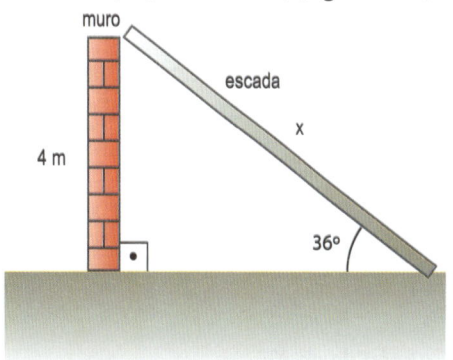

(figura: muro de 4 m, escada x, ângulo 36°)

12 Use a tabela de razões trigonométricas para calcular o valor de x, com aproximação para os centésimos:

a) (triângulo retângulo com hipotenusa 6, ângulo 32°, cateto x)

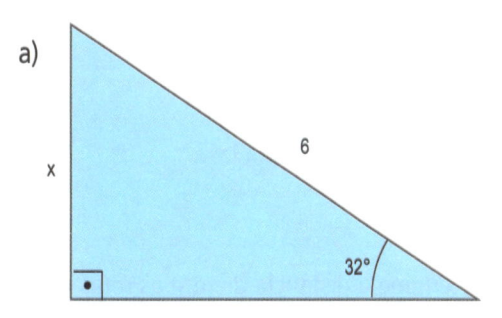

b) (triângulo com lado 60, ângulo 63°, lado x)

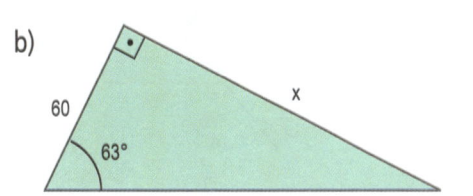

c) (triângulo com ângulo 4°, lado x, lado 7)

147

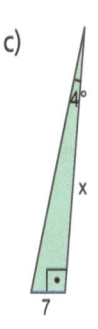

d)

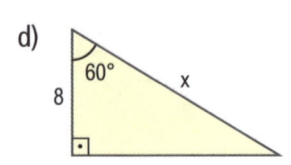

8, 60°, x

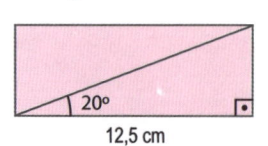

16 No losango abaixo, determine:

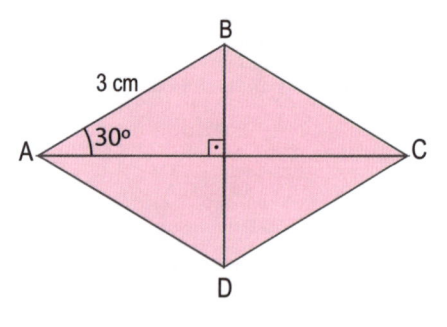

a) a medida da diagonal $\overline{AC}$

b) a medida da diagonal $\overline{BD}$

c) a área do losango

13 No triângulo ABC, determine o que se pede. Dados: sen 20° = 0,34, cos 20° = 0,93, tg 20° = 0,36

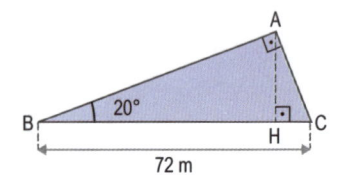

BC = 72 m, ângulo em B = 20°

a) A medida de $\overline{AB}$.

b) A medida da altura relativa a $\overline{BC}$.

c) A área desse triângulo.

14 Determine a distância d entre as retas paralelas r e s, sabendo que AB = 6 cm.

Dados: sen 50° = 0,76, cos 50° = 0,64, tg 50° = 1,19

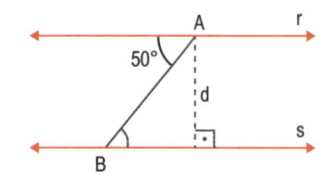

17 Encontre a área deste paralelogramo:

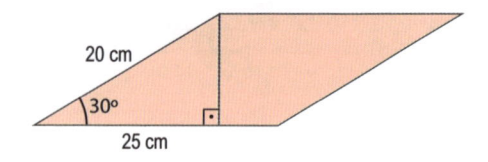

20 cm, 30°, 25 cm

18 O lado de um triângulo equilátero mede 10 cm.

- Calcule a altura desse triângulo.

15 Calcule a medida aproximada da diagonal deste retângulo.

12,5 cm, 20°

19 Um topógrafo mediu a altura de uma torre posicionando o teodolito a 50 m de sua base e obteve um ângulo de 49°. Qual é a altura aproximada da torre?
Sobre o teodolito, ver leitura a seguir.

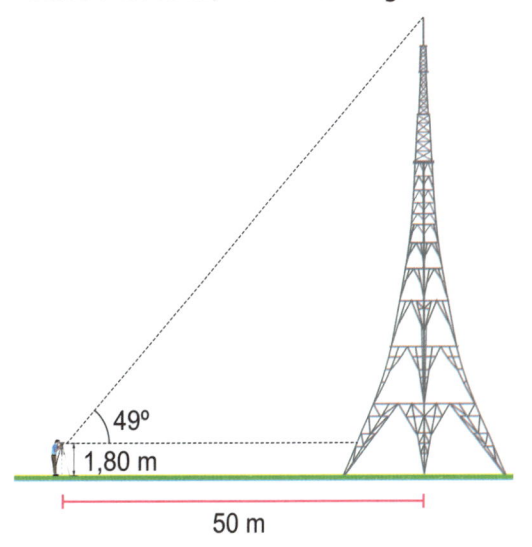

20 Para vencer um desnível de 2,5 m foi construída uma rampa com um ângulo de inclinação de 18°. Quantos metros tem aproximadamente essa rampa?

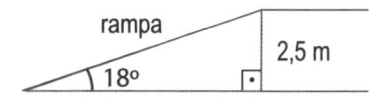

VOCÊ SABIA?   Um pouco de história

A palavra trigonometria tem origem na língua grega:

trigono = triangular e *metria* = medida.

A origem da trigonometria está no cálculo de problemas práticos que envolviam principalmente a navegação e a Astronomia (cálculo do tamanho da Terra, Sol e Lua, de distâncias entre a Terra e a Lua etc.)

Hiparco de Niceia (190 a.C. - 125 a.C.) é conhecido como o pai da trigonometria. Ele foi considerado o maior dos astrônomos da Antiguidade. Previu eclipses e movimentos dos astros e elaborou calendários mais precisos. Escreveu a primeira tabela trigonométrica.

A trigonometria também é usada pelos agrimensores na medição de distâncias inacessíveis, como a largura de um rio, a altura de montanhas, torres etc. Antigamente, para fazer essas medidas, utilizavam-se as propriedades dos triângulos semelhantes. Atualmente, são utilizados instrumentos mais precisos e modernos, como o teodolito.

O teodolito é um instrumento muito utilizado na engenharia e construção civil.

▶ Razões trigonométricas dos ângulos de 30°, 45° e 60°

As razões trigonométricas seno, cosseno e tangente dos ângulos de 1° a 89° podem ser obtidas na tabela trigonométrica ou com o uso de uma calculadora científica.

As razões dos ângulos de 30°, 45° e 60° são muito úteis para a resolução de diversos problemas e podem ser facilmente calculadas sem que seja necessário recorrer a tabelas ou a construções geométricas.

Seno, cosseno e tangente do ângulo de 45°

Considere o quadrado ABCD com lado de medida x.
A medida da diagonal $\overline{AC}$ está representada por d.
Vamos calcular a medida d em função de x.
Aplicando o Teorema de Pitágoras no $\triangle ABC$, temos:
$d^2 = x^2 + x^2 \rightarrow d^2 = 2x^2 \rightarrow d = x\sqrt{2}$

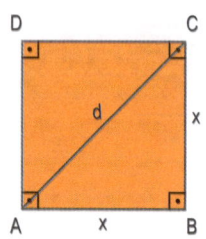

Daí, podemos obter o seno de 45°:

$\text{sen } 45° = \dfrac{x}{x\sqrt{2}} \rightarrow \text{sen } 45° = \dfrac{1}{\sqrt{2}} \rightarrow$ **sen 45° = $\dfrac{\sqrt{2}}{2}$**

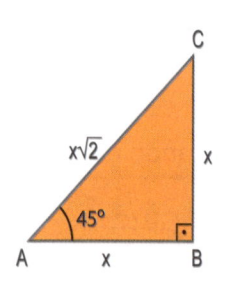

Do mesmo modo obtemos o cosseno de 45°:

$\cos 45° = \dfrac{x}{x\sqrt{2}} \rightarrow \cos 45° = \dfrac{1}{\sqrt{2}} \rightarrow$ **cos 45° = $\dfrac{\sqrt{2}}{2}$**

Veja como obtemos a tangente de 45°:

$\text{tg } 45° = \dfrac{x}{x} \rightarrow$ **tg 45° = 1**

Seno, cosseno e tangente do ângulo de 30°

Considere o triângulo equilátero ABC a seguir com lado de medida x. A medida da altura $\overline{AH}$ está representada por h.

Vamos calcular a medida h em função de x.

Aplicando o Teorema de Pitágoras no $\triangle AHC$, temos:

$h^2 + \left(\dfrac{x}{2}\right)^2 = a^2$

$h^2 = x^2 - \left(\dfrac{x}{2}\right)^2$

$h^2 = x^2 - \dfrac{x^2}{4}$

$h^2 = \dfrac{3x^2}{4}$

$h = \dfrac{x\sqrt{3}}{2}$

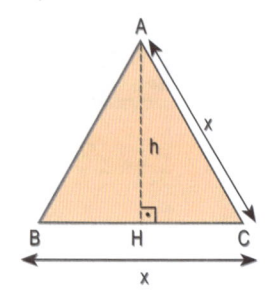

No triângulo equilátero, os ângulos medem 60° e, como a altura coincide com a bissetriz do ângulo Â, a altura do triângulo determina, com o lado $\overline{AC}$, um ângulo de 30°. Então:

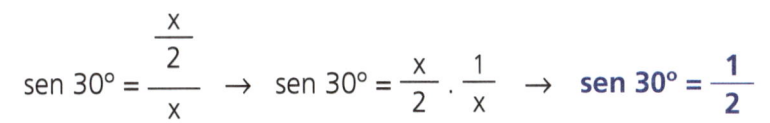

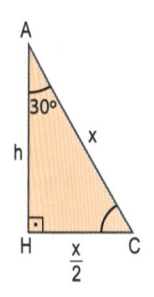

$$\text{sen } 30° = \frac{\frac{x}{2}}{x} \rightarrow \text{sen } 30° = \frac{x}{2} \cdot \frac{1}{x} \rightarrow \text{sen } 30° = \frac{1}{2}$$

Considerando novamente o triângulo AHC, temos:

$$\cos 30° = \frac{h}{x} \rightarrow \cos 30° = \frac{\frac{x\sqrt{3}}{2}}{x} \rightarrow \cos 30° = \frac{x\sqrt{3}}{2} \cdot \frac{1}{x} \rightarrow \cos 30° = \frac{\sqrt{3}}{2}$$

$$\text{tg } 30° = \frac{\frac{x}{2}}{h} \rightarrow \text{tg } 30° = \frac{\frac{x}{2}}{\frac{x\sqrt{3}}{2}} \rightarrow \text{tg } 30° = \frac{x}{2} \cdot \frac{2}{x\sqrt{3}} \rightarrow \text{tg } 30° = \frac{\sqrt{3}}{3}$$

Seno, cosseno e tangente do ângulo de 60°

Considerando o ângulo de 60° da base do △ AHC, temos:

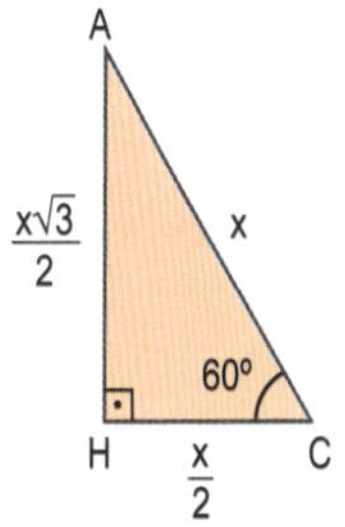

$$\text{sen } 60° = \frac{\frac{x\sqrt{3}}{2}}{x} \rightarrow \text{sen } 60° = \frac{x\sqrt{3}}{2} \cdot \frac{1}{x} \rightarrow \text{sen } 60° = \frac{\sqrt{3}}{2}$$

$$\cos 60° = \frac{\frac{x}{2}}{x} \rightarrow \cos 60° = \frac{x}{2} \cdot \frac{1}{x} \rightarrow \cos 60° = \frac{1}{2}$$

$$\text{tg } 60° = \frac{\frac{x\sqrt{3}}{2}}{\frac{x}{2}} \rightarrow \text{tg } 60° = \frac{x\sqrt{3}}{2} \cdot \frac{2}{x} \rightarrow \text{tg } 60° = \sqrt{3}$$

O quadro a seguir mostra os valores das razões trigonométricas dos ângulos de 30°, 45° e 60°.

Ângulo	Seno	Cosseno	Tangente
30°	$\frac{1}{2}$	$\frac{\sqrt{3}}{2}$	$\frac{\sqrt{3}}{3}$
45°	$\frac{\sqrt{2}}{2}$	$\frac{\sqrt{2}}{2}$	1
60°	$\frac{\sqrt{3}}{3}$	$\frac{1}{2}$	$\sqrt{3}$

ATIVIDADES

21) Usando os valores do quadro anterior, determine x e y em cada triângulo.

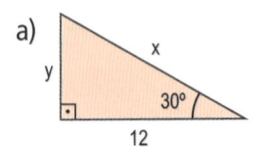

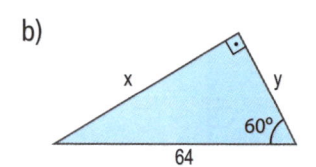

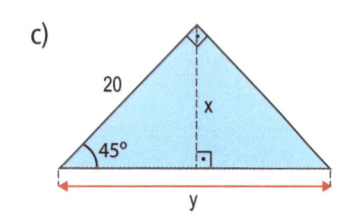

a) [triângulo retângulo com cateto 12, ângulo 30°, cateto x e hipotenusa y]

b) [triângulo retângulo com hipotenusa 64, ângulo 60°, catetos x e y]

c) [triângulo com lado 20, ângulo 45°, altura x e base y]

22) Calcule a área do △ ABC.

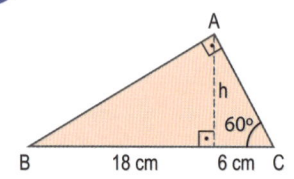

[triângulo ABC com base BC = 18 cm + 6 cm, altura h, ângulo 60°]

23) Na figura abaixo, determine a medida do ângulo x.

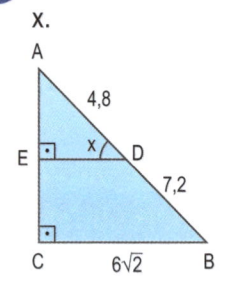

[triângulo com AD = 4,8; DB = 7,2; CB = 6√2; ângulo x em D]

24) Se cada lado congruente de um triângulo isósceles mede 20 cm e cada ângulo da base desse triângulo mede 30°, determine:

a) a medida da base desse triângulo;

b) a altura desse triângulo.

25) A diagonal de um quadrado mede $4\sqrt{2}$ cm.

a) Qual é o perímetro desse quadrado?

b) E sua área?

26) Duas pessoas, A e B, estão distantes 100 m e se encontram na mesma margem de um rio. Outra pessoa, C, está na margem oposta desse rio. Ela está à frente de uma delas e avista a outra sob um ângulo de 45°.

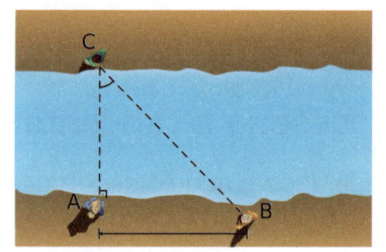

a) Qual é a largura do rio?

b) Qual é a distância entre a pessoa B e a C?

27) A figura é um esquema que representa a seguinte situação:

Um helicóptero H posicionado numa vertical em relação ao carro A avista um carro B sob um ângulo de 60°. Se a distância entre os carros é de 2 769 m, a que altura o helicóptero se encontra?

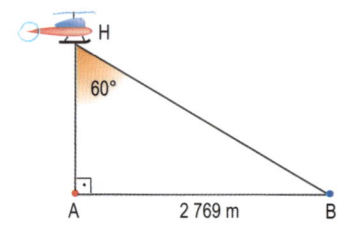

[esquema com helicóptero H, ângulo 60°, AB = 2 769 m]

152

28 Calcule a altura da árvore representada na figura. Despreze a altura do homem (as distâncias indicadas não estão proporcionais).

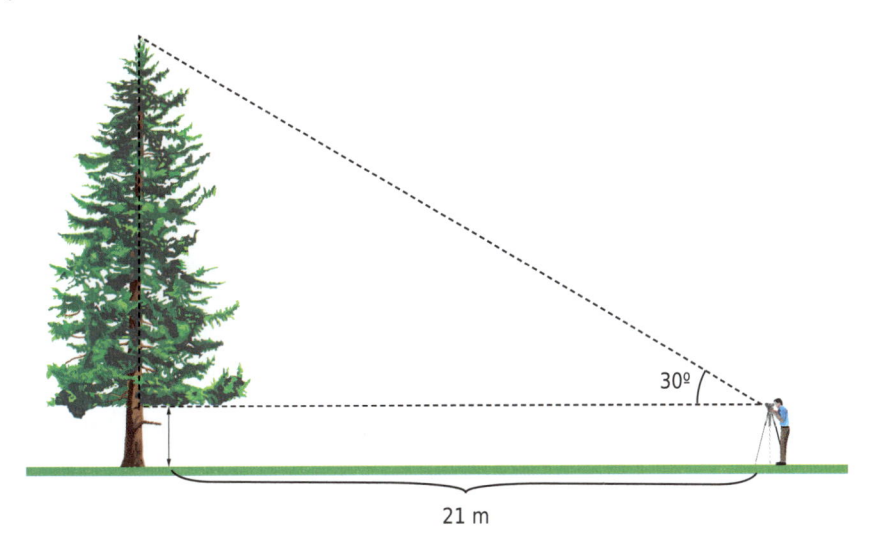

21 m

▶ Razões trigonométricas num triângulo qualquer

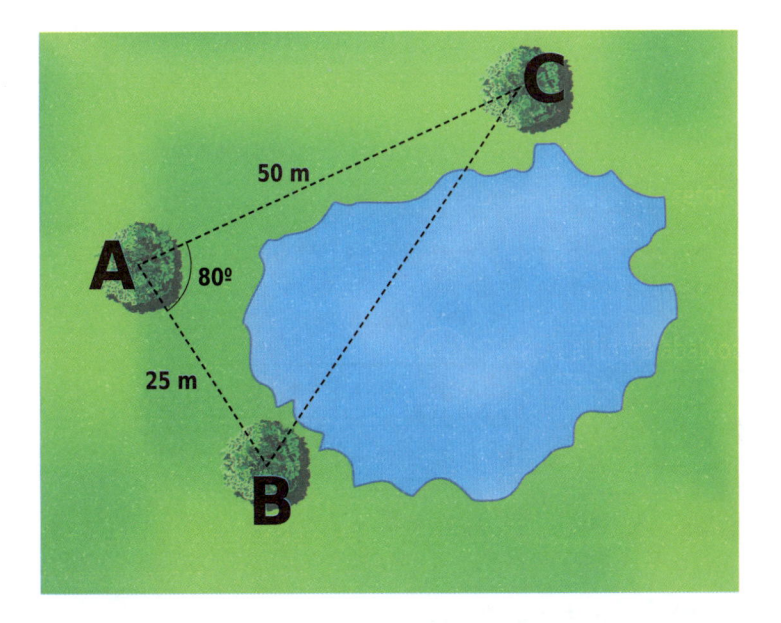

A ilustração mostra três árvores na beira de um lago. As distâncias entre as árvores A e B e entre as árvores A e C podem ser medidas diretamente, porém a distância entre B e C precisa ser calculada de modo indireto.

O △ ABC não é retângulo, portanto, não podemos usar as relações já estudadas. Vamos conhecer outras relações que podem ser aplicadas em um triângulo qualquer.

Lei dos senos

Considere o triângulo ABC, em que a, b, c são as medidas dos lados.

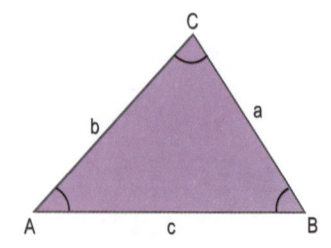

Temos:

$$\frac{a}{\operatorname{sen} \hat{A}} = \frac{b}{\operatorname{sen} \hat{B}} = \frac{c}{\operatorname{sen} \hat{C}}$$

Essa igualdade é válida para todos os triângulos e é chamada **lei dos senos**.

Exemplo de aplicação da lei dos senos:

Vamos determinar o valor de x no triângulo ao lado.

Pela lei dos senos:

$$\frac{12}{\operatorname{sen} 42°} = \frac{x}{\operatorname{sen} 37°}$$

Como sen 42° = 0,6691 e sen 37° = 0,6018, temos:

$$\frac{12}{0,6691} = \frac{x}{0,6018} \rightarrow 0,6691 x = 12 \cdot 0,6018 \rightarrow x = \frac{7,2216}{0,6691} \rightarrow x \cong 10,79$$

Lei dos cossenos

Considere o △ ABC, em que a, b, c são as medidas dos lados.

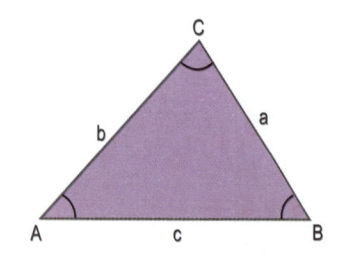

Pode-se escrever:

$$a^2 = b^2 + c^2 - 2 \cdot b \cdot c \cdot \cos \hat{A}$$

$$b^2 = a^2 + c^2 - 2 \cdot a \cdot c \cdot \cos \hat{B}$$

$$c^2 = a^2 + b^2 - 2 \cdot a \cdot b \cdot \cos \hat{C}$$

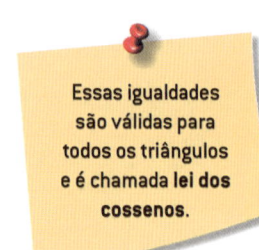

> Essas igualdades são válidas para todos os triângulos e é chamada **lei dos cossenos**.

Exemplo de aplicação da lei dos cossenos:

Considerando o △ ABC, vamos determinar o valor de x.

Pela lei dos cossenos, temos:

$x^2 = 3^2 + 6^2 - 2 \cdot 3 \cdot 6 \cos 50°$

$x^2 = 9 + 36 - 36 \cdot 0,6428$

$x^2 = 21,8592$

$x = \sqrt{21,8592}$

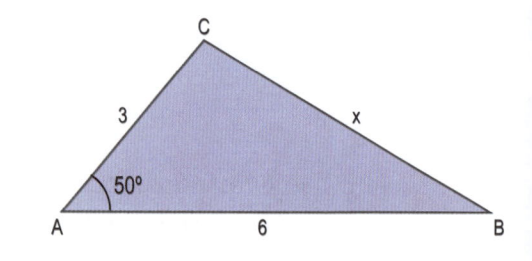

$x \cong 4,6$

ATIVIDADES

29) Calcule x em cada triângulo. Utilize a tabela de razões trigonométricas.

a) [triângulo com ângulos 15° e 35°, lado 5, lado x]

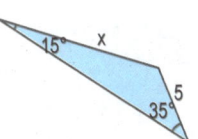

b) [triângulo com 70°, lados 11, 8 e x]

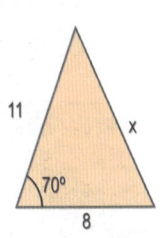

c) [triângulo com 38°, 40°, lado 24, lado x]

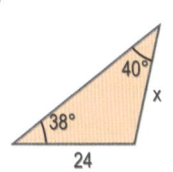

d) [triângulo com 55°, lados 6, 10 e x]

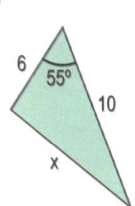

30) Encontre a medida de $\overline{AC}$.

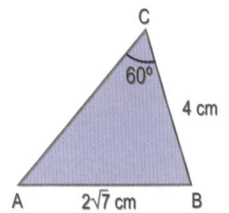

[triângulo ABC com C=60°, CB=4 cm, AB=$2\sqrt{7}$ cm]

31) Determine o perímetro do triângulo DEF.

Utilize $\cos 45° = \dfrac{\sqrt{2}}{2}$

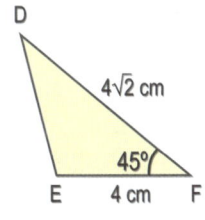

[triângulo DEF com DF=$4\sqrt{2}$ cm, EF=4 cm, ângulo em F=45°]

32) Qual é o comprimento da diagonal $\overline{BD}$ deste paralelogramo?

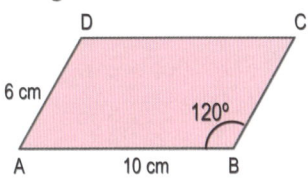

[paralelogramo ABCD com AD=6 cm, AB=10 cm, ângulo em B=120°]

33) Sabendo que o trapézio abaixo é isósceles, determine:

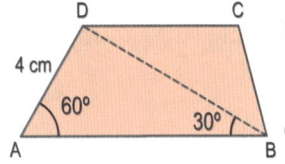

[trapézio ABCD com AD=4 cm, ângulo A=60°, ângulo DBA=30°]

Use $\sin 30° = \dfrac{1}{2}$; $\cos 60° = \dfrac{1}{2}$;

$\cos 30° = \dfrac{\sqrt{3}}{2}$ e $\sin 60° = \dfrac{\sqrt{3}}{2}$.

a) a medida da diagonal $\overline{BD}$

b) a medida do lado $\overline{AB}$

34) Observando os dados indicados na figura, determine a largura aproximada do rio.

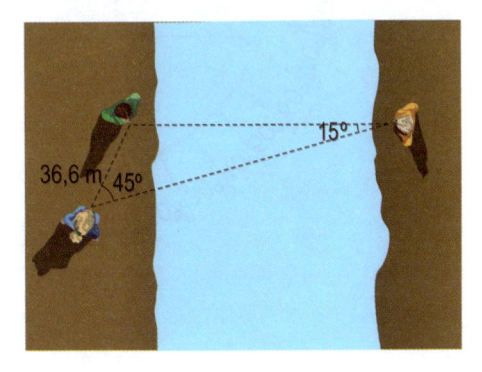

[figura do rio com medidas 36,6 m, 45° e 15°]

155

EXPERIMENTOS, JOGOS E DESAFIOS

O astrolábio

Para poder se localizar nos oceanos os marinheiros precisam conhecer a latitude e a longitude do local onde se encontram.

Os marinheiros, na Antiguidade, calculavam a latitude (posição entre norte e sul) com referência à posição do Sol. Usavam um disco de metal chamado astrolábio, um dos mais antigos instrumentos científicos, que teria surgido no século III a.C. Sua invenção é atribuída ao matemático e astrônomo grego Hiparco.

O astrolábio era um instrumento náutico utilizado desde 200 a.C. para observar e determinar a posição do Sol e das estrelas, e também para medir a latitude e a longitude de determinado ponto.

Você pode construir um astrolábio usando alguns materiais simples:

- um transferidor de meia-volta;
- uma caneta esferográfica;
- 20 cm de fio de linha;
- clipe, fita adesiva e etiquetas brancas.

Faça o seguinte:

- Com as etiquetas brancas, cubra a numeração do transferidor e renumere os graus, de 10 em 10, de 0° a 90°, como mostra a figura:

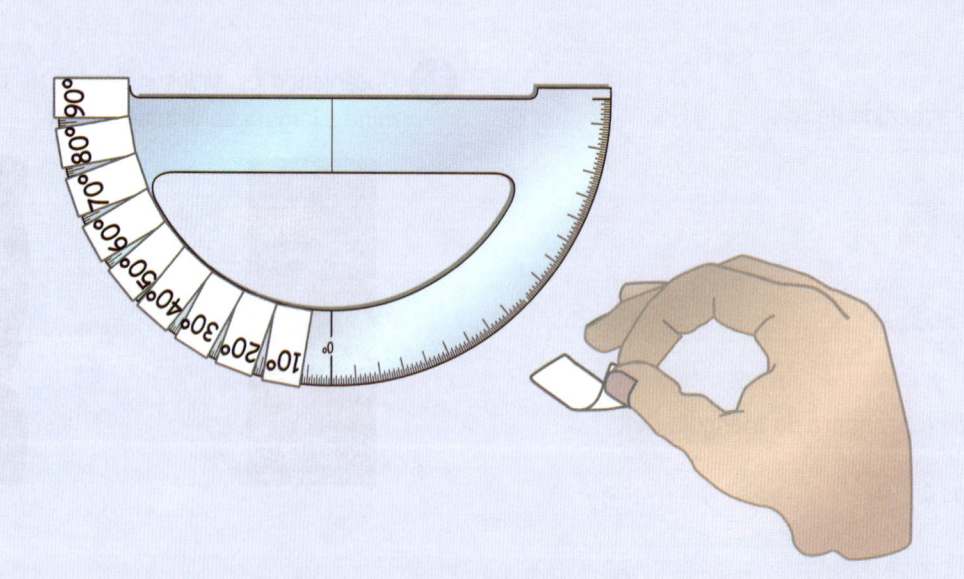

- Retire a carga e as tampinhas da ponta e do fundo da caneta esferográfica. Cole com fita adesiva o tubo da caneta sobre a base do transferidor.
- No centro do transferidor, correspondente a 0°, prenda com fita adesiva uma das extremidades do fio de linha e, na outra extremidade, amarre o clipe.

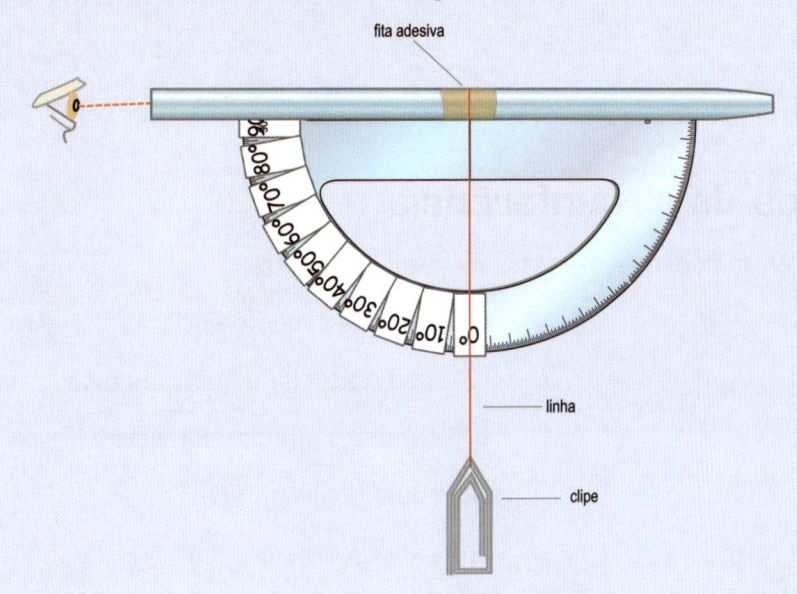

O seu astrolábio está pronto! A seguir, veja como usá-lo.

Ao se observar um objeto, como, por exemplo, uma lâmpada incandescente, o astrolábio pode ficar assim:

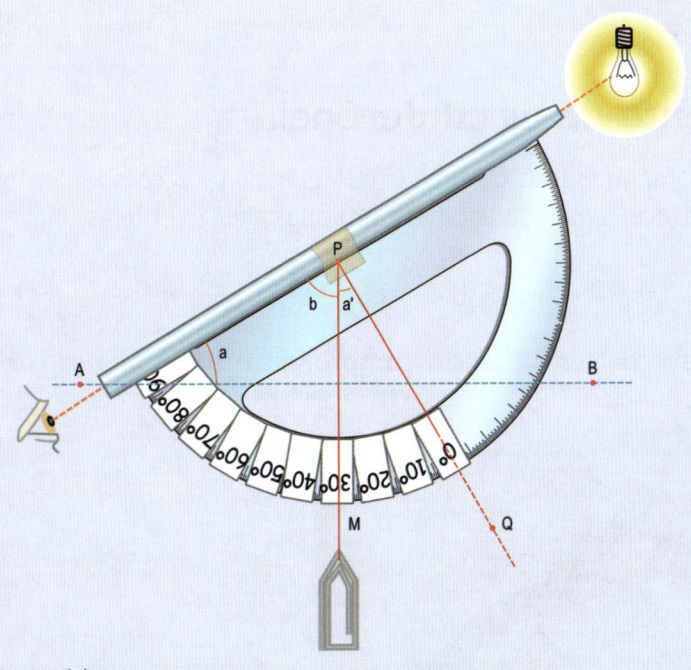

Se for traçada uma reta $\overleftrightarrow{AB}$ paralela ao horizonte, o objeto será visto sob um ângulo de medida a. Observe que a + b = 90° e a' + b = 90°. Portanto, a = a'.

Logo, o objeto é visto sob um ângulo de 30°.

Reúna-se com um de seus colegas e crie algumas situações para uso do seu astrolábio.

Capítulo 8
CIRCUNFERÊNCIAS E POLÍGONOS REGULARES

▶ Elementos da circunferência

Numa circunferência podem ser destacados estes elementos:

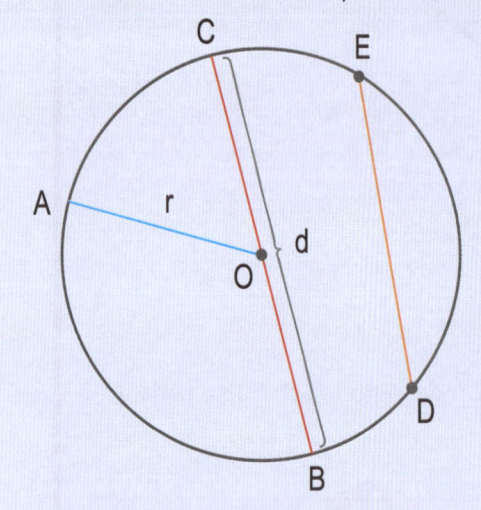

O: centro da circunferência

$\overline{OA}$: raio da circunferência (medida r)

$\overline{BC}$: diâmetro da circunferência (medida d)

$\overline{DE}$: corda da circunferência

Em toda circunferência, temos d = 2r.

▶ Comprimento da circunferência

Ao dividirmos o comprimento C de uma circunferência pelo comprimento d do seu diâmetro, encontramos o número irracional π. Isso acontece em qualquer circunferência.

$$\frac{C}{d} = \pi \rightarrow C = d \cdot \pi \rightarrow C = 2 \cdot r \cdot \pi \rightarrow \mathbf{C = 2 \cdot \pi \cdot r}$$

Com essa fórmula podemos calcular o **comprimento de qualquer circunferência**, quando se conhece a medida de seu raio.

Ao dividirmos a medida do comprimento da circunferência da aliança pela medida do seu diâmetro, obtemos o valor aproximado do número irracional π.

$$\frac{C}{d} \cong 3{,}14$$

ATIVIDADES

Nos problemas a seguir, considere $\pi = 3,14$

1) Calcule o comprimento destas circunferências:

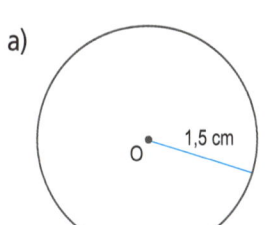

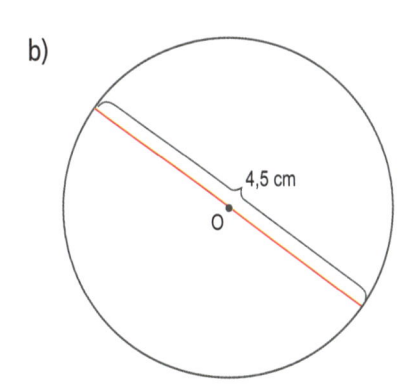

a) (raio = 1,5 cm)

b) (diâmetro = 4,5 cm)

2) Determine o comprimento de uma circunferência cujo raio mede 18 cm.

3) Uma banheira circular tem 18,84 m de comprimento. Qual é a medida de seu raio?

4) Com 20,41 cm de barbante pode-se contornar uma lata de refrigerante. Qual é a medida do diâmetro dessa lata?

5) Sabendo que o raio da Terra tem aproximadamente 6 369,5 km, determine o comprimento aproximado da Linha do Equador.

6) Em uma circunferência, a corda $\overline{AC}$ mede 0,75 cm e a $\overline{BC}$, 1 cm.

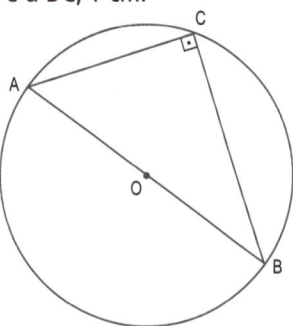

a) Qual é a medida do diâmetro da circunferência?

b) Qual é o comprimento dessa circunferência?

7) Sabendo que a roda de uma bicicleta tem aproximadamente 66 cm de diâmetro, determine:

a) o comprimento da circunferência dessa roda;

b) o número de voltas completas que essa roda dá num percurso de 415 m.

8) Com uma corda deseja-se cercar dois terrenos: um é circular e o outro tem a forma de um triângulo equilátero cujo lado é igual ao diâmetro do terreno circular. Em qual dos terrenos deve-se usar uma metragem maior de corda?

159

▶ Arco de uma circunferência

A parte da circunferência compreendida entre dois de seus pontos é denominada **arco de circunferência**. Neste exemplo, destacamos o arco $\widehat{AB}$.

Considere uma circunferência dividida em 6 arcos de mesma medida. Como a circunferência tem 360°, cada um dos ângulos centrais medirá 60°, ou seja, 360° ÷ 6.

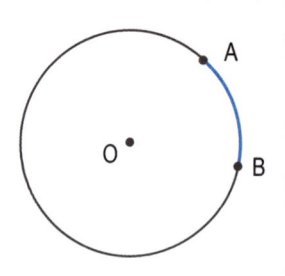

O comprimento do arco é diretamente proporcional à medida do ângulo central por ele determinado na circunferência à qual ele pertence.

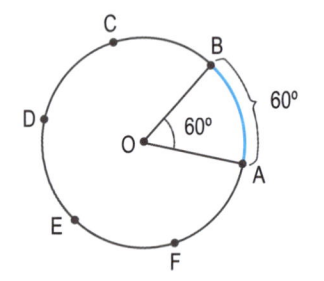

Também dizemos que cada um desses 6 arcos mede 60°.

Podemos verificar que existe uma correspondência entre o comprimento de um arco de circunferência e a medida do ângulo central, em graus, determinado pelo arco. Isto é, o comprimento do arco é diretamente proporcional à medida do ângulo central por ele determinado na circunferência à qual ele pertence. Exemplo:

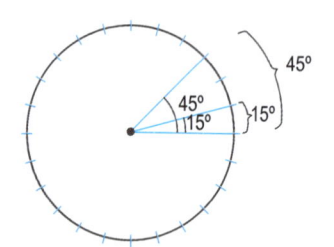

Um arco de 45° tem o triplo do comprimento de um arco de 15°.

Portanto, podemos calcular o comprimento de um arco qualquer de uma circunferência conhecendo a medida do seu raio e do ângulo central correspondente a esse arco. Para efetuar esse cálculo, montamos uma tabela de proporcionalidade de medidas.

	Unidades de comprimento	Unidades em graus
Circunferência	$2\pi r$	360°
Arco da circunferência	x	α

Dessa tabela podemos obter a proporção:

$$\frac{2\pi r}{x} = \frac{360°}{\alpha}$$

Exemplos de aplicação:

EXEMPLO 1

Determine o comprimento de um arco de 45° numa circunferência de raio 6 cm.

$\frac{2\pi r}{x} = \frac{360°}{\alpha}$ → $\frac{2 \cdot 3{,}14 \cdot 6}{x} = \frac{360°}{45°}$ → $\frac{37{,}68}{x} = \frac{8}{1}$ → $8x = 37{,}68$ →

$x = \frac{37{,}68}{8}$ → $x = 4{,}71$ cm

EXEMPLO 2

Determine a medida, em graus, de um arco de 6π cm cujo raio da circunferência tem 18 cm.

$$\frac{2\pi r}{x} = \frac{360°}{\alpha} \rightarrow \frac{2 \cdot 3{,}14 \cdot 18}{6 \cdot 3{,}14} = \frac{360°}{\alpha} \rightarrow 6 = \frac{360°}{\alpha} \rightarrow 6\alpha = 360° \rightarrow$$

$$\alpha = \frac{360°}{6} \rightarrow \alpha = 60°$$

ATIVIDADES

9) Sabendo que esta circunferência está dividida em 10 arcos de mesma medida, determine:

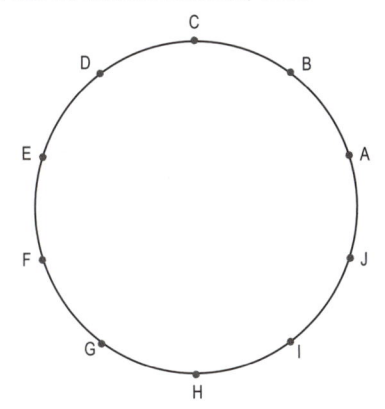

a) a medida do arco $\widehat{AB}$ _____

b) a medida do arco $\widehat{BC}$ _____

c) a medida do arco $\widehat{AF}$ _____

10) Determine o comprimento x de cada arco de circunferência. Use π = 3,14.

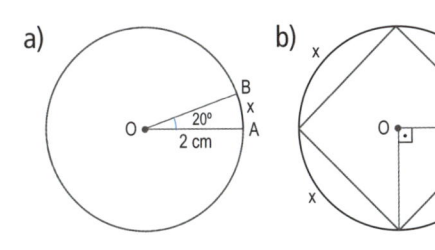

a) (20°, 2 cm)

b) (quadrado inscrito, √2, x)

11) A figura abaixo representa uma roda gigante. Sabendo que o comprimento do arco de circunferência $\widehat{AB}$ é de 2,355 m, determine a medida r do raio desta roda gigante:

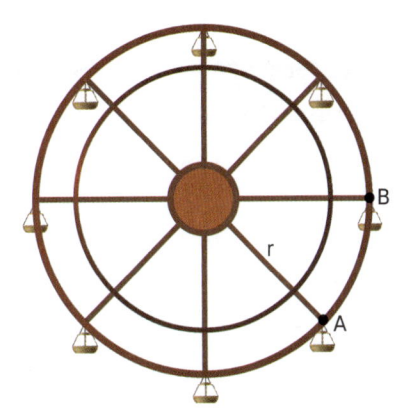

12) Uma circunferência tem 15 cm de raio. Calcule o comprimento x de um arco de 240° dessa circunferência.

13) Um arco de 60° tem 18,84 cm de comprimento. Determine a medida do raio dessa circunferência.

14) Qual é a medida, em graus, de um arco de circunferência de 20 cm de raio, que tem 15,7 cm de comprimento?

15 Sabendo que o pentágono a seguir é regular, calcule o comprimento do arco $\overset{\frown}{AB}$.

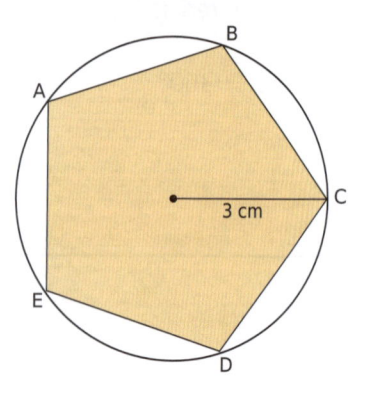

16 Pedro percorreu metade do trajeto de uma pista circular de raio 60 m.

Quantos metros ele percorreu?

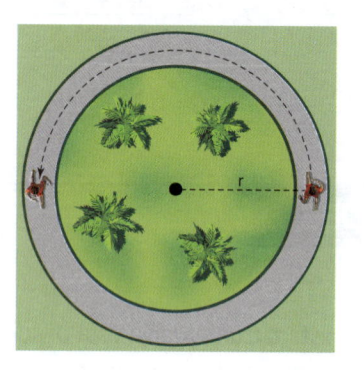

EXPERIMENTOS, JOGOS E DESAFIOS

Circunferência e arte

Construímos uma circunferência de 6 cm de raio e, com a ajuda de um transferidor, marcamos 36 pontos sobre ela. Cada intervalo entre dois pontos tem 10°, ou seja, 360° ÷ 36.

Numeramos os pontos de 1 a 36. Unimos os pontos correspondentes aos números 12, 24 e 36 ao centro.

Dividimos cada um desses segmentos em 12 partes iguais. Cada parte com 0,5 cm.

Numeramos os pontos de 1 a 11, de 13 a 23 e de 25 a 35.

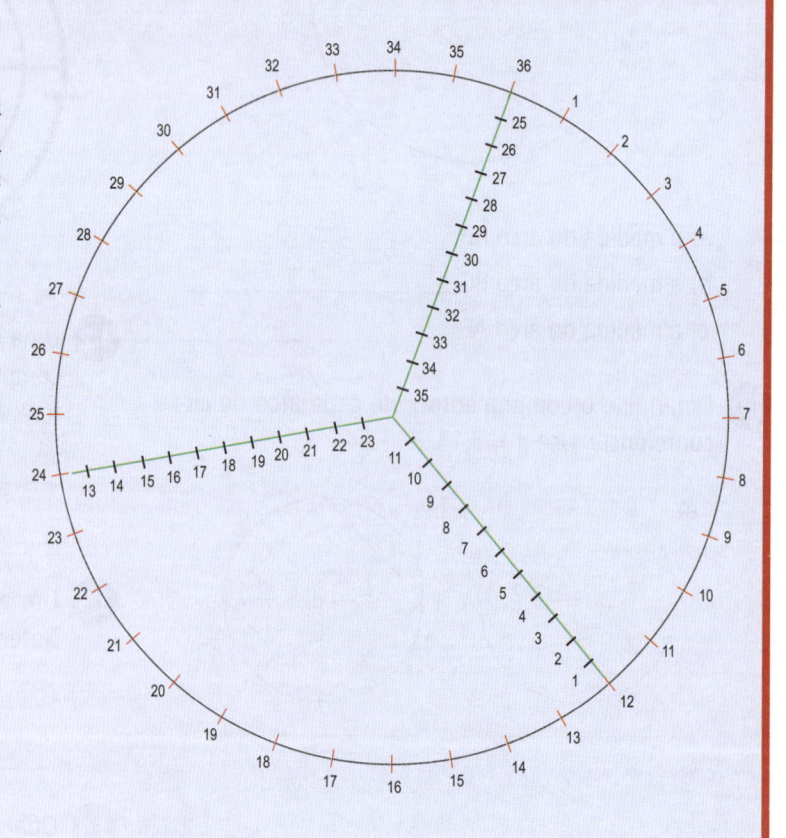

Unimos os pontos 1 com 1; 2 com 2; 3 com 3, ..., 11 com 11 e 12 com 36. Em seguida unimos os pontos 13 com 13; 14 com 14; 15 com 15, ..., 23 com 23 e 24 com 12.

Por último, unimos os pontos 25 com 25, 26 com 26, 27 com 27, ..., 35 com 35 e 36 com 24. O resultado foi a Figura 2.

Que tal você também realizar um trabalho como esse? Você pode dividir a circunferência em quantos pontos quiser (de preferência que o número de pontos seja um divisor de 360°) e unir apenas pontos da circunferência. Pode também traçar mais de 3 raios.

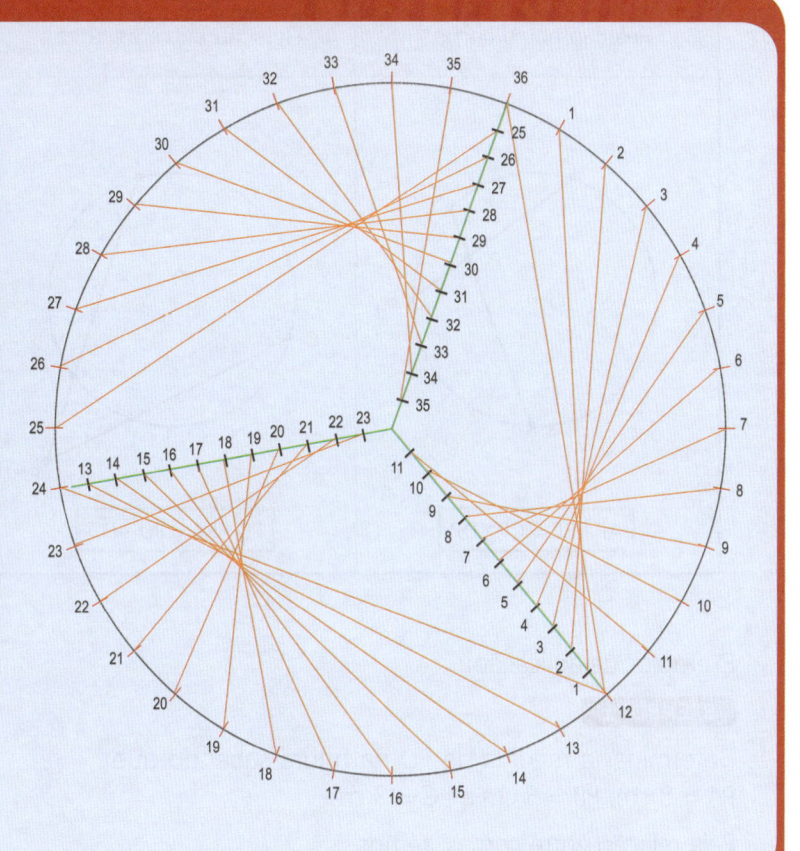

▷ Relações métricas na circunferência

Vamos conhecer dois segmentos ligados à circunferência: o segmento secante e o segmento tangente. Considere a circunferência de centro O.

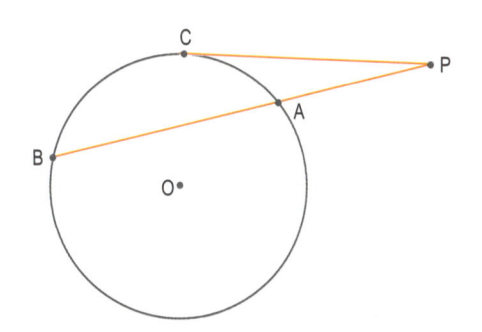

Nela, observamos que:

- O segmento $\overline{PB}$ intercepta a circunferência em dois pontos distintos A e B, sendo um deles (o ponto B) uma das extremidades desse segmento. A outra extremidade é o ponto P, exterior à circunferência. Dizemos que $\overline{PB}$ é um **segmento secante à circunferência**.

- O segmento $\overline{PC}$ intercepta a circunferência em um único ponto: o ponto C, sendo este ponto uma das extremidades desse segmento. A outra extremidade é o ponto P, exterior à circunferência. Dizemos que $\overline{PC}$ é um **segmento tangente à circunferência**.

Do mesmo modo que nos triângulos, a circunferência também apresenta relações métricas entre seus elementos.

Vamos estudar três relações: entre cordas, entre secantes e entre secante e tangente.

Relação entre cordas	Relação entre secantes	Relação entre secante e tangente
AP · BP = CP · DP	PB · PA = PD · PC	PA² = PB · PC

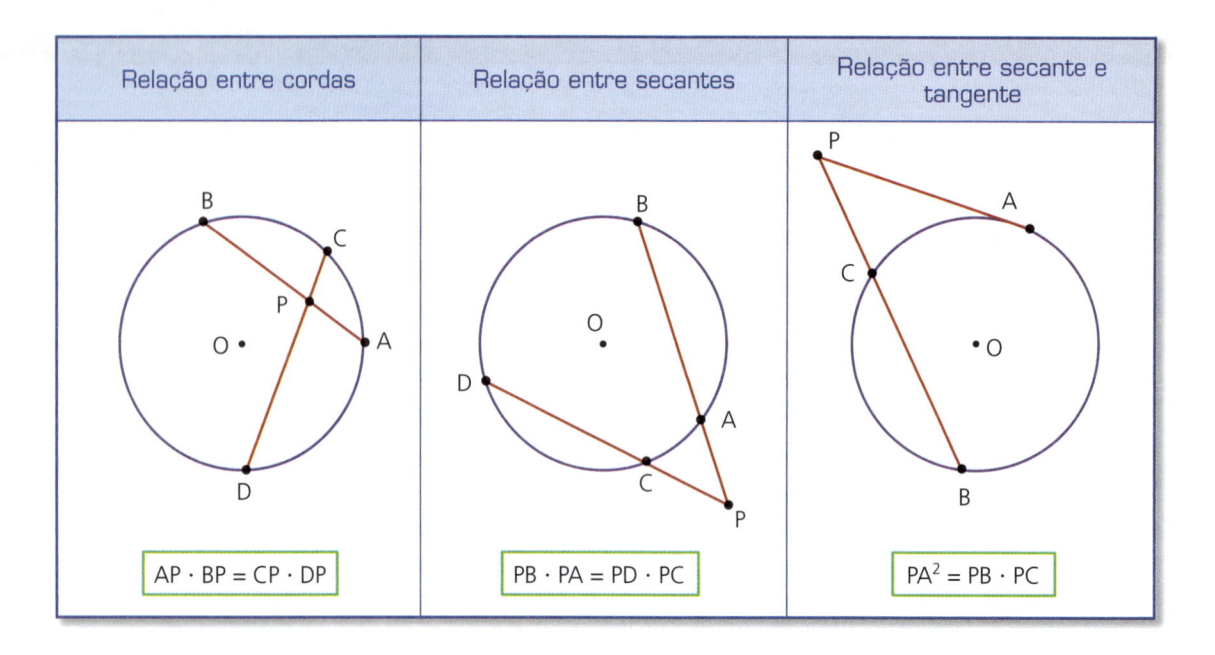

Exemplos de aplicação:

EXEMPLO 1

Determinar a medida de $\overline{PD}$ na figura sabendo que PA = 8 cm, PB = 5 cm e PC = 3 cm.

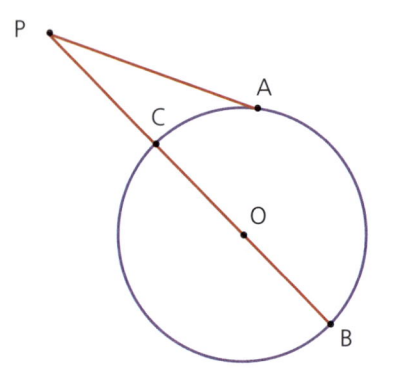

Pela relação entre cordas, temos:

AP · BP = CP · DP

8 · 5 = 3 · PD

$\dfrac{40}{3} = PD$

PD = 13,$\overline{3}$ cm

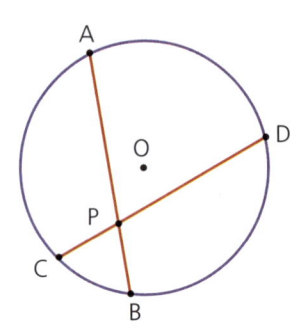

EXEMPLO 2

Calcular a medida do raio da circunferência sabendo que AP = 10 cm e PC = 5 cm.

Pela relação entre secante e tangente, temos:

PA² = PB · PC

10² = (2r + 5) · 5

100 = 10r + 25

100 − 25 = 10r

75 = 10r

$r = \dfrac{75}{10}$

r = 7,5 cm

ATIVIDADES

17 Usando a relação entre cordas, calcule x nas figuras abaixo:

a)

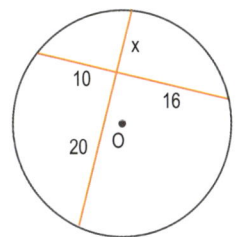

b)

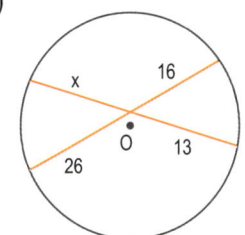

18 Usando a relação entre secantes, calcule x nas figuras abaixo:

a)

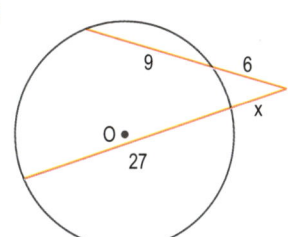

b)

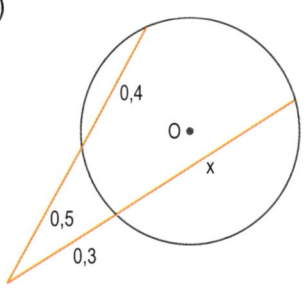

19 Usando a relação entre secante e tangente, calcule x nas figuras abaixo:

a)

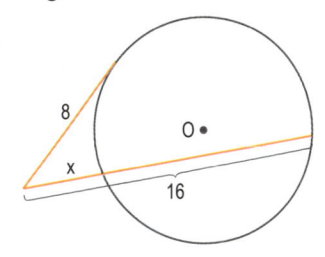

b)

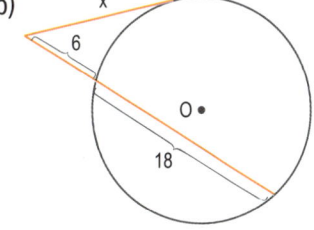

20 Calcule a medida r do raio da circunferência.

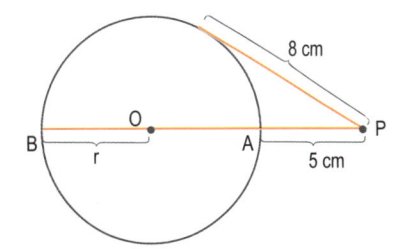

21 Na circunferência abaixo, determine a medida do segmento $\overline{PA}$, sendo PC = 4 cm e r = 3 cm.

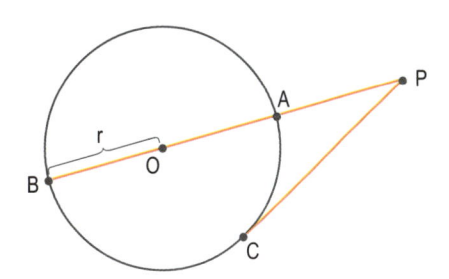

22) Observando a figura abaixo, determine as medidas dos segmentos $\overline{PA}$ e $\overline{CD}$.

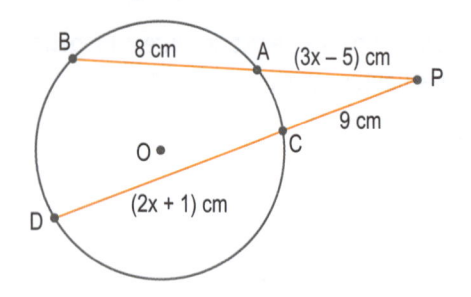

- B — 8 cm — A — (3x − 5) cm — P
- 9 cm — C
- O
- D — (2x + 1) cm

23) Em uma circunferência, uma corda $\overline{AB}$ intercepta outra corda $\overline{CD}$ no ponto P. Sabendo que AP = x cm; PB = 12 cm; PD = (x + 2) cm e PC = 10 cm, determine:

a) o valor de x

b) o comprimento de cada corda.

24) Por um ponto P externo a uma circunferência, traça-se um segmento secante que determina nessa circunferência uma corda de 3,8 cm e um segmento externo de 16,2 cm. Traça-se também por P um segmento tangente à circunferência. Qual é o comprimento desse segmento?

▶ Polígonos regulares inscritos numa circunferência

Um polígono é regular quando:

- todos os seus lados são congruentes;
- todos os seus ângulos internos são congruentes.

Exemplos de polígonos regulares:

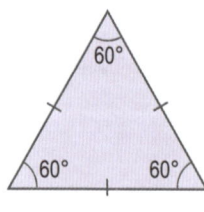

Triângulo equilátero 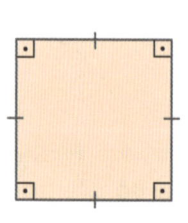   Quadrado 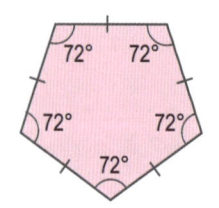   Pentágono regular 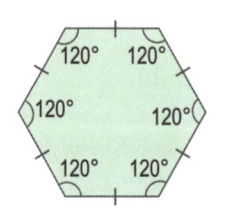   Hexágono regular

Todo polígono regular é inscritível numa circunferência.

Traçando cordas consecutivas por n pontos distintos sobre uma circunferência (n > 2) construímos um **polígono inscrito na circunferência**.

Veja, neste exemplo, um triângulo inscrito na circunferência.

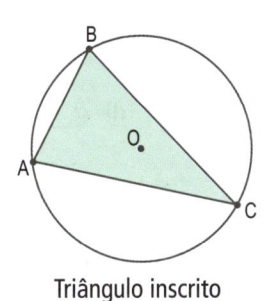

Triângulo inscrito

Se as cordas forem congruentes, construímos um **polígono regular**:

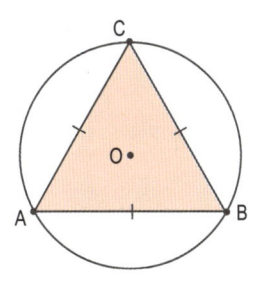

Triângulo equilátero inscrito

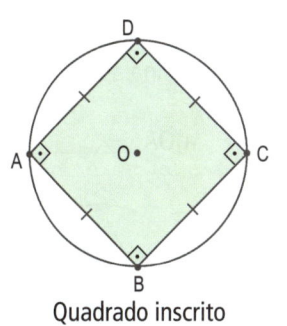

Quadrado inscrito

Elementos de um polígono regular inscrito

No polígono regular ao lado, o centro O e o raio r da circunferência na qual o polígono está inscrito são denominados, respectivamente, **centro do polígono** e **raio do polígono**.

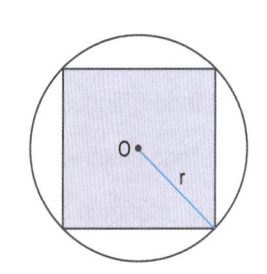

O ângulo α cujo vértice está no centro da circunferência e cujos lados são semirretas que passam por dois vértices consecutivos do polígono é denominado **ângulo central**. Sua medida é obtida por meio da fórmula: $\frac{360°}{n}$, em que n é o número de lados do polígono. Na figura ao lado, $\alpha = \frac{360°}{4} = 90°$.

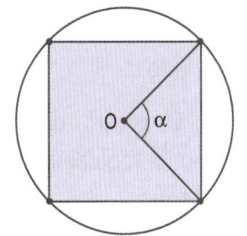

Os ângulos cujos lados são lados consecutivos do polígono regular são denominados **ângulos internos do polígono**. A medida de cada ângulo interno de um polígono regular é obtida pela fórmula $\frac{(n-2) \cdot 180°}{n}$, em que n é o número de lados do polígono. Na figura ao lado, cada ângulo interno mede: $\frac{(4-2) \cdot 180°}{4} = \frac{2 \cdot 180°}{4} = \frac{360°}{4} = 90°$.

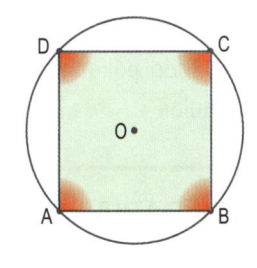

O segmento que une o centro do polígono regular ao ponto médio de qualquer dos lados desse polígono é denominado **apótema do polígono**.

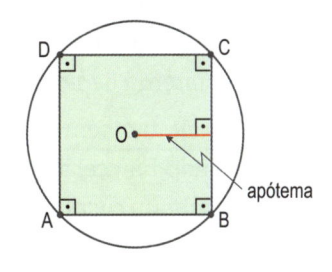

apótema

ATIVIDADES

25 Observe os polígonos regulares inscritos numa circunferência. Em cada figura, qual é o elemento do polígono assinalado?

a) $\overline{OA}$ _____

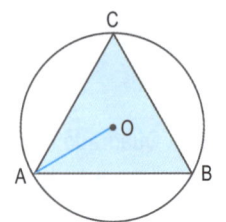

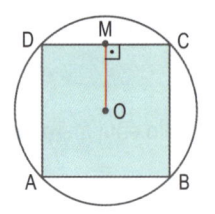

b) $\overline{OM}$ _____

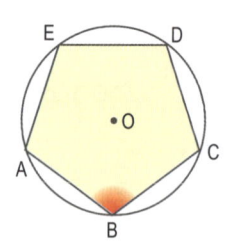

c) $A\widehat{B}C$ _____

d) α _____

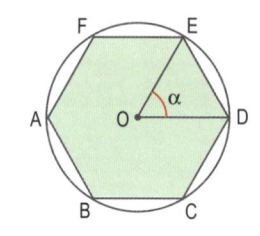

26 Classifique as sentenças a seguir em verdadeiras ou falsas:

( ) Todo triângulo é um polígono regular.

( ) Todo quadrado é um polígono regular.

( ) O retângulo é um polígono regular.

( ) Todo apótema de um polígono regular inscrito numa circunferência é perpendicular a um de seus lados.

( ) O centro da circunferência na qual um polígono regular está inscrito não coincide com seu centro.

( ) Todo polígono cujos ângulos internos são congruentes entre si é regular.

( ) Todo polígono cujos lados são congruentes é regular.

27 Determine a medida do ângulo central dos polígonos regulares abaixo:

a) triângulo _____

b) quadrado _____

c) pentágono _____

d) hexágono _____

28 Determine a medida do ângulo interno de cada um dos polígonos abaixo:

a) triângulo equilátero _____

b) pentágono regular _____

c) octógono regular _____

VOCÊ SABIA?   Os anéis olímpicos

Pierre de Fredy, mais conhecido como barão de Coubertin, foi o criador dos jogos olímpicos da era Moderna. Ele nasceu em Paris, em 1º de janeiro de 1863, e morreu em Genebra, em 2 de setembro de 1937.

Foi ele também o idealizador da bandeira olímpica. Em fundo branco, a bandeira tem 5 anéis entrelaçados, que lembram circunferências secantes.

Os anéis representam os 5 continentes. O anel azul representa a Europa; o amarelo, a Ásia; o preto, a África; o verde, a Oceania; e o vermelho, a América.

Jogos Olímpicos no Olympic Stadium em 9 de agosto de 2012 em Londres, Inglaterra.

Relações métricas nos polígonos regulares inscritos

Nos polígonos regulares inscritos, podemos estabelecer algumas relações métricas entre: a medida do lado (x), a medida do apótema (a) e a medida do raio (r) da circunferência em que esse polígono regular está inscrito.

Vamos estudar essas relações métricas no quadrado, no hexágono regular e no triângulo equilátero inscritos.

Relações métricas no quadrado inscrito

Podemos escrever a medida do lado e a medida do apótema de um quadrado em função da medida do raio da circunferência na qual o quadrado está inscrito.

Considerando o triângulo AMO na figura, temos:

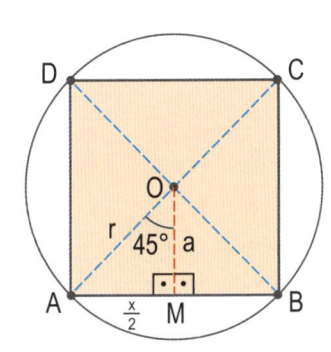

medida do ângulo central = $\frac{360°}{4}$ = 90°. Logo, m (AÔM) = 45°

$$\text{sen } 45° = \frac{\frac{x}{2}}{r} \rightarrow \frac{\sqrt{2}}{2} = \frac{\frac{x}{2}}{r} \rightarrow x \cdot \frac{1}{2} = r\sqrt{2} \rightarrow \boxed{x = r\sqrt{2}}$$

$$\cos 45° = \frac{a}{r} \rightarrow \frac{\sqrt{2}}{2} = \frac{a}{r} \rightarrow 2a = r\sqrt{2} \rightarrow \boxed{a = \frac{r\sqrt{2}}{2}}$$

Veja um exemplo de aplicação dessas relações métricas:

Sabendo que um quadrado está inscrito numa circunferência de raio 12 cm, determine:

a) a medida do lado do quadrado

$x = r\sqrt{2}$

$x = 12\sqrt{2}$ cm

b) a medida do apótema do quadrado

$a = \frac{r\sqrt{2}}{2}$

$a = \frac{12^6 \sqrt{2}}{2_1}$

$a = 6\sqrt{2}$ cm

Relações métricas no hexágono regular inscrito

Podemos escrever a medida do lado e a medida do apótema de um hexágono regular em função da medida do raio da circunferência na qual o hexágono está inscrito.

Considerando o triângulo AMO na figura, temos:

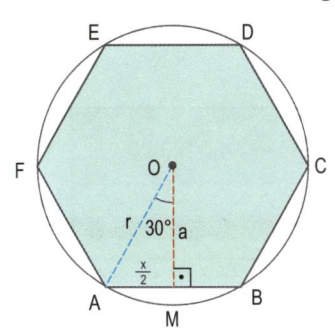

$$\text{sen } 30° = \frac{\frac{x}{2}}{r} \rightarrow \frac{1}{2} = \frac{\frac{x}{2}}{r} \rightarrow x \cdot \frac{x}{2} = r \rightarrow \boxed{x = r}$$

$$\cos 30° = \frac{a}{r} \rightarrow \frac{\sqrt{3}}{2} = \frac{a}{r} \rightarrow 2 \cdot a = r\sqrt{3} \rightarrow \boxed{a = \frac{r\sqrt{3}}{2}}$$

Veja a seguir um exemplo de aplicação dessas relações métricas

Sabendo que o lado de um hexágono regular inscrito numa circunferência mede 18 cm, determine:

a) a medida do raio da circunferência

$x = r$

$r = 18$ cm

b) a medida do apótema do hexágono

$a = \dfrac{r\sqrt{3}}{2}$

$a = \dfrac{18\sqrt{3}}{2}$

$a = 9\sqrt{3}$ cm

Relações métricas num triângulo equilátero inscrito

Podemos escrever a medida do lado e a medida do apótema de um triângulo equilátero em função da medida do raio da circunferência na qual o triângulo está inscrito.

Considerando o triângulo $A\hat{M}O$ na figura, temos:

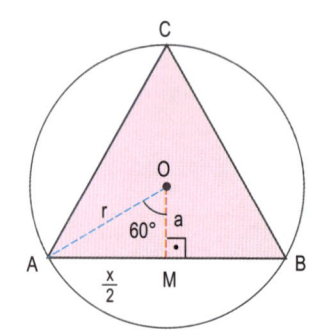

Medida do ângulo central: $A\hat{O}B = \dfrac{360°}{3} = 120°$.

Logo, $m(A\hat{O}M) = 60°$.

$\text{sen } 60° = \dfrac{\frac{x}{2}}{r} \rightarrow \dfrac{\sqrt{3}}{2} = \dfrac{\frac{x}{2}}{r} \rightarrow 2 \cdot \dfrac{x}{2} = \sqrt{3} \cdot r \rightarrow \boxed{x = \sqrt{3} \cdot r}$

$\cos 60° = \dfrac{a}{r} \rightarrow \dfrac{1}{2} = \dfrac{a}{r} \rightarrow 2a = r \rightarrow \boxed{a = \dfrac{r}{2}}$

Veja um exemplo de aplicação dessas relações métricas:

Sabendo que o apótema de um triângulo equilátero inscrito numa circunferência mede 5 cm, determine:

a) a medida do raio da circunferência

$a = \dfrac{r}{2}$

$5 = \dfrac{r}{2}$

$r = 10$ cm

b) a medida do lado do triângulo

$x = r\sqrt{3}$

$x = 10\sqrt{3}$ cm

ATIVIDADES

29 Complete a tabela. Com isso você terá um resumo das relações métricas nos polígonos regulares inscritos numa circunferência da raio r.

	Triângulo equilátero	Quadrado	Hexágono regular
lado			
apótema			

30 Determine a medida de x indicada em cada quadrado inscrito na circunferência:

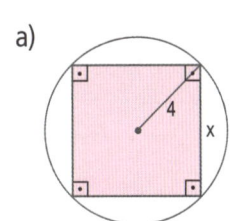

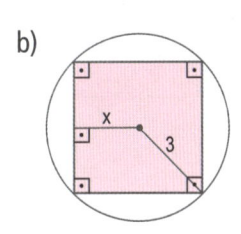

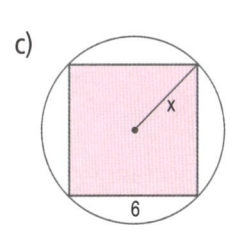

a)

b)

c)

31 Determine a medida de x indicada em cada hexágono regular inscrito na circunferência:

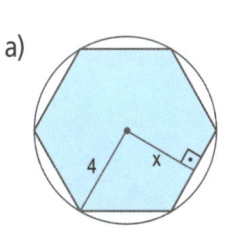

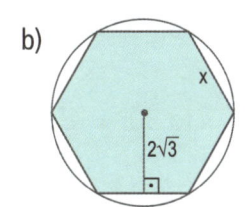

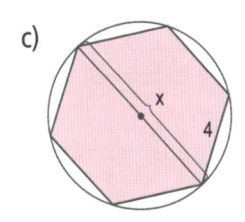

a)

b)

c)

32 Determine a medida de x indicada em cada triângulo equilátero inscrito na circunferência:

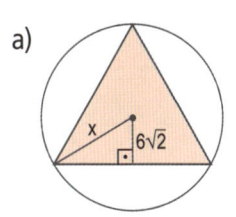

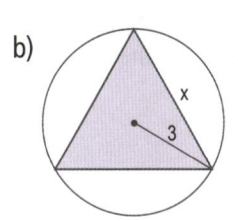

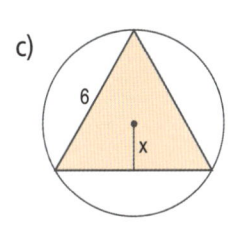

a)

b)

c)

33 Qual é a medida do lado de um triângulo equilátero inscrito numa circunferência cujo apótema mede 8 cm?

_____

_____

34 O lado de um quadrado inscrito numa circunferência mede 10 cm. Calcule as medidas do raio da circunferência e do apótema do quadrado.

_____

_____

35 Observe este relógio. Sabendo que o lado do quadrado mede 6 cm, determine:

a) o raio da circunferência na qual ele está inscrito.

_____

171

b) o comprimento dessa circunferência.
   Use $\pi = 3{,}14$ e $\sqrt{2} = 1{,}4$.

___

36 Qual é a medida do lado e do apótema de um hexágono regular inscrito numa circunferência cujo raio mede $8\sqrt{3}$ cm?

___

37 O apótema de um quadrado inscrito numa circunferência mede $\sqrt{2}$ cm. Determine as seguintes medidas:

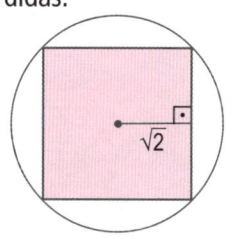

a) raio dessa circunferência

___

b) lado desse quadrado

___

c) comprimento dessa circunferência

___

Relações métricas nos polígonos regulares circunscritos

Existem polígonos que são circunscritos a uma circunferência. Neles, os lados são tangentes a uma circunferência. Nesse caso, também podemos estabelecer relações métricas entre seus elementos e os da circunferência.

A partir das figuras abaixo, estabelecemos uma relação entre:
- o lado do quadrado circunscrito e o raio da circunferência (Figura 1);
- o lado do hexágono regular circunscrito e o raio da circunferência (Figura 2);
- o lado do triângulo equilátero circunscrito e o raio da circunferência (Figura 3).

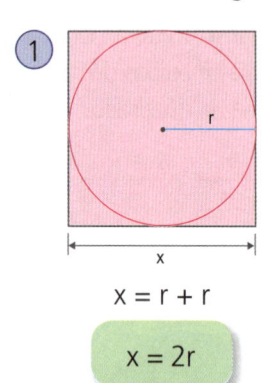

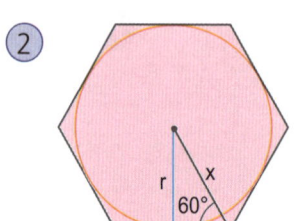

Figura 1

$x = r + r$

$$x = 2r$$

Figura 2

$\operatorname{sen} 60° = \dfrac{r}{x}$

$\dfrac{\sqrt{3}}{2} = \dfrac{r}{x}$

$x = \dfrac{2r}{\sqrt{3}} \cdot \dfrac{\sqrt{3}}{\sqrt{3}}$

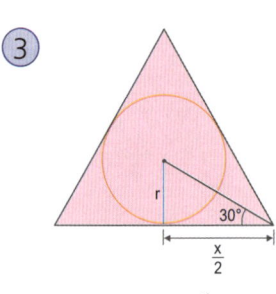

$$x = \dfrac{2\sqrt{3}\,r}{3}$$

Figura 3

$\operatorname{tg} 30° = \dfrac{r}{x}$

$\dfrac{\sqrt{3}}{3} = \dfrac{r}{\dfrac{x}{2}}$

$\dfrac{\sqrt{3}\,x}{2} = 3r$

$x = \dfrac{6r}{\sqrt{3}} \cdot \dfrac{\sqrt{3}}{\sqrt{3}}$

$$x = 2\sqrt{3}\,r$$

ATIVIDADES

38 Nesta foto de um quadro os riscos lembram quadrados circunscritos à circunferência.

Sabendo que o lado de cada quadrado tem aproximadamente 13 cm, determine o raio de cada circunferência.

_____
_____

39 Sabendo que o raio da circunferência na qual um triângulo equilátero está circunscrito mede 9 cm, determine a medida do lado desse triângulo.

_____
_____
_____

40 Uma embalagem para pizza tem a forma de um hexágono regular. Sabendo que o diâmetro da pizza, no interior da embalagem, tem 30 cm, determine o lado desse hexágono. Adote $\sqrt{3} = 1,7$.

_____

41 Calcule a medida do lado e do apótema do quadrado circunscrito numa circunferência cujo comprimento é 28π cm.

_____
_____

42 Um triângulo equilátero está circunscrito a uma circunferência. Sabendo que ele tem $8\sqrt{3}$ cm de altura, determine:

a) o lado desse triângulo _____

b) o raio da circunferência na qual ele está circunscrito

_____

EXPERIMENTOS, JOGOS E DESAFIOS

O triângulo inscrito

Reúna-se com seus colegas.

Com um compasso, um dos alunos deve desenhar uma circunferência e marcar vários pontos nessa circunferência.

Cada jogador escolhe um lápis de cor diferente e, na sua vez, une dois desses pontos.

O primeiro jogador que, usando o lápis de cor escolhido, traçar um triângulo inscrito na circunferência **perde** o jogo.

Observação: não precisa ser um triângulo equilátero.

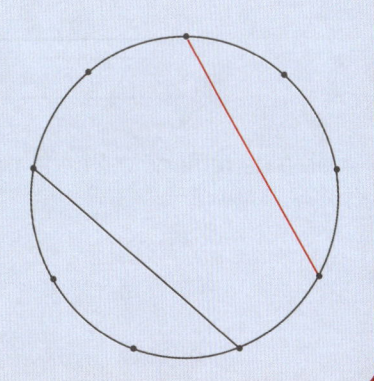

Capítulo 9

ÁREAS

▶ Área de figuras geométricas planas

O cálculo da **área** de uma superfície é importante em diversas situações. O orçamento para a compra de materiais necessários para pintar uma casa, colocar azulejos numa cozinha ou banheiro, acarpetar o piso de um quarto etc. é feito com base no cálculo de áreas.

Para medir uma superfície, devemos compará-la com outra superfície, adotada como unidade de área.

O resultado dessa medida é chamado área.

Em anos anteriores você já estudou que existem fórmulas que permitem calcular a área de algumas figuras geométricas planas com mais facilidade e rapidez. Vamos revê-las.

Área do retângulo

Num retângulo, normalmente, chamamos um dos lados de comprimento, ou base, e o outro de largura, ou altura.

No retângulo ao lado:

- b é a medida da base do retângulo.
- h é a altura do retângulo.

Temos:

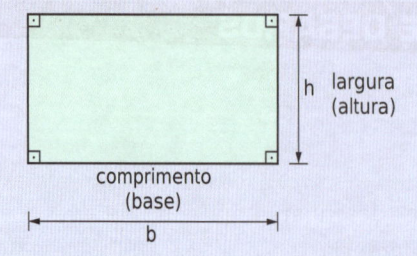

A área do retângulo é dada por:

$$A = b \cdot h$$

174

ATIVIDADES

Utilize a calculadora para facilitar os cálculos.

1) Calcule a área desta figura:

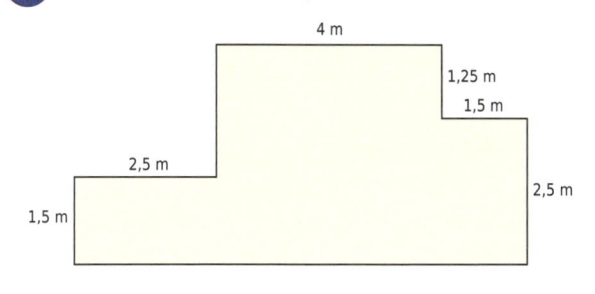

2) Um terreno retangular tem 1420 m². O comprimento desse terreno é de 71 m. Qual é a medida de sua largura?

3) Carlos quer acarpetar o piso de seu quarto que mede 5,5 m por 3,5 m. O preço do metro quadrado de carpete é R$ 22,00 e o da mão de obra para colocá-lo é R$ 250,00. Quanto Carlos irá gastar?

4) Sabendo que a área deste retângulo é 15 cm², determine o seu perímetro.

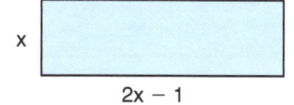

5) Um retângulo tem 4 cm de altura. A medida da base é expressa por (2x – 5) cm. A diagonal desse retângulo mede 5 cm.

a) Quais são as medidas dos lados desse retângulo?

b) Calcule a área desse retângulo.

6) Observe a figura e responda:

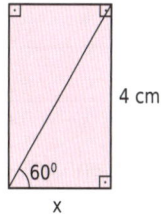

a) Qual é a medida representada pela letra x?

b) Qual é a área do retângulo?

7) O perímetro de um campo de futebol é de 300 m. O comprimento tem 30 m a mais que a largura. Qual é a área desse campo?

Área do quadrado

Considere o quadrado ao lado.

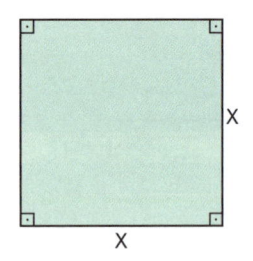

Sendo x a medida de seu lado, temos:
A = x· x
A = x²

A área do quadrado é dada por:

$$A = x^2$$

ATIVIDADES

8 Calcule a área dos quadrados cujos lados medem:

a) 23 cm _____

b) 3√2 cm _____

9 Qual é a medida do lado dos quadrados cujas áreas medem:

a) 25 cm² _____

b) 462,25 cm² _____

c) 23 cm² _____

10 O perímetro de um quadrado tem 20 cm. Qual é a área desse quadrado?

11 Qual é a área deste quadrado?

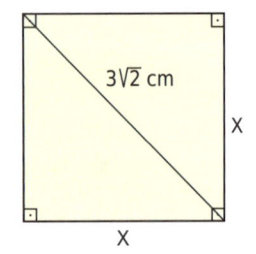

3√2 cm
x
x

12 O retângulo de dimensões 5 cm e 20 cm tem a mesma área de um quadrado. Quanto mede o lado desse quadrado?

13 A área do piso de uma cozinha é 15 m². Para ladrilhar essa cozinha são necessários 240 ladrilhos com forma quadrada.

a) Qual é a área de cada ladrilho?

_____

b) Quantos metros tem o lado de cada ladrilho?

_____

EXPERIMENTOS, JOGOS E DESAFIOS

Movendo palitos

Mude a posição de três palitos e obtenha três quadrados com a mesma área.

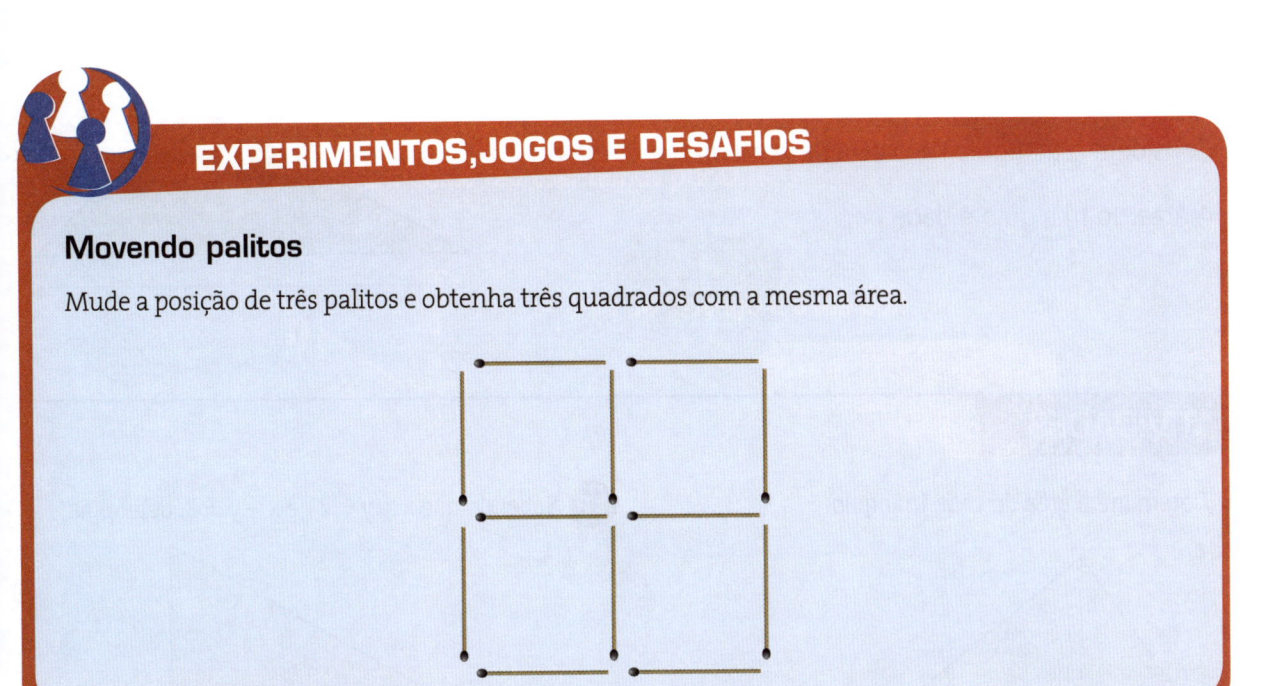

Área do paralelogramo

Considere o paralelogramo ABCD cuja base mede b e a altura h:

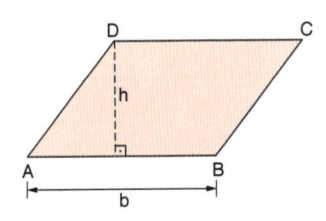

A área do paralelogramo é dada por: $A = b \cdot h$

ATIVIDADES

14 Calcule a área de cada paralelogramo:

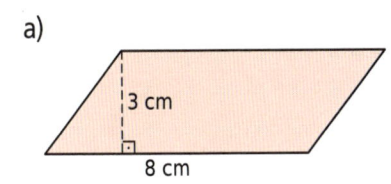

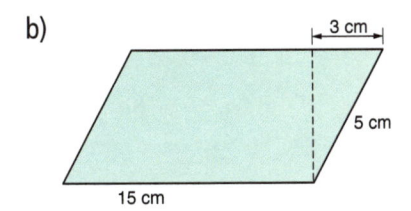

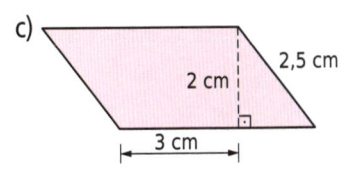

a) 3 cm, 8 cm

b) 3 cm, 5 cm, 15 cm

c) 2,5 cm, 2 cm, 3 cm

15 Sabendo que a área de um paralelogramo é 140 cm² e que sua base mede 14 cm, determine sua altura.

Área do triângulo

Considere o triângulo ABC cuja base mede b e altura h.

A área do triângulo é dada por:

$$A_\triangle = \frac{b \cdot h}{2}$$

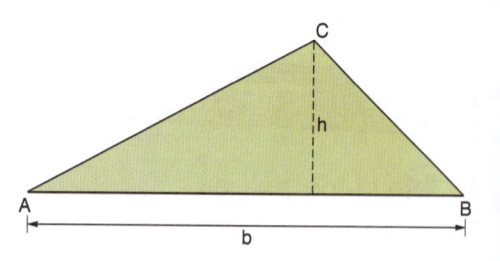

ATIVIDADES

16 Determine a área de cada triângulo:

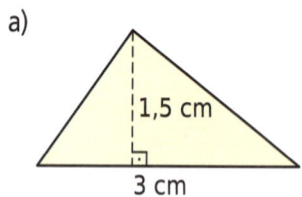

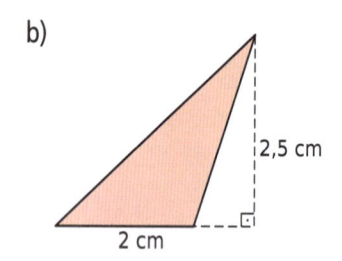

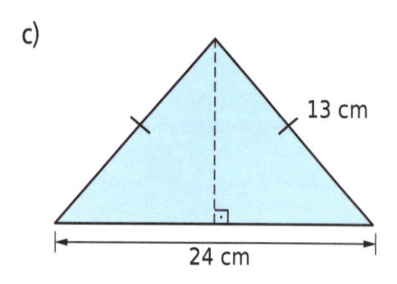

a) 1,5 cm; 3 cm

b) 2,5 cm; 2 cm

c) 13 cm; 24 cm

17 A área do triângulo ABC é 1176 cm². Qual é a medida do segmento $\overline{AB}$?

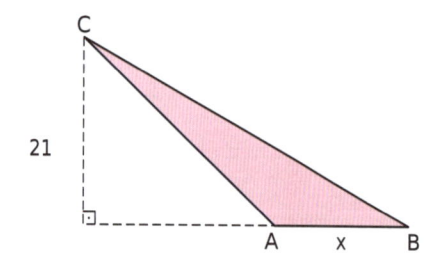

(C, 21, A, x, B)

18 Sabendo que $x + y = 21$ e $x - y = 3$, determine:

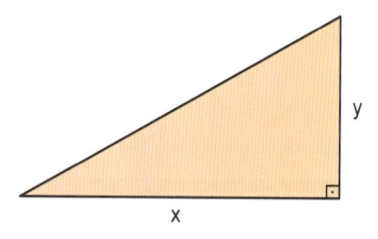

a) as medidas dos catetos do triângulo

b) a área do triângulo

19 Calcule a área de um triângulo equilátero de perímetro $18\sqrt{3}$ cm.

Área do losango

Considere o losango ABCD em que $\overline{BD}$ é a diagonal menor, cuja medida representamos por d, e $\overline{AC}$ é a diagonal maior, cuja medida representamos por D.

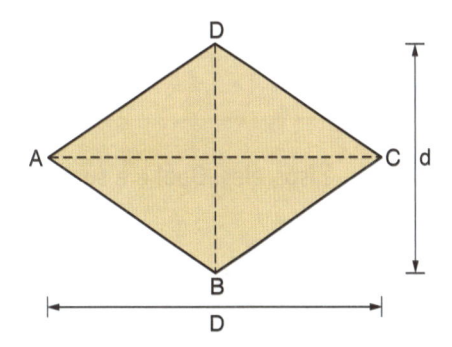

A área do losango é dada por:

$$A_{\diamondsuit} = \frac{D \cdot d}{2}$$

ATIVIDADES

20) Observando este losango, determine:

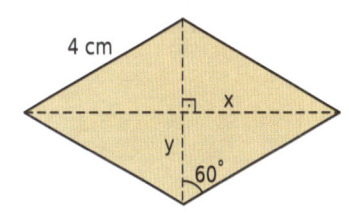

a) o valor de x e de y

b) sua área

21) A área de um losango é 98 cm². A medida da diagonal menor é a quarta parte da medida da diagonal maior. Quais são as medidas das diagonais desse losango?

Área do trapézio

Considere o trapézio ABCD de bases b e B e de altura h:

A área do trapézio é dada por:

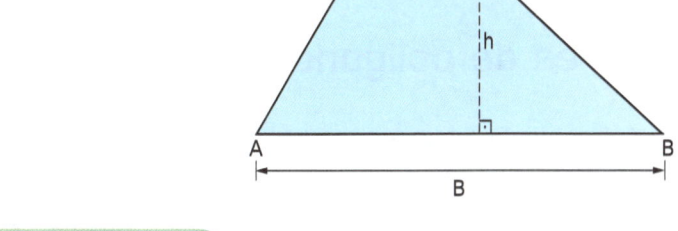

$$A_{\trapezoid} = \frac{(B + b) \cdot h}{2}$$

ATIVIDADES

22 Num trapézio a base maior mede 14 cm, a menor 9 cm, e a altura, 6 cm. Qual é a área desse trapézio?

_____

_____

_____

23 Observando o trapézio abaixo, determine:

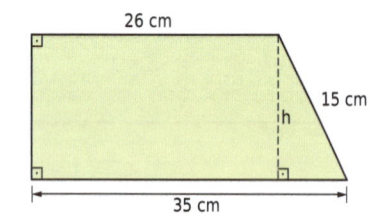

26 cm / 15 cm / 35 cm / h

a) a medida da altura

_____

_____

b) sua área

_____

_____

24 Um terreno tem a forma e as dimensões indicadas na figura a seguir.

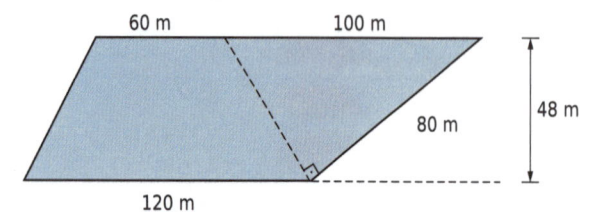

60 m / 100 m / 80 m / 48 m / 120 m

Qual é a área desse terreno?

_____

_____

25 O trapézio abaixo é isósceles. Qual é a sua área?

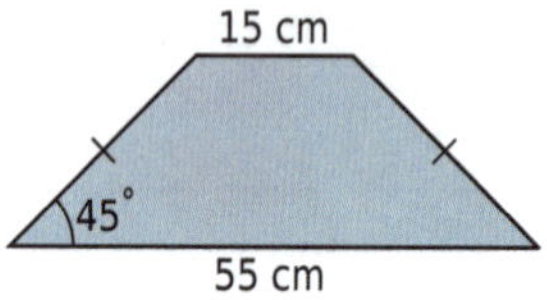

15 cm / 45° / 55 cm

26 Num trapézio, a altura mede 12 cm. A base menor mede a terça parte da base maior. Sua área é 192 cm². Determine a medida de cada base.

▶ Área de polígonos regulares

A área de um polígono regular de n lados é dada por:

$$A = \frac{2p \cdot a}{2}, \text{ em que: } \begin{cases} a \text{ é a medida do apótema} \\ 2p \text{ é o perímetro} \end{cases}$$

Obtendo a fórmula para o cálculo da área de um polígono regular

Considere um polígono regular de n lados.

Vamos indicar por x a medida do lado do polígono e por **a** a medida de seu apótema.

A área do triângulo ABO é dada por $\dfrac{x \cdot a}{2}$.

No polígono regular de n lados temos n triângulos com a mesma área do △ ABO. Logo, a área desse polígono é dada por $n \cdot \dfrac{x \cdot a}{2}$. Nesse polígono, o produto n · x representa o seu perímetro.

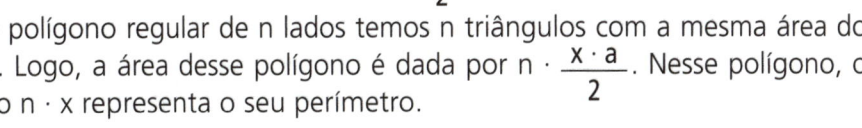

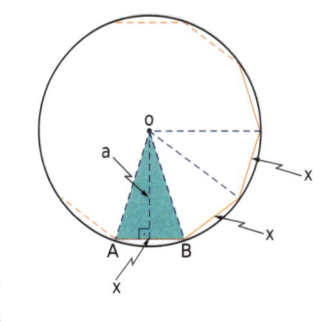

Indicando o perímetro desse polígono por 2P, podemos escrever:

$A = \dfrac{2P \cdot a}{2}$

Exemplo de aplicação:

Veja como calculamos a área de um triângulo equilátero inscrito numa circunferência cujo lado mede 6 cm.

Lembrando que num triângulo equilátero temos:

$a = \dfrac{r}{2}$ e $x = r\sqrt{3}$, podemos encontrar a medida do apótema:

$x = r\sqrt{3}$

$6 = r\sqrt{3}$

$r = \dfrac{6}{\sqrt{3}} \cdot \dfrac{\sqrt{3}}{\sqrt{3}} = \dfrac{6\sqrt{3}}{3} = 2\sqrt{3}$ cm

$a = \dfrac{r}{2}$

$a = \dfrac{2\sqrt{3}}{2}$

$a = \sqrt{3}$ cm

O perímetro do triângulo é 3 · 6 = 18 cm.

$A = \dfrac{2p \cdot a}{2}$

$A = \dfrac{18\sqrt{3}}{2} = 9\sqrt{3}$ cm².

ATIVIDADES

27 Um triângulo equilátero está inscrito numa circunferência de 8 cm de raio.
Nesse polígono determine:

Num triângulo equilátero:
$x = \sqrt{3} \cdot r$
$a = \dfrac{r}{2}$

a) Qual a medida do lado desse triângulo?

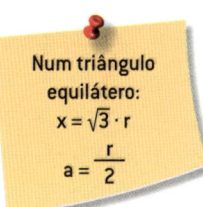

b) Qual é a medida do apótema desse triângulo?

c) Qual é o perímetro do triângulo?

d) qual é a área desse triângulo?

28 Calcule a área de um hexágono regular inscrito numa circunferência de raio 12 cm.

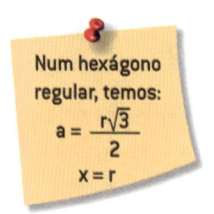

> Num hexágono regular, temos:
> $a = \dfrac{r\sqrt{3}}{2}$
> $x = r$

29 Calcule a área de um decágono regular cujo lado mede 24 cm. Considere tg 18° = 0,32.

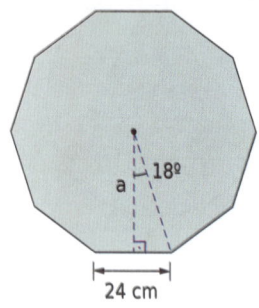

30 Um pentágono regular de 10 cm de lado está inscrito numa circunferência.

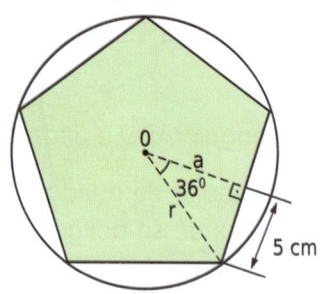

Nesse polígono determine:

a) O apótema desse pentágono.

b) O perímetro desse pentágono.

c) A área desse pentágono.

Considere:

sen 36° = 0,588, cos 36° = 0,809 e tg 36° = 0,727.

▶ Área do círculo e de regiões circulares

Vamos estudar a **área do círculo**, da **coroa** e do **setor circular**.

Área do círculo

Vamos mostrar que a área do círculo é igual ao produto de π pelo quadrado da medida do raio.

Considere o círculo de centro 0 e raio r.

Vamos dividi-lo em um número par de setores circulares congruentes e organizá-los de modo a formar uma figura que lembra um paralelogramo.

Observe que, quanto maior for o número de setores, "mais próxima" de um paralelogramo fica a figura. A medida da base dessa figura torna-se cada vez mais próxima de $\dfrac{\overset{1}{\cancel{2}}\pi r}{\cancel{2}_1} = \pi r$ e sua altura, cada vez mais próxima da medida do raio (r) do círculo inicial.

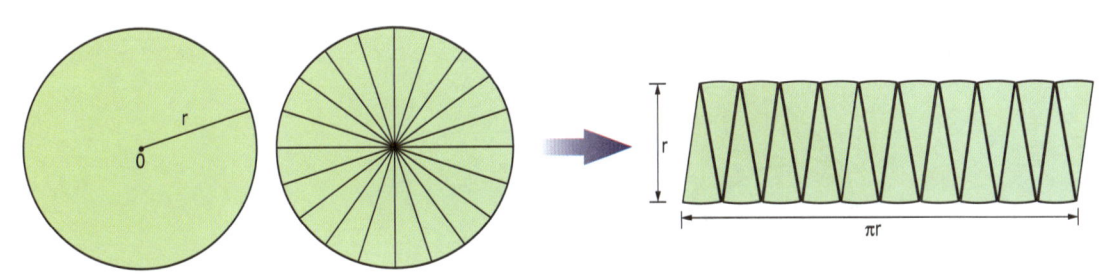

A área do paralelogramo é dada por $A = \pi r \cdot r \rightarrow A = \pi r^2$.

Logo, a área do círculo é $A = \pi \cdot r \cdot r = \pi r^2$.

$$A = \pi r^2$$

Como exemplo, vamos calcular a área do círculo desenhado abaixo:

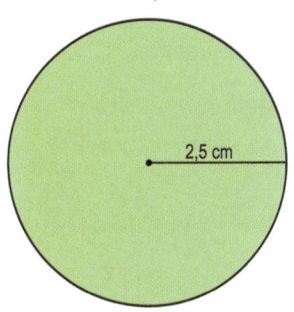

$A_O = \pi r^2$
$A_O = \pi \cdot (2,5)^2$
$A_O = \pi \cdot 6,25$
$A_O = 6,25\pi \text{ cm}^2$

ATIVIDADES

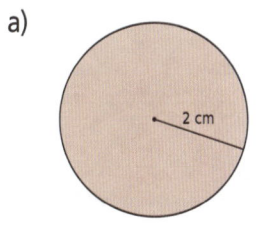

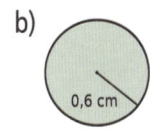

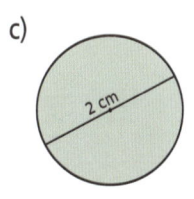

31 Calcule a área destes círculos:

a) 2 cm

b) 0,6 cm

c) 2 cm

32 Qual é a área de um círculo cujo raio é 10 cm? Considere $\pi = 3,14$.

33 Um LP (disco de vinil) tem 30 cm de diâmetro. Qual é a área desse LP?

34 A área de um círculo é 49π cm². Qual é o raio desse círculo?

35 Tenho um barbante de 36 cm. Com ele posso construir um quadrado ou um círculo. Qual dessas figuras teria a maior área? Considere $\pi = 3,14$.

36 Qual é a área da parte colorida da figura a seguir?

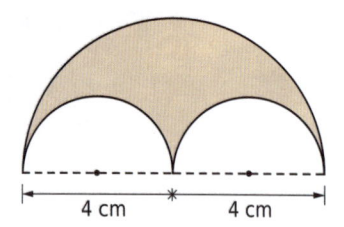

|← 4 cm →|← 4 cm →|

37 Observe abaixo um quadrado circunscrito a um círculo.

Sabendo que o perímetro desse quadrado é 32 cm, determine:

a) a área do círculo

b) a área verde da figura

Área do setor circular

Uma fatia de pizza lembra um setor circular.

O setor circular é a região do círculo que fica no interior de um de seus ângulos centrais.

Vamos obter a fórmula para o cálculo da área de um setor circular.

Considere este setor circular:

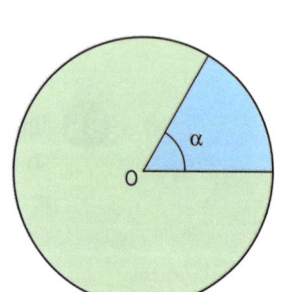

A área de um setor circular é diretamente proporcional ao ângulo central que o determina.

Medida do ângulo	Área
360°	πr^2
α	A_{setor}

184

$$\frac{360°}{\alpha} = \frac{\pi r^2}{A_{setor}} \rightarrow 360° \cdot A_{setor} = \pi r^2 \cdot \alpha \rightarrow \boxed{A_{setor} = \frac{\pi r^2 \alpha}{360°}}$$

Como exemplo, vamos calcular a área do setor circular que está colorido de rosa na figura abaixo:

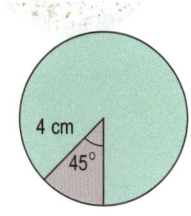

$$A = \frac{\pi \cdot r^2 \cdot \alpha}{360°}$$

$$A = \frac{\pi \cdot 16^2 \cdot \cancel{45°}^1}{\cancel{360°}_8}$$

$$A = \frac{\pi \cdot 16}{8}$$

$$A = 2\pi \text{ cm}^2$$

ATIVIDADES

38 Calcule a área de cada setor circular que está colorido de rosa.

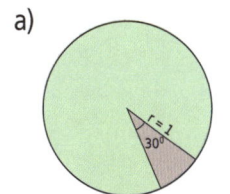

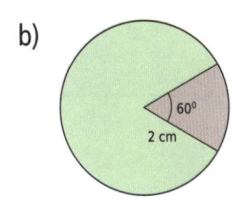

a) (r = 1, 30°)

b) (60°, 2 cm)

39 O ângulo central de um setor circular e o raio de um círculo medem, respectivamente, 72° e 5 cm. Qual é a área desse setor?

40 Um círculo cujo raio mede 3 cm foi dividido em 12 setores de mesma área. Determine:

a) a medida do ângulo central de cada um desses setores;

b) a área de cada setor.

41 Observe a figura abaixo:

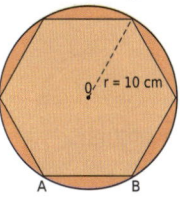

(hexágono inscrito, r = 10 cm, A e B vértices)

a) Qual é a área do círculo?

_____

b) Qual é a área do setor circular cujo ângulo central é AÔB?

_____

Área da coroa circular

A parte dourada de uma moeda de R$ 1,00 lembra uma coroa circular.

A coroa circular é a região compreendida entre duas circunferências concêntricas com raios de medidas diferentes.

Considere esta coroa circular:

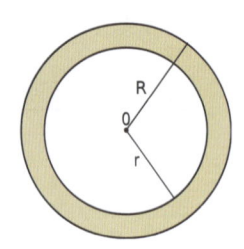

A área da coroa circular é a diferença entre a área do círculo de maior raio e o de menor raio.

Seja A_O a área da coroa circular, A_{CR} a área do círculo de maior raio e A_{cr} a área do círculo de menor raio:

$A_O = A_{CR} - A_{cr}$

$A_O = \pi R^2 - \pi r^2$

$A_O = \pi(R^2 - r^2)$

Como exemplo, vamos calcular a área da coroa circular desenhada abaixo:

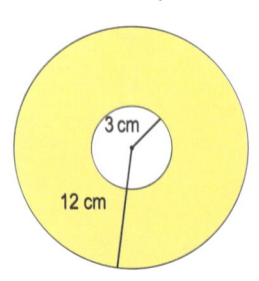

$A_O = \pi(R^2 - r^2)$

$A_O = \pi(12^2 - 3^2)$

$A_O = \pi(144 - 9)$

$A_O = 135\pi \text{ cm}^2$

ATIVIDADES

42 Calcule a área de cada coroa circular:

a) R = 3 cm, r = 2 cm

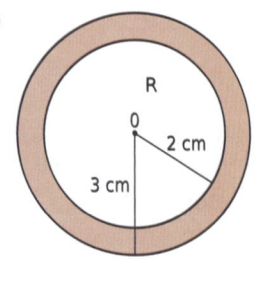

b) R = 8 cm, r = 4 cm

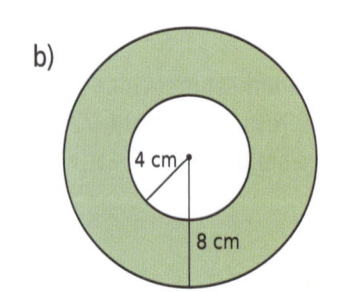

43 Determine a área da região colorida:

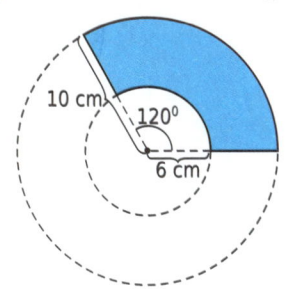

44 Qual é a área da região pintada de vermelho?

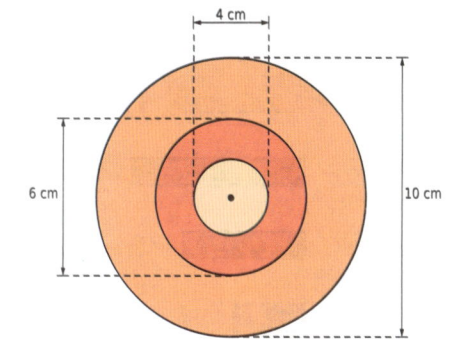

45 A área de uma coroa circular é 36π cm². A circunferência menor tem 8 cm de raio. Quanto mede o raio da circunferência maior?

VOCÊ SABIA?

A vitória-régia

A vitória-régia é uma planta de grande beleza. Suas folhas são circulares e chegam a medir quase 2 m de diâmetro. As flores têm pétalas de cerca de 17 cm. Ela tem diversos nomes indígenas como irupê, aupé-açu, supé-iapuna, iapuna-coá.

Em 1837, o botânico inglês John Lindley deu-lhe o nome definitivo e mais conhecido: vitória-régia, em homenagem à rainha Vitória da Inglaterra.

A vitória-régia é uma espécie aquática típica da floresta de igapó, onde a planície de inundação possibilita sua multiplicação rapidamente. Foto da Reserva Natural Sustentável de Mamirauá, no Amazonas, 2007.

Capítulo 10

ESTATÍSTICA

▶ População e amostra

É comum ouvirmos, durante as eleições para cargos políticos, que certo candidato tem 25% das intenções de voto, que outro tem 30% etc. Veja, por exemplo, o resultado de uma das pesquisas feitas em 2010 para saber a intenção de voto para determinado cargo político em 2011.

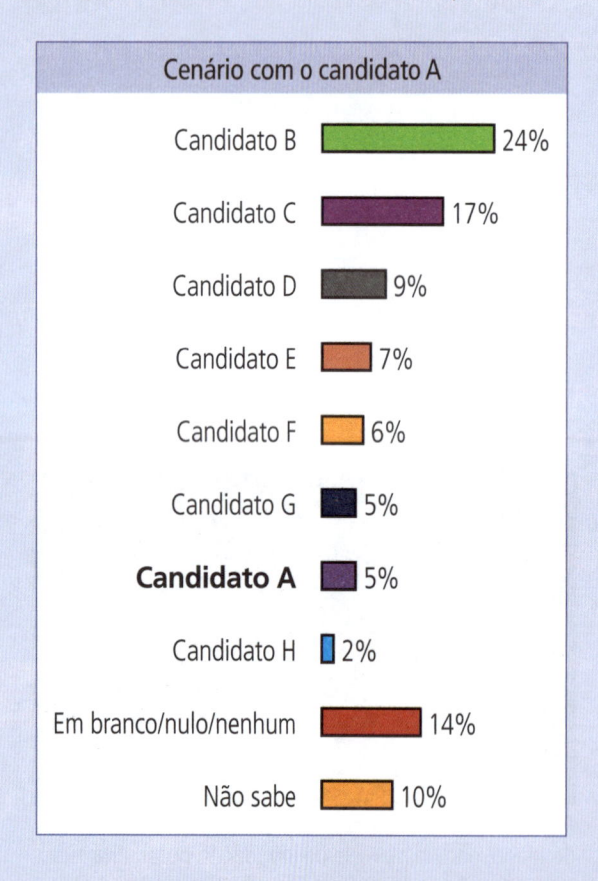

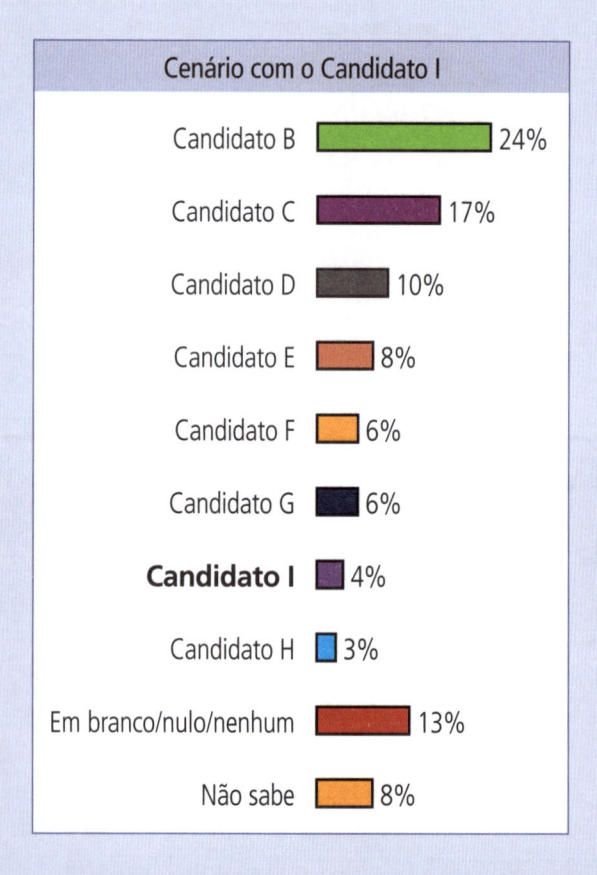

Cenário com o candidato A	Cenário com o Candidato I
Candidato B — 24%	Candidato B — 24%
Candidato C — 17%	Candidato C — 17%
Candidato D — 9%	Candidato D — 10%
Candidato E — 7%	Candidato E — 8%
Candidato F — 6%	Candidato F — 6%
Candidato G — 5%	Candidato G — 6%
Candidato A — 5%	**Candidato I** — 4%
Candidato H — 2%	Candidato H — 3%
Em branco/nulo/nenhum — 14%	Em branco/nulo/nenhum — 13%
Não sabe — 10%	Não sabe — 8%

Nos dois cenários, o candidato B venceria a eleição.

Na pesquisa para cargos políticos, como Presidente da República, Senador, Vereador, por exemplo, todos os brasileiros e estrangeiros naturalizados, que possuam título de eleitor, constituem uma população estatística.

Em outra pesquisa, quando pretendemos saber, por exemplo, qual é a preferência musical dos alunos de uma escola, a população estatística é constituída por todos os alunos da escola.

> Todos os elementos do grupo a ser pesquisado constituem a **população estatística**.

Às vezes, por inviabilidade econômica, por falta de tempo ou por outras razões, a pesquisa é limitada a apenas uma parte da população.

> A essa parte da população damos o nome de **amostra**.

Com base nos resultados obtidos em pesquisas com amostras de uma população, podemos tirar certas conclusões sobre as populações das quais essa amostra foi retirada.

Mas, para que essas conclusões sejam significativas, é necessário que a amostra da população seja representativa e escolhida de maneira imparcial, isto é, deve-se garantir que nenhum elemento da amostra tenha maior chance de ser escolhido, na pesquisa, do que outro.

Tabela de frequências

Os dados de uma pesquisa podem ser agrupados em um tipo de tabela chamado **tabela de frequências**.

O número de vezes que um acontecimento se repete chama-se **frequência**. Esse tipo de frequência também é conhecido como **frequência absoluta (f)**.

Acompanhe esta situação:

Em uma indústria de televisores, foi realizada a avaliação de determinada peça componente do televisor em uma amostra de 60 aparelhos. Agrupamos os dados nesta tabela:

Quantidade de defeitos por peça	Número de peças (frequência absoluta)	Frequência relativa (fr)	Frequência relativa porcentual (fr %)
Nenhum	30	$\frac{30}{60} = 0,5$	$0,5 \cdot 100 = 50\%$
Apenas 1	15	$\frac{15}{60} = 0,25$	$0,25 \cdot 100 = 25\%$
Apenas 2	12	$\frac{12}{60} = 0,2$	$0,2 \cdot 100 = 20\%$
3	3	$\frac{3}{60} = 0,05$	$0,05 \cdot 100 = 5\%$

- Na 1ª coluna, escrevemos cada "acontecimento" da pesquisa, ou seja, a quantidade de defeitos de cada peça.

- Na 2ª coluna, registramos o número de vezes que cada acontecimento se repete, ou seja, a frequência absoluta de cada acontecimento.

- Na 3ª coluna, escrevemos os números decimais correspondentes aos quocientes de cada frequência absoluta pelo número total de peças.

$fr = \dfrac{fa}{TOTAL}$

- Na 4ª coluna, expressamos as frequências relativas em porcentagem, bastando, para isso, multiplicar cada frequência relativa por 100.

$fr \% = fr \cdot 100$

ATIVIDADES

1) Num clube com 1 500 sócios, quer-se pesquisar o esporte preferido. Para a amostra, foram selecionados por sorteio 250 sócios.

a) Quantos elementos tem a população envolvida na pesquisa? _____

b) Quantos elementos tem a amostra envolvida na pesquisa? _____

2) Em uma escola existem 250 alunos no Ensino Fundamental. Foram selecionados 8 alunos do 6º ano; 7 do 7º ano; 7 do 8º ano; e 8 do 9º ano para participar de uma pesquisa.

De acordo com o texto acima, responda:

a) Qual é a população dessa escola? _____

b) Quantos alunos foram selecionados para a amostra da pesquisa? _____

3) Dos 180 alunos dos 9º anos de um colégio foi selecionada uma amostra com 20 alunos. Pesquisou-se a altura desses alunos.

Os dados obtidos foram organizados nesta tabela:

Altura (cm)	Frequência absoluta	Frequência relativa	Frequência relativa (%)
153	1	$\frac{1}{20} = 0{,}05$	5%
154	2	$\frac{2}{20} = 0{,}1$	10%
155	2	$\frac{2}{20} = 0{,}1$	10%
159	3	$\frac{3}{20} = 0{,}15$	15%
162	6	$\frac{6}{20} = 0{,}3$	30%
163	3	$\frac{3}{20} = 0{,}15$	15%
166	2	$\frac{2}{20} = 0{,}1$	10%
168	1	$\frac{1}{20} = 0{,}05$	5%
Total	20		100%

a) Quantos elementos tem a população envolvida na pesquisa? _____

b) Quantos elementos tem a amostra envolvida na pesquisa? _____

c) Quantos alunos dessa amostra têm 162 cm de altura? _____

d) Qual é a porcentagem de alunos dessa amostra que têm 153 cm de altura? _____

e) Quantos alunos dessa amostra têm menos de 159 cm de altura? _____

f) Qual é a porcentagem de alunos que têm uma altura maior ou igual a 163 cm?

_____

_____

4) Esta tabela mostra a distribuição de frequências correspondentes às notas de História de 30 alunos. Complete-a.

Notas de História	5,0	6,0	6,5	7,5	8,0	9,5
Frequência absoluta (f)	3			10	5	
Frequência relativa (fr)	$\frac{3}{30} = 0{,}1$	$\frac{4}{30} \cong 0{,}13$	$\frac{5}{30} \cong 0{,}17$			

5) Um dado foi lançado 50 vezes. Os resultados foram os seguintes:

1	6	3	3	1	5	6	3	4	3
5	6	2	6	3	4	6	6	2	5
6	5	4	2	1	6	5	2	3	4
2	2	5	2	1	5	6	3	5	1
5	4	1	3	3	5	4	4	2	6

Organize esses dados numa tabela de distribuição por frequências (f, fr e fr%).

a) Que número apareceu menos vezes?

_____

b) Qual é a frequência absoluta do número 5?

_____

c) Qual é a frequência relativa do número 1?

_____

▶ Moda e mediana

Em uma pesquisa, após coletar os dados e representá-los em tabelas e gráficos, é possível verificar as tendências indicadas por essa pesquisa.

Podemos, por exemplo, verificar se a maior concentração de valores se localiza no começo, no meio ou no fim de uma distribuição de dados.

As medidas de posição mais importantes são as medidas de tendência central. Entre elas, destacamos a média aritmética, a **mediana** e a **moda**. Já vimos como calcular a média aritmética. Agora, vamos estudar a moda e a mediana.

Moda

> Moda é o valor que ocorre com maior frequência numa pesquisa.

A moda para dados não agrupados

Em uma pesquisa, para saber o número de irmãos que estudam nas três classes do 9º ano de uma escola, obtiveram-se estes valores:

Classe	Número de irmãos por aluno	Moda
9º A	0, 0, 1, 2, 2, 2, 3, 4, 1, 5, 0, 2, 2	Moda: 2 (número de irmãos mais frequente: 2).
9º B	0, 0, 0, 0, 0, 1, 1, 3, 4, 5, 2, 1, 1, 2, 3, 1, 2	Modas: 0 e 1 (número de irmãos mais frequente: 0 e 1).
9º C	3, 1, 1, 1, 1, 2, 2, 3, 3, 4, 1, 1, 1, 2, 2, 2, 3, 2, 2, 2, 3, 0, 3, 3	Modas: 1, 2 e 3 (número de irmãos mais frequente: 1, 2 e 3).

Observação:

- Quando não há repetição de números não há moda.

  Exemplo:

  Para os números 1, 3, 5, 8, 15, 17, 20 não há moda.

A moda para dados agrupados

Quando os dados estão agrupados, a moda será o dado que tiver maior frequência absoluta.
Exemplo:

Os dados obtidos na pesquisa anterior para o 9º A foram agrupados nesta tabela:

Número de irmãos por aluno	0	1	2	3	4	5
Frequência	3	2	5	1	1	1

Maior frequência
moda: 2

191

ATIVIDADES

6 Obtenha a moda em cada item:

a) 2, 5, 6, 8, 2, 4, 2, 1, 3, 2, 8, 10 _____

b) 1, 2, 1, 3, 2, 4, 3, 5, 6 e 12 _____

7 Foram selecionadas 10 pessoas de uma empresa. Suas idades eram estas: 25, 35, 27, 27, 32, 37, 27, 28, 45 e 49 anos. Qual valor representa a moda dessas idades? _____

8 Lúcia jogou um dado 12 vezes e obteve os seguintes valores: 1, 2, 4, 3, 4, 3, 4, 5, 6, 3, 2 e 1. Qual foi a moda dos pontos obtidos? _____

9 Carlos lançou uma moeda 40 vezes. Organizou os resultados obtidos numa tabela:

Acontecimento	Frequência absoluta
Cara	19
Coroa	21

Qual foi a moda: "dar" cara ou "dar" coroa?

_____

10 As notas de Português obtidas pelos alunos do 9º A foram organizadas nesta tabela:

Notas	1	3,5	4	5,5	6	7	8	9,5	10
Frequências absolutas	1	2	3	5	6	6	5	3	1

Qual foi a moda dessas notas? _____

▶ Mediana

> Mediana é o valor do termo que ocupa a posição central de uma sequência de números colocados em ordem crescente ou decrescente.

Mediana para dados não agrupados

Nesta atividade, vamos obter a mediana de uma distribuição com número ímpar de dados.

Numa pesquisa, foram anotadas as massas, em quilogramas, de 11 pessoas:

42   38   61   60   39   48   46   42   80   100   94

Para encontrar a mediana dessa distribuição:

- Colocamos as massas em ordem crescente.

    38, 39, 42, 42, 46, 48, 60, 61, 80, 94, 100

- Observamos qual é o termo central da distribuição:

    38, 39, 42, 42, 46, 48, 60, 61, 80, 94, 100
          5 termos   ↑   5 termos
              termo central

A mediana dessas massas é 48 kg.

Agora, nesta atividade, vamos obter a mediana de uma distribuição com número par de dados.

Em outra pesquisa, foram anotadas as massas, em quilogramas de, 12 pessoas:

48   37   54   68   73   84   75   84   48   46   39   100

Para encontrar a mediana dessa distribuição:

- Novamente, colocamos as massas em ordem crescente.

    37, 39, 46, 48, 48, 54, 68, 73, 75, 84, 84, 100

- Perceba que existem dois termos centrais:

$$\underbrace{37, 39, 46, 48, 48,}_{5\ termos} \underset{\underset{central}{1°\ termo}}{54}, \underset{\underset{central}{2°\ termo}}{68}, \underbrace{73, 75, 84, 84, 100}_{5\ termos}$$

- Calculamos a média aritmética desses valores:

$$\frac{54 + 68}{2} = 61$$

A mediana dessas massas é 61 kg.

Mediana para dados agrupados

Nesta atividade, vamos obter a mediana para um número ímpar de dados.

Foi realizada uma pesquisa para saber a altura de um grupo de pessoas, e os dados obtidos foram organizados nesta tabela:

Altura (cm)	148	150	154	162	176	181	185
Frequência	2	4	2	4	9	1	3

Para encontrar a mediana dessa distribuição:

- Encontramos os número de pessoas pesquisadas (números de termos). Para isso, adicionamos as frequências indicadas na tabela.

$2 + 4 + 2 + 4 + 9 + 1 + 3 = 25$

- Para obter a ordem do termo central, podemos usar esta fórmula:

$t = \dfrac{n + 1}{2}$ $\begin{cases} t: \text{termo central} \\ n: \text{número de termos da sequência} \end{cases}$

$t = \dfrac{25 + 1}{2}$

$t = \dfrac{26}{2}$

$t = 13$

- A mediana será o 13º termo contado a partir da menor altura.

Altura (cm)	148	150	154	162	176	181	185
Frequência	2	4	2	4	9	1	3

$2 + 4 + 2 + 4 = 12$ termos

O 13º termo é 176 cm.

Logo, a mediana é 176 cm.

Nesta atividade, vamos obter a mediana para um número par de dados.

A pesquisa anterior foi feita para outro grupo de pessoas. Os dados obtidos foram organizados nesta tabela:

Altura (cm)	151	152	154	164	176
Frequência	2	4	5	4	7

Para encontrar a mediana dessa distribuição seguimos estes passos:

- Encontramos o número de pessoas pesquisadas (números de termos). Para isso, adicionamos as frequências indicadas na tabela.

  $2 + 4 + 5 + 4 + 7 = 22$

- Como a distribuição tem um número par de dados, temos dois termos centrais.

  Para determinar o ordem do 1º termo central usamos esta fórmula:

  $t_1 = \dfrac{n}{2}$ $\begin{cases} t_1\text{: 1º termo central} \\ n\text{: número de termos da sequência} \end{cases}$

  A ordem do 2º termo central será a ordem do próximo termo da sequência.

  $t_1 = \dfrac{22}{2}$

  $t_1 = 11$

  $t_2 = 11 + 1 = 12$

- Procuramos, na tabela, as alturas correspondentes a esses termos.

Altura (cm)	151	152	154	164	176
Frequência	2	4	5	4	7

  11 termos

  O 11º termo é 154.
  O 12º termo é 164.

  Nessa tabela, as alturas correspondentes ao 11º e ao 12º termos são, respectivamente, iguais a 154 cm e 164 cm.

- Para encontrar a mediana dessa distribuição, calculamos a média aritmética desses valores.

  $\dfrac{154 + 164}{2} = 159$

  Logo, a mediana dessas alturas é 159 cm.

ATIVIDADES

11 Determine a mediana em cada item:

a) 1, 3, 5, 7, 8, 4, 3, 4, 5, 7, 6, 8, 9, 10, 11, 1, 1, 2, 3, 1, 4, 5, 11

b) 2, 0, 4, 3, 1, 0, 2, 3, 4, 5, 4, 5, 6, 5, 6, 5, 0, 1, 0, 7

12 A tabela a seguir mostra o salário dos empregados de uma empresa.

Salários (R$)	Frequência
500	3
650	5
700	1
1.000	6
1 500	2

Com base nos dados da tabela, determine a mediana dos salários.

13 As idades de um grupo de 20 pessoas foram organizadas nesta tabela:

Idade (em anos)	Frequência
15	6
16	4
18	7
20	3

Qual é a mediana dessas idades?

14 Escreva um conjunto com um número ímpar de elementos e que tenham como mediana o número 12.

_____

15 Escreva um conjunto com um número par de elementos e que tenham como mediana o número 9.

_____

EXPERIMENTOS, JOGOS E DESAFIOS

Jogando com a mediana

Convide 1 ou 2 colegas para jogar.

Material: um clipe e um círculo de cartolina como o representado na figura abaixo.

Procedimento:

- O primeiro jogador fixa o clipe com um lápis ou lapiseira no centro do círculo.

- Cada jogador, na sua vez:
    - gira o clipe e anota o número em que o clipe parou;
    - repete o processo 10 vezes para obter uma sequência com 11 números;
    - calcula a mediana dos 11 números.
- Vence o jogo quem obtiver a maior mediana. Se houver empate, "tira-se" par ou ímpar ou joga-se novamente.
- Pode-se adaptar o jogo para calcular a moda dos números obtidos.

ATIVIDADES COMPLEMENTARES

▶ Capítulo 1 – Potenciação

1 Um tabuleiro de xadrez tem 64 quadradinhos. Escreva esse número na forma de potência de base:

a) 8 _____

b) 4 _____

c) 2 _____

2 Calcule o volume deste cubo.

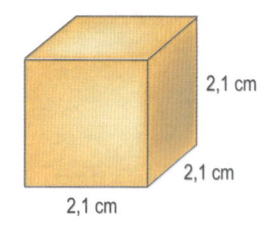

2,1 cm
2,1 cm
2,1 cm

_____
_____

3 A metade de 16^{20} é:

a) 8^{20}

b) 16^{10}

c) 2^{79}

d) 8^{10}

e) 16^4

4 Sendo $a = 2^{-1}$ e $b = \dfrac{4}{3}$, calcule o produto de a por b.

5 Determine o valor da expressão $\dfrac{3^{-2} + 4^{-1}}{3^{-1} - 4^{-1}}$.

6 Calcule o valor de $9 \cdot 3^{-2} - 3^2$.

_____

7 Calcule o valor de x na igualdade $x = \dfrac{(-4)^3 \cdot (-2)^2}{(-8)}$.

_____
_____

8 Resolva as expressões:

a) $\left(-\dfrac{1}{2}\right)^{-2} + \left(\dfrac{1}{2}\right)^2$

_____
_____

b) $\left(\dfrac{1}{4}\right)^{-1} \cdot \left(\dfrac{1}{2}\right)^3$

_____
_____

c) $\dfrac{\left(\dfrac{2}{5}\right)^{-2}}{\left(\dfrac{3}{5}\right)^{-1}}$

_____
_____

196

9 Sendo $x = (-2)^2 - (-2)^2 \cdot (-2)^4$ e $y = (-3)^5 \div (-3)^4 - (-3)^2 \div (-3)$, determine o valor de $x^2 \cdot y$.

_____

_____

10 Simplifique as expressões:

a) $\dfrac{(2^{-3})^{-2} : 2^{-1}}{(2^2)^3 \cdot 2^{-1}}$

_____

_____

b) $\left(\dfrac{(5^{-1})^3 \cdot 5^{-2}}{5^{-5}}\right)^{-3}$

_____

_____

11 Simplifique a expressão

$\dfrac{(-3)^3 + (-2)^4 + \left(\dfrac{3}{8}\right)^0}{2 \cdot 2^{-2} - [(-2)^1]^{-1}}$.

_____

_____

12 Se $3^a = 7$, então 3^{2a} é igual a:

a) 49   c) 21   e) 343

b) 7   d) 6

_____

_____

13 Considere as igualdades I, II e III.

I) $8^x - 5^x = 3^x$

II) $5^{2x} - 3^x = 2^x$

III) $9^x \cdot 3^x = 3^{3x}$

É correto afirmar que:

a) as três igualdades são verdadeiras.

b) as três igualdades são falsas.

c) I e III são verdadeiras.

d) II e III são verdadeiras.

e) apenas uma das igualdades é verdadeira.

14 Calcule o valor de $2^{2^3} + (3^{-2})^{-1}$.

_____

_____

15 Escreva os números abaixo na forma de potência de base 3.

a) 729 _____   c) $\dfrac{1}{2187}$ _____

b) $\dfrac{1}{243}$ _____   d) 6561 _____

16 Escreva a forma decimal do número $2{,}5 \cdot 10^{-3}$.

_____

17 Escreva os números em notação científica:

a) 300 _____

b) 0,0002 _____

c) 400 000 _____

d) 0,000005 _____

18 A distância média de Júpiter ao Sol é de 778 300 000 km. Escreva esse número em notação científica.

_____

_____

19 Você sabia que, no caso de quem vive ao nível do mar, uma gota de sangue contém, em média, cerca de 5 000 000 de glóbulos vermelhos? Escreva esse número em notação científica.

_____

20 A espessura de um determinado fio elétrico é 0,0025 m.

Escreva esse número em notação científica.

_____

_____

21 Quantos gramas correspondem a uma tonelada? Escreva esse número em notação científica.

_____

_____

22 A massa estimada da Lua é de 73 400 000 000 000 000 000 toneladas. Escreva essa medida em notação científica.

23 O diâmetro de um átomo de hidrogênio é 0,0000000000106 m. Em notação científica esse número é igual a:

24 Escreva em notação científica o número 0,000 000 002 34.

25 O raio equatorial da Terra é aproximadamente igual a 6 378 000 m. Escreva esse número em notação científica.

▶ Capítulo 2 – Cálculo com radicais

1 Calcule mentalmente:

a) $\sqrt{81}$

b) $\sqrt{3\,600}$

c) $\sqrt{\dfrac{1}{100}}$

d) $\sqrt{\dfrac{144}{225}}$

2 Qual é o valor da expressão abaixo?

$$\sqrt[3]{-\dfrac{1}{8}} - \dfrac{\sqrt{256}}{6} \cdot \dfrac{1}{\sqrt[3]{-27}}$$

a) $\dfrac{5}{18}$

b) $-\dfrac{7}{18}$

c) $\dfrac{7}{18}$

d) $-\dfrac{5}{18}$

e) 3

3 Simplifique estes radicais:

a) $\sqrt{2^3 \cdot 3^3}$

b) $\sqrt{120}$

c) $\sqrt{\dfrac{32}{125}}$

4 Quais destas expressões são iguais a zero?

$Z = \sqrt{8} - \sqrt{50} + \sqrt{18}$

$E = 2\sqrt{3} - \sqrt{75}$

$R = 4\sqrt{27} - 2\sqrt{48} - 2\sqrt{12}$

$O = 2\sqrt{5} + \sqrt{6} + 5\sqrt{15}$

5 Calcule:

a) $\sqrt{2} \cdot \sqrt{50}$

b) $\sqrt{98} \div \sqrt{2}$

c) $\sqrt{0,2} \cdot \sqrt{0,8}$

d) $\sqrt{0,1} \cdot \sqrt{3,6}$

e) $\sqrt{3} \cdot \sqrt{27}$

f) $\sqrt{8} \cdot \sqrt{128}$

6 Calcule o valor da expressão:

$(\sqrt{501} + \sqrt{499}) \cdot (\sqrt{501} - \sqrt{499}) - 2$, usando produtos notáveis.

7 Calcule estas expressões:

a) $(2\sqrt{27} - 5\sqrt{3}) \div \sqrt{3}$

b) $(2\sqrt{54} + 3\sqrt{24} - 5\sqrt{6}) \div 7\sqrt{6}$

c) $(\sqrt{80} + 3\sqrt{5} - 2\sqrt{125}) \cdot (\sqrt{45} - \sqrt{20})$

198

8 Dados $A = 2 + \sqrt{7}$ e $B = 1 - \sqrt{7}$, calcule $A^2 + 2AB + B^2$.

9 Reduza as expressões numéricas abaixo a um único radical:

a) $\sqrt{3} \cdot \sqrt{5}$

b) $\sqrt{3} \div \sqrt{5}$

c) $\sqrt{0,2} \cdot \sqrt{0,3}$

d) $\dfrac{\sqrt{3,6}}{\sqrt{1,2}}$

e) $\dfrac{\sqrt{12}}{\sqrt{2}}$

f) $\dfrac{\sqrt{54} \cdot \sqrt{5}}{\sqrt{27}}$

g) $\dfrac{\sqrt{600}}{\sqrt{15}}$

h) $\dfrac{\sqrt[3]{12} \cdot \sqrt[3]{15}}{\sqrt[6]{18}}$

i) $\dfrac{\sqrt{\sqrt{22}} \cdot \sqrt{\sqrt{12}}}{\sqrt{\sqrt{33}}}$

10 Determine o valor desta expressão:

$$\dfrac{\sqrt[3]{(3 - 2\sqrt{3})(3 + 2\sqrt{3})}}{\sqrt[3]{-1}}$$

11 (UNIP-SP) O valor de $\sqrt{1 + (\sqrt{3} + \sqrt{27})^2}$ é:

a) $1 + \sqrt{3}$

b) $\sqrt{7}$

c) 7

d) 8

e) $\sqrt{27}$

12 (Cefet-SC) Um dos pré-requisitos para o entendimento dos assuntos de Matemática, abordados no Ensino Médio, é o domínio das operações no conjunto dos números reais.

Com base nessas operações, analise estas afirmativas:

I. $\sqrt{5^2 + 7^2} = 12$

II. $\dfrac{1}{2} - \dfrac{4}{5} = -\dfrac{3}{10}$

III. $(\sqrt{2} - 1)^2 = 3 - 2\sqrt{2}$

IV. $3^{-2} = -9$

V. $\sqrt{2} + \sqrt{3} = \sqrt{5}$

Quais são verdadeiras?

a) Apenas II, IV e V.

b) Apenas I e II.

c) Apenas II e III.

d) Apenas II, III e IV.

e) Apenas I, III e V.

13 Simplifique as expressões abaixo:

a) $\dfrac{12}{\sqrt{5} - \sqrt{20}}$

b) $\dfrac{x + 2\sqrt{x}}{\sqrt{x}}$ $(x > 0)$

c) $\dfrac{\sqrt{2} + \sqrt{18}}{\sqrt{6} + \sqrt{2}}$

14 (UFCE) Seja $A = \dfrac{1}{\sqrt{3} + \sqrt{2}}$ e $B = \dfrac{1}{\sqrt{3} - \sqrt{2}}$, então $A + B$ é igual a:

a) $-2\sqrt{2}$

b) $3\sqrt{2}$

c) $-2\sqrt{3}$

d) $3\sqrt{3}$

e) $2\sqrt{3}$

15 (PUC/Campinas-SP) Simplificando-se a expressão $(\sqrt{2}+\sqrt{3})^2 + \dfrac{1}{5+2\sqrt{6}}$, obtém-se:

a) 10   b) 25   c) $10 - 2\sqrt{6}$ d) $10 + 2\sqrt{6}$ e) $10 + 4\sqrt{6}$

Capítulo 3 – Equações do 2º grau

1 Considere as equações abaixo:

$x^3 + x^2 - x + 1 = 0$

$x - x^2 + 1 = 0$

$x - 1 = 0$

$\dfrac{1}{2}x^2 - 3x = 4$

$\sqrt{x} - 1 = 4$

$x^4 + x^2 - 1 = 0$

a) Quais delas são do 1º grau?

b) Quais são do 2º grau?

c) Quais não são nem do 1º grau, nem do 2º grau?

2 Quais são os coeficientes das equações do 2º grau que estão escritas na forma $ax^2 + bx + c = 0$:

a) $x^2 + 2x + 1 = 0$

b) $-x^2 - x + 2 = 0$

c) $\dfrac{1}{2}x^2 - 3x - 1 = 0$

d) $-4x^2 + 5 = 0$

e) $-3x^2 + \dfrac{4}{3}x = 0$

f) $\dfrac{x^2}{5} + \dfrac{x}{4} - \dfrac{1}{3} = 0$

3 Classifique as equações em completas ou incompletas:

a) $3x^2 - 4x - 1 = 0$

b) $2x^2 = 0$

c) $x^2 - \dfrac{x}{4} - \dfrac{1}{3} = 0$

d) $x - 5x^2 + 1 = 0$

e) $x^2 - 1 = 0$

f) $x^2 - \dfrac{1}{3}x - 1 = 0$

4 Escreva as equações na forma geral:

a) $3x^2 - 1 + 7x = 3x - x^2$

b) $5x^2 = \dfrac{x^2}{3} - 2$

c) $2x(x+4) = 3(x^2 - 4) + x - 1$

d) $\dfrac{x(x-1)}{2} = \dfrac{x^2 - 8}{4}$

5 Escreva uma equação do 2º grau que represente estas sentenças:

a) O dobro do quadrado de um número adicionado ao triplo desse número é igual a menos dois.

b) A metade de um número é igual à diferença entre o dobro desse número e o seu quadrado

c) O quadrado da diferença entre um número e o dobro de seu sucessor é 2.

6 Escreva as equações da questão anterior na forma geral, classificando-as em completas ou incompletas.

7 A área do losango é 112 cm². Escreva a equação que determina o valor de x indicado na figura.

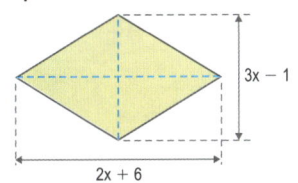

(losango com medidas $3x - 1$ e $2x + 6$)

8 Determine o valor de p para que a equação
$$\left(\frac{6p}{5} - 3\right)x^2 - 2x + 1 = 0$$
represente uma equação do 2º grau.

9 Qual é a solução da equação $x^2 - 3x + \frac{9}{4} = 0$?
a) $-\frac{3}{2}$
b) $\frac{3}{2}$
c) $\frac{2}{3}$
d) $-\frac{2}{3}$
e) $-\frac{3}{4}$

10 Determine o valor de m para que o número $\frac{1}{2}$ seja solução da equação:
$x^2 + (m - 3)x + (2m + 1) = 0$

11 Resolva as equações do 2º grau usando o método que preferir:

a) $x^2 - 5x - 6 = 0$

b) $x^2 + 2x - 8 = 0$

c) $x^2 - 8x + 15 = 0$

d) $x^2 - 4x + 2x^2 = 4$

e) $x(x - 1) + 3(x - 2) = 2$

f) $4(x^2 - 2) - 3x = 3x^2 + 20$

g) $2x - \frac{x^2 - 1}{3} = -2$

h) $\frac{x}{2} + \frac{x - 1}{4} = \frac{x^2 + 6}{8}$

12 Pensei em um número. Elevei-o ao quadrado. Adicionei a esse resultado o dobro do número pensado. Obtive como resultado o quíntuplo do número pensado. Em que número pensei?

13 Carlos aproveitou os muros que tinha em sua casa e com 5,5 m de arame vai construir um alambrado retangular para colocar seus cachorros. Quais serão as dimensões desse canil para que sua área seja 7 metros quadrados?

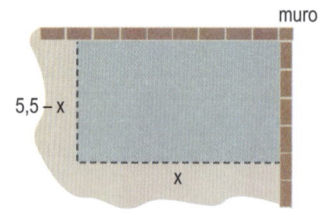

14 Nicolau colocou uma foto de 15 cm por 20 cm no porta-retrato retangular. Qual é o valor de x indicado no porta-retrato, sabendo que a área total do porta-retrato mede 456 cm²?

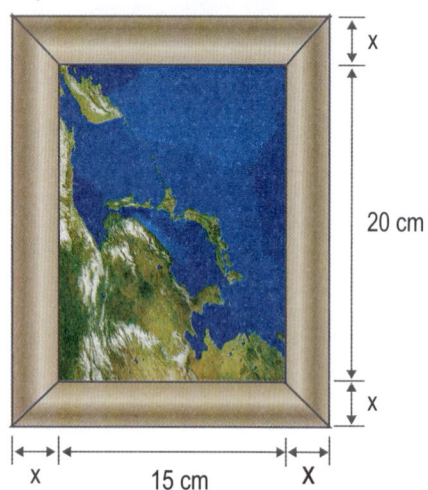

15 (Saresp-SP) Num terreno de 99 m² de área será construída uma piscina de 7 m de comprimento por 5 m de largura, deixando-se um recuo x ao seu redor para construir um calçadão. Dessa forma, o recuo x deverá medir:

a) 1 m
b) 2 m
c) 5 m
d) 8 m

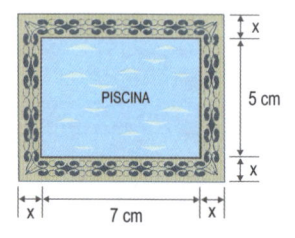

16 Indicando a soma das soluções da equação $x^2 - 2x - 15 = 0$ por S e o produto por P, determine:

a) $\dfrac{S}{P}$ c) $\dfrac{1}{P} + \dfrac{1}{S}$

b) $\dfrac{P}{S}$ d) $S \cdot P$

17 (Cefet-CE) Sejam x_1 e x_2 as raízes da equação $2x^2 - \sqrt{6}\,x + P - 2 = 0$.

Se $(x_1 + x_2)^2 = x_1 \cdot x_2$, então P é igual a:

a) 1   d) 7
b) 3   e) 8
c) 5

18 (Cefet-PR) Quando uma equação do 2º grau tem as raízes $x' = a$ e $x'' = b$, sendo $a + b = 5$ e $2a - b = 4$, pode-se escrever esta equação com a sentença:

a) $x^2 - 5x + 6 = 0$
b) $2x^2 - 10x + 6 = 0$
c) $x^2 - 5x + 4 = 0$
d) $x^2 - 3x + 2 = 0$
e) $2x^2 - 6x + 4 = 0$

19 Escreva uma equação do 2º grau cujas soluções são dois números naturais de soma 13 e produto 42.

20 Resolva estas equações:

a) $\dfrac{2x}{x+1} = 3x - 2$

b) $\dfrac{5x}{x^2 - 16} - \dfrac{3}{x - 4} = \dfrac{3 - x}{x + 4}$

c) $x^4 - 8x^2 + 16 = 0$

d) $(x^2 - 1)(x + 1)(x - 3) = 0$

e) $\sqrt{2x + 5} = x + 3$

f) $\sqrt{x + 1} + x = \dfrac{x}{2} + 7$

21 (Cefet-PR) Quantos números reais podem ser colocados no lugar da incógnita x de modo a tornar verdadeira a igualdade $x^4 + 3x^2 + 4 = 0$?

a) 3   d) 4
b) 1   e) Nenhum
c) 2

22 (Cefet-PR) Se S é a soma das raízes positivas e P é o produto das raízes negativas da equação $x^4 - 26x^2 + 25 = 0$, então o valor de $(2S + 3P)$ é:

a) 12
b) 18
c) 27
d) 30

23 (Cefet-CE) Se x é um número real, tal que $x + \sqrt{x-1} = 1$, o valor de x^x é:

a) 0
b) 1
c) 1 ou 2
d) $-\dfrac{1}{2}$ ou 1
e) −1 ou −2

24 (Cefet-PR) Se $\sqrt{2x^2 - 5x - 2} + x = 2$, então x é um número:

a) inteiro negativo
b) inteiro positivo
c) racional não inteiro
d) irracional

25 (Cefet-PR) O produto das raízes reais da equação irracional $\sqrt{\sqrt{6x^2 - 8}} = x$ é:

a) $2\sqrt{2}$
b) −2
c) −4
d) 8

26 (Saresp) O perímetro de um retângulo é 20 m, e sua área é 24 m². Dessa forma, podemos afirmar que as dimensões desse retângulo são:

a) 2 m e 12 m
b) 3 m e 8 m
c) 3 m e 7 m
d) 4 m e 6 m

27 (Cefet-CE, adaptado) Um fazendeiro, percorrendo com um carro todo o contorno de sua fazenda, de forma retangular, perfaz exatamente 26 km. A área ocupada pela fazenda é 40 km². Quais são as dimensões da fazenda?

a) 5 km e 8 km
b) 2 km e 20 km
c) 4 km e 10 km
d) 2,5 km e 16 km

▶ Capítulo 4 – Funções

1 Um carro viaja com uma velocidade constante. A tabela mostra a distância percorrida pelo carro (d) em função do tempo (t).

Distância (km)	0	70	140	210	280	350
Tempo (horas)	0	1	2	3	4	5

Para cada valor de t obtém-se um valor para d, multiplicando-se t por 70, isto é: $d = 70 \cdot t$.

a) Qual é a variável independente? _____
b) Qual é a variável dependente? _____
c) Após 5h30, qual foi a distância percorrida por esse carro? _____
d) Em quantas horas o carro percorreu 504 km?

2 Complete a tabela de acordo com a seguinte função: a cada número real x associa-se um número real y que representa a metade de x mais 3.

x	−3	−1	−0,5	0	0,4		6	
y	1,5	2,5				4,8		10,4

Qual é a lei de formação dessa função?

3 (Cefet-RS) Para visitar o Parque Nacional do Iguaçu a tarifa paga pelos turistas, que custa R$ 6,00, vai ficar R$ 1,80 mais cara. Também serão cobrados R$ 3,00 pelo estacionamento.

Sabendo que a arrecadação (A) é função do número de turistas (t), qual é a sentença que melhor traduz essa função?

a) A = 6 + 3t

b) A = 3 + 7,8t

c) A = 7,8 + 3t

d) A = 4,8t + 6

4 Qual das funções abaixo relaciona os valores de x e y da tabela?

x	−1	0	1	2	3
y	1	3	5	7	9

a) y = 2x + 3

b) y = − 2x + 4

c) y = 2x − 3

d) y = −2x −3

5 (Cefet-PR) Apesar do avanço da tecnologia resultar na produção de computadores mais potentes e compactos, o preço deles baixou. Estima-se que, daqui a x meses, o preço de certo modelo será $P(x) = 4000 + \dfrac{3000}{x + 1}$ reais. O preço do computador será de R$ 4.300,00 daqui a quantos meses?

a) 6   c) 8

b) 7   d) 9

6 (Saeb) Qual a lei de posição P em função do tempo?

Tempo (t)	0	1	2	3	4
Posição (P)	1	3	5	7	9

a) P(t) = 2t + 1   d) P(t) = t² + 1

b) P(t) = 4t − 1   e) P(t) = 2t² + 1

c) P(t) = 3t − 1

7 (Saeb) Uma empresa, em processo de reestruturação, propôs a seus funcionários uma indenização financeira para os que pedissem demissão, que variava em função do número de anos trabalhados. A tabela abaixo era usada para calcular o valor (i) da indenização, em função do tempo trabalhado (t).

Tempo trabalhado (anos)	Valor da indenização (reais)
1	450
2	950
3	1450
4	1950

A expressão que permite determinar o valor da indenização i para t anos trabalhados é:

a) i = 450 t   d) i = 450 + 500 (t − 1)

b) i = 450 + 500 t   e) i = 500 t

c) i = 450 (t − 1)

8 (PUC-MG) Um táxi cobra R$ 2,60 de bandeirada e mais R$ 0,40 por quilômetro rodado. Ao final de um certo percurso, o taxímetro marcou R$ 8,20. De quantos quilômetros foi esse percurso?

9 O gráfico a seguir mostra a produção de uma fábrica de cadernos no último semestre de 2011.

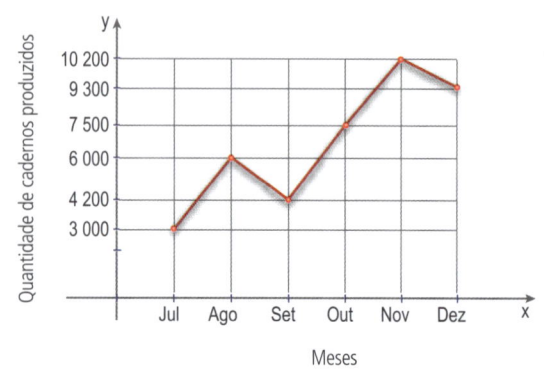

a) Em que mês ocorreu a produção mínima? E a máxima? _____

b) Quantos cadernos foram produzidos no mês de setembro? _____

c) Em que mês foram produzidos 7500 cadernos?
_____

d) Em setembro, houve um aumento ou uma queda da produção em relação a outubro?

___

10 O gráfico abaixo representa a quantidade x de agasalhos produzidos em uma confecção num período de tempo t, em horas.

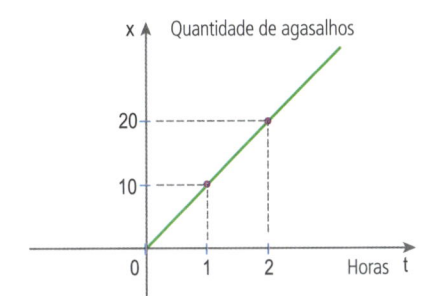

a) Qual é a lei que expressa a quantidade de agasalhos produzidos em função do tempo?

___

b) De que tipo é essa função?

___

c) Quantos agasalhos são produzidos em 6 horas? ___

d) Quantas horas são necessárias para produzir 110 agasalhos? ___

11 (UFF) O gráfico da função f está representado nesta figura:

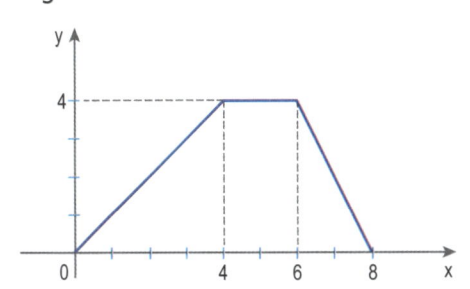

Sobre a função f é falso afirmar que:

a) $f(1) + f(2) = f(3)$

b) $f(2) = f(7)$

c) $f(3) = 3f(1)$

d) $f(4) - f(3) = f(1)$

e) $f(2) + f(3) = f(5)$

12 Qual é a raiz de cada função?

a) $y = 2x - 4$

b) $y = -\dfrac{x}{3} + 2$

c) $y = \dfrac{2x}{7} + \dfrac{1}{3}$

d) $y = -\dfrac{x}{2} - \dfrac{1}{4}$

Analise cada uma das funções quanto ao crescimento.

___

13 Considere o retângulo abaixo:

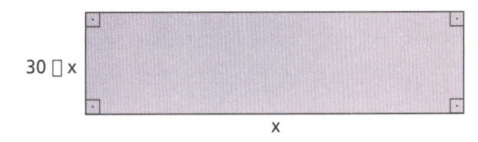

a) Escreva a fórmula da função que relaciona a área A do retângulo com x ($0 < x < 30$).

___

b) Essa função é do 1º ou do 2º grau? Por quê?

___

c) Para $x = 5$ cm, qual é o valor da área?

___

d) Se a área A for igual a 221 cm², qual será o valor de x? ___

14 Observe a parábola abaixo:

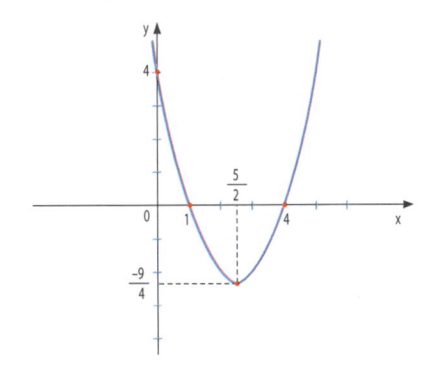

205

a) Qual é o ponto em que a parábola corta o eixo y? _____

b) Quais são as raízes da função representada pela parábola? _____

c) Quais são as coordenadas do vértice dessa parábola?

_____

15 A função do 2º grau definida por

$f(x) = 9x^2 + mx + 1$ admite duas raízes reais e iguais para que valores reais de m?

16 (Cefet-MG) A coordenada do vértice da função $f(x) = -1(x-3)(x-1)$ é:

a) (3, 1)

b) (2, 1)

c) (1, 2)

d) (1, 3)

17 Determine as raízes reais e as coordenadas do vértice da parábola que representa cada função:

a) $y = 2x^2 + 3x$

_____

b) $y = x^2 - 25$

_____

c) $y = -2x^2 + 3x - 4$

_____

d) $y = 3x^2 - 6x + 8$

_____

e) $y = x^2 - x$

_____

18 Uma bola é lançada verticalmente a partir do solo. A altura h, em metros, alcançada pela bola, é função do tempo t, sendo expressa por: $h(t) = -t^2 + 4t$.

a) Construa o gráfico dessa função para $0 \leq t \leq 4$.

b) Quanto tempo a bola leva para atingir novamente o solo? _____

c) Após quantos segundos a bola atinge altura máxima? Qual é essa altura?

_____

19 O gráfico da função $y = -x^2 + 2x + 4$ é:

a)

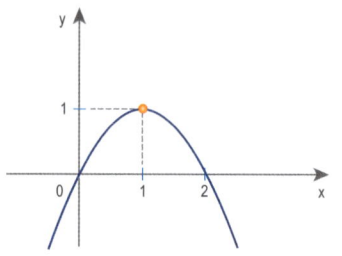

b)

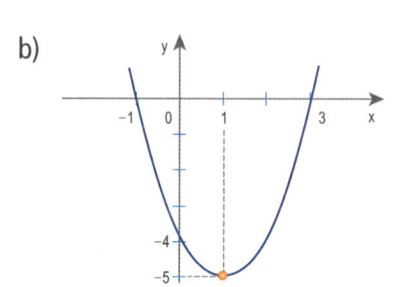

206

c)

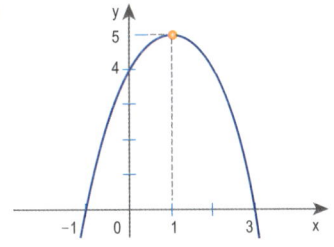

d)

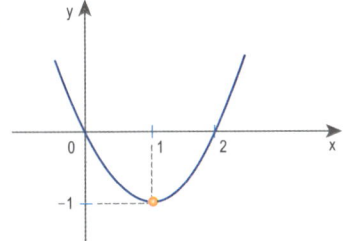

20 (Cefet-MG) Uma pedra é lançada verticalmente para cima. Suponha que sua altura h (metros) em relação ao solo, t segundos depois do lançamento, seja $h(t) = -5t^2 + 20t + 100$.

A altura máxima atingida pela pedra e o tempo t são, respectivamente:

a) 120 m e 4 s

b) 240 m e 5 s

c) 120 m e 2 s

d) 240 m e 10 s

21 (Unifenas) O custo diário de produção de uma indústria de computadores é dado pela função $C(x) = x^2 - 92x + 2800$, onde C(x) é o custo em reais, e x é o número de unidades fabricadas. Quantos computadores devem ser produzidos diariamente para que o custo seja mínimo?

a) 128

b) 2 800

c) 46

d) 92

e) 684

22 (Cefet-PR) O lucro de um fabricante com venda de certos objetos é $L(x) = 400(15 - x)(x - 2)$, onde x é o preço de venda por unidade. O preço da venda por unidade para se obter o lucro máximo, em R$, é:

a) 4,00

b) 6,80

c) 8,50

d) 9,20

e) 12,00

▶ Capítulo 5 – Matemática financeira

1 Qual é a representação da fração $\frac{38}{100}$ na forma de porcentagem?

2 Oscar arremessou 25 vezes a bola de basquete em lance livre e acertou 20 vezes. Qual foi a porcentagem de acertos?

3 De um exame participaram 4 900 candidatos. Sabe-se que a porcentagem de reprovação foi de 69%. Quantos candidatos foram aprovados?

4 Um determinado vestido era vendido por R$ 67,00. Seu preço foi aumentado em 30%. Quanto passou a custar?

5 Um terno era vendido por R$ 240,00. Seu preço foi diminuído em 10%. Quanto passou a custar?

6 Certo produto custava R$ 32,00. Com um reajuste, passou a custar R$ 36,00. Qual foi a porcentagem de aumento?

7 Dois supermercados oferecem as seguintes promoções:

Supermercado A — Compre 3 e leve 4
Supermercado B — Compre 5 e pague 4

Supondo que o preço de cada desodorante seja o mesmo nos dois supermercados, qual deles oferece a maior porcentagem de desconto?

8 Qual é o preço de uma mercadoria que passou a custar R$ 125,00 após dois descontos consecutivos, o primeiro de 10% e o segundo de 16%?

9 (Cefet-RS) A chave para a conservação da água é não incentivar o desperdício. Falta de hidrômetros, preço exageradamente baixo e preços que diminuem à medida que aumenta o consumo encorajam o desperdício. Uma conta de água no valor de R$ 18,60 foi paga com atraso, com um acréscimo de 12%. Qual foi o valor final a ser pago?

10 (PUC-MG) De seu salário mensal de R$ 5.000,00, certo funcionário teve dois descontos: o primeiro de 11% sobre R$ 1.869,34, como contribuição para o INSS, e o segundo de 27,5% sobre seu salário mensal, menos a parcela de R$ 423,08, como Imposto de Renda recolhido na fonte. O total de descontos na folha de pagamento desse funcionário, relativo a esses dois tributos, foi:

a) R$ 1.125,65

b) R$ 1.157,55

c) R$ 1.375,00

d) R$ 1.580,63

11 (UFPI) A fabricação de um produto numa empresa foi de 120 000 toneladas em 1990 e de 145 200 toneladas em 1992. De quanto foi o aumento anual médio, na fabricação desse produto, alcançado pela empresa nesse período?

12 Carla teve um prejuízo de R$ 50,00 ao vender uma mercadoria por R$ 200,00.

a) Qual foi o preço de custo dessa mercadoria?

b) De quanto por cento foi o seu prejuízo sobre o preço de custo?

13 Um comerciante aumentou o preço de uma mercadoria em 30%. Em seguida, ofereceu um desconto de 10% sobre o novo preço, chegando a um preço final de R$ 234,00. Qual era o preço inicial da mercadoria?

14 (FUC-MT) Um lojista, na tentativa de iludir sua freguesia, aumentou em 25% suas mercadorias, e depois anunciou 20% de desconto. Podemos disso concluir que:

a) a mercadoria subiu 5%;

b) a mercadoria diminuiu 5%;

c) aumentou em média 2,5%;

d) diminuiu em média 2,5%;

e) a mercadoria manteve o preço.

15 (URRN) Um revendedor de automóveis comprou dois carros, pagando R$ 15.000,00 pelo primeiro e R$ 10.000,00 pelo segundo. Vendeu o primeiro com um prejuízo de 20% e o segundo com um lucro de 20%. No total, em relação ao capital investido, o revendedor:

a) lucrou 4%;

b) lucrou 2%;

c) perdeu 4%;

d) perdeu 2%;

e) não lucrou e não perdeu.

16 (Cefet-MG) Chiquinho aplicou a quantia de R$ 500,00 a juro simples durante seis meses. A taxa de aplicação foi de 5% ao mês. Qual foi o montante obtido?

17 Flávio pediu R$ 400,00 emprestado a um amigo. Comprometeu-se a pagar a dívida em 5 meses, à taxa de 9% a.m., no regime de juro simples. Qual será o valor pago por Flávio ao seu amigo?

18 O capital de R$ 6.000,00 rendeu R$ 300,00, no regime de juro simples, durante 4 meses. Qual foi a taxa de juro?

19 Quantos meses ficou aplicado um capital de R$ 4.800,00, à taxa de 3% ao mês, no regime de juro simples, sendo que o rendimento foi de R$ 432,00?

20 (Vunesp-SP) Um capital de R$ 18.000,00 foi aplicado por um período de seis meses a juro simples, produzindo um montante de R$ 21.780,00. De quanto foi a taxa mensal de juro simples que produziu esse montante?

21 Certo capital foi aplicado no regime de juro simples à taxa de 36% a.a. durante 4 meses e rendeu R$ 312,00 de juro. Qual foi o capital aplicado?

22 Um capital de R$ 2.500,00 foi aplicado a juro composto, à taxa de 20% a.m., durante 7 meses. Qual foi o montante obtido por essa aplicação?

209

23) Numa aplicação no regime de juro composto, ao final de 2 anos, à taxa de 15% a.a., obteve-se um montante de R$ 2.645,00.

a) Qual foi o capital aplicado?

b) Qual foi o juro obtido nessa aplicação?

24) Um capital de R$ 3.000,00 foi aplicado a juro composto de 10% a.a. durante 3 anos. Qual foi o montante obtido?

Capítulo 6 – Proporcionalidade e semelhança

1) Considere os segmentos $\overline{AB}$ e $\overline{CD}$ abaixo.

A 2,5 cm B

C 7,5 cm D

Determine as razões:

a) $\dfrac{AB}{AB}$

b) $\dfrac{AB}{CD}$

c) $\dfrac{CD}{AB}$

d) $\dfrac{CD}{CD}$

2) Qual é a razão entre o segmento $\overline{CD}$ de 40 cm e o segmento $\overline{EF}$ de 0,8 m?

3) Determine a razão entre o segmento $\overline{AB}$, de 0,5 m, e o segmento $\overline{CD}$, de 45 cm.

4) Os segmentos $\overline{MN}$ e $\overline{PQ}$ são proporcionais aos segmentos $\overline{RS}$ e $\overline{TU}$, respectivamente. Sabendo que MN = 6 cm, que RS = 3 cm e que TU = 9 cm, determine a medida de $\overline{PQ}$.

5 Os segmentos $\overline{AB}$ e $\overline{CD}$ são, respectivamente, proporcionais aos segmentos $\overline{EF}$ e $\overline{GH}$. Sabendo que AB = 4,5 cm, CD = 9 cm e EF = 2,5 cm, calcule a medida de $\overline{GH}$.

6 Os segmentos $\overline{XY}$ e $\overline{YZ}$ são colineares e consecutivos.
Sabendo que $\dfrac{\overline{XY}}{\overline{YZ}} = \dfrac{2}{5}$ e que $\overline{XZ} = 21$ cm, determine a medida dos segmentos $\overline{XY}$ e $\overline{YZ}$.

7 O segmento $\overline{AD}$ representa o lado de um quadrado. A razão entre os segmentos $\overline{AE}$ e $\overline{ED}$ é $\dfrac{3}{4}$. O segmento $\overline{ED}$ mede 6 cm. Qual é a área desse quadrado?

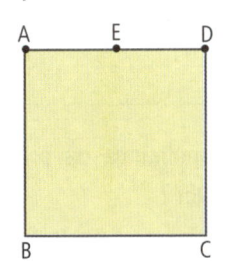

8 Na ilustração, as ruas A, B e C são paralelas. Qual é o valor de x?

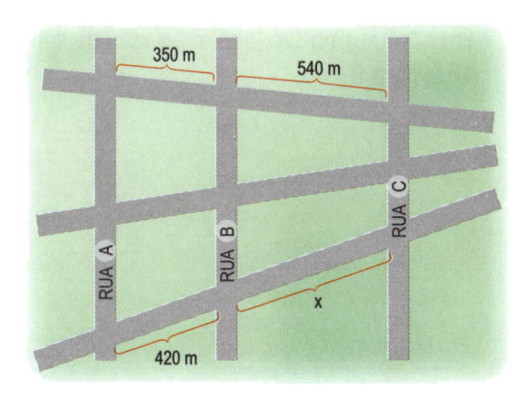

9 Os terrenos Ⓐ e Ⓑ têm frente para a Rua Paula e para a Rua Fernanda. O terreno Ⓐ tem 35 metros na Rua Fernanda e 49 metros na Rua Paula. O Ⓑ tem 45 metros na Rua Fernanda. Quantos metros de frente para a Rua Paula tem o terreno B?

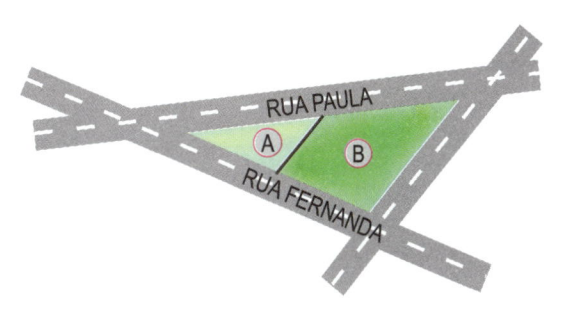

10 (Mack-SP) Na figura, sendo a // b // c, calcule o valor de x.

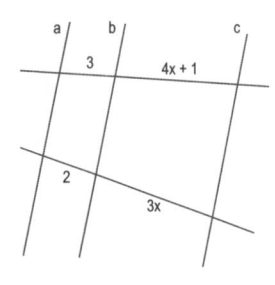

11 (Cefet-MG) A figura abaixo mostra a representação de dois lotes. Determine a medida da dimensão do lote 2, com frente para a rua B, em metros.

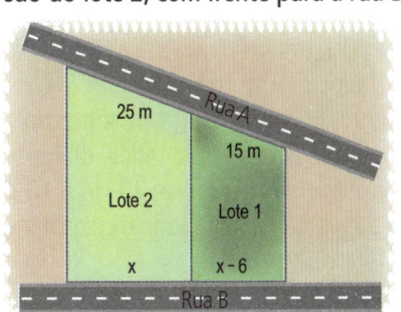

12 Na figura, $\overline{AB}$ // $\overline{DE}$. Determine o valor de x.

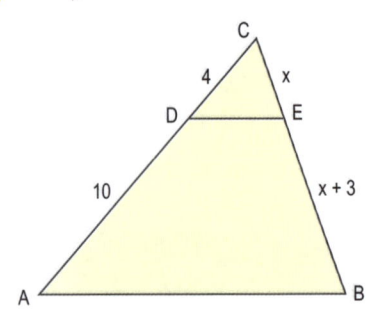

_____
_____
_____

13 A bissetriz interna do △ DEF é $\overline{FH}$. A base desse triângulo mede 40 cm. Calcule o valor de x.

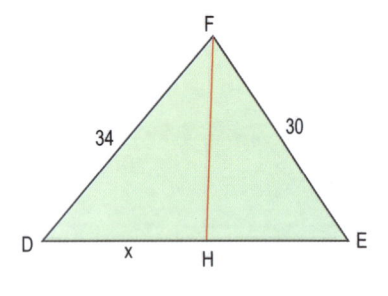

_____
_____
_____
_____

14 Um dos lados de um triângulo tem 5 cm a mais que o outro. Sabendo que a bissetriz do ângulo compreendido entre esses lados divide o lado oposto em dois segmentos de 20 cm a 18 cm, determine a medida de cada lado desse triângulo.

_____
_____
_____
_____

15 Qual dos triângulos rosa é semelhante ao triângulo verde?

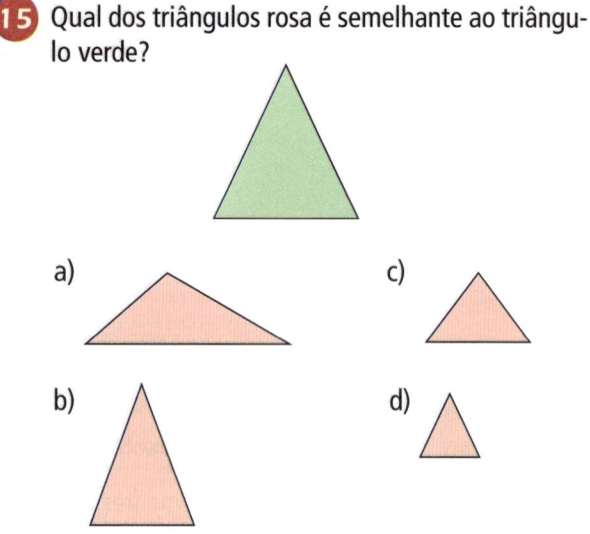

a) b) c) d)

16 Observe as medidas indicadas nas prateleiras da figura.

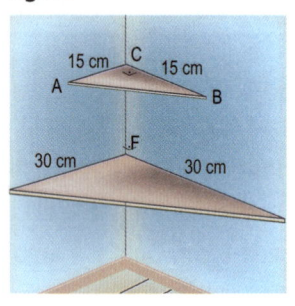

a) As prateleiras são semelhantes?

_____

b) Qual é a razão de semelhança da prateleira ABC para a prateleira DEF?

_____

17 Verifique se os polígonos A e B são semelhantes. Em caso afirmativo, qual é a razão de semelhança de A para B?

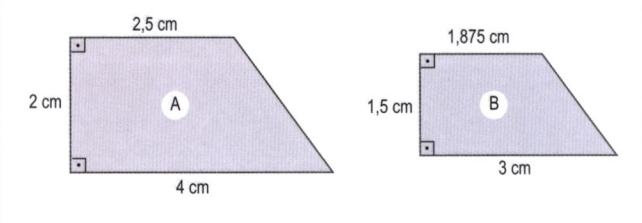

_____
_____

18 Os polígonos A e B são semelhantes. Determine x e y.

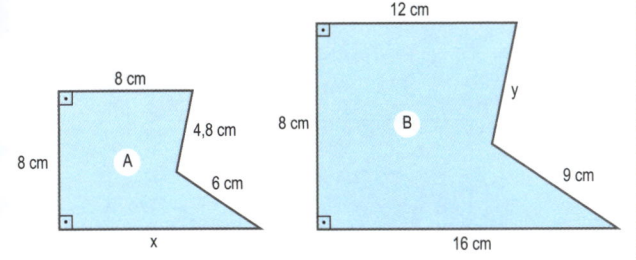

19 Classifique as sentenças em V ou F. Dê um contraexemplo, no caso de as afirmações serem falsas.

( ) Todos os hexágonos são semelhantes entre si.

_____

( ) Todos os hexágonos regulares são semelhantes entre si.

_____

( ) Todos os triângulos equiláteros são semelhantes entre si.

_____

( ) Todos os losangos são semelhantes entre si.

_____

20 Um retângulo ABCD tem 60 cm de perímetro. A base tem o dobro da medida da altura. Esse retângulo foi reduzido na razão $\frac{5}{2}$, obtendo-se o triângulo EFGH.

a) Quais são as dimensões do retângulo inicial?

_____

b) Qual é a área do retângulo inicial?

_____

c) Quais são as dimensões do novo retângulo?

_____

d) Qual é o perímetro do novo retângulo?

_____

e) Qual é a área do novo retângulo?

_____

21 (Saresp-SP) Dois terrenos retangulares são semelhantes e a razão de semelhança é $\frac{2}{5}$.

Se o terreno maior tem 50 m de frente e 150 m de comprimento, quais são as dimensões do terreno menor?

_____

_____

_____

22 Os retângulos ABCD e AEFD são semelhantes.

Se AD = 6; AE = 10, quanto mede x?

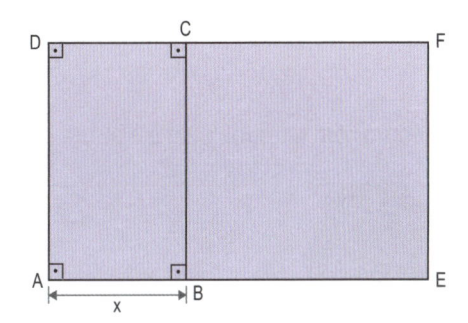

_____

_____

_____

23 Um losango A é semelhante ao losango B ilustrado abaixo e tem a quarta parte de sua área. Quais são as medidas das diagonais do losango A?

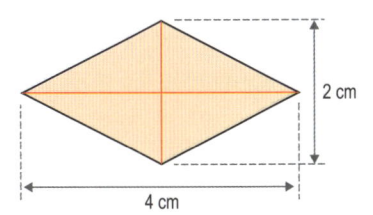

_____

24 Observe a figura abaixo:

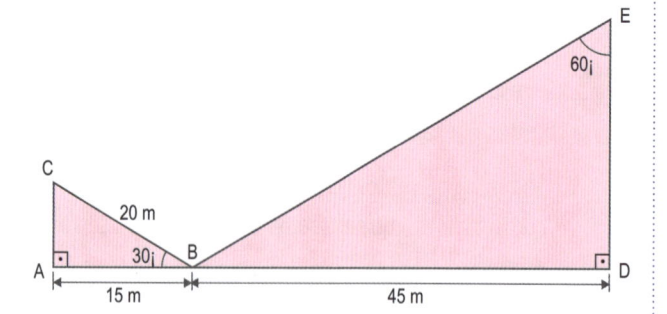

a) Determine as medidas de AĈB e EB̂D.

_____

b) Os triângulos ABC e BDE são semelhantes? Justifique.

_____

c) Qual é a medida de $\overline{BE}$?

_____

25 De acordo com a figura, qual é a altura da árvore?

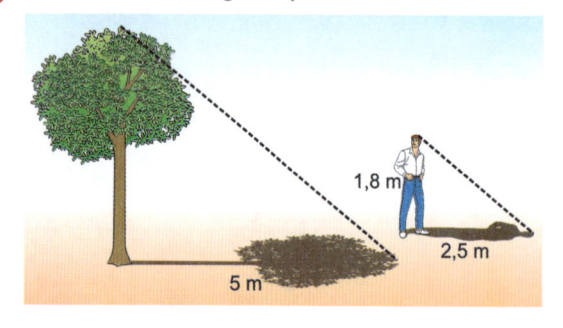

_____
_____
_____

26 (FUVEST-SP) A sombra de um poste vertical, projetada pelo sol sobre um chão plano, mede 12 m. Nesse mesmo instante, a sombra de um bastão vertical de 1 m de altura mede 0,6 m. A altura do poste é:

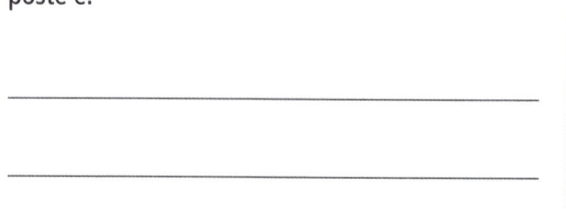

_____
_____
_____

27 Na figura, CD = 52 cm, CF = 39 cm e DE = 8 cm. A medida de $\overline{GC}$ é:

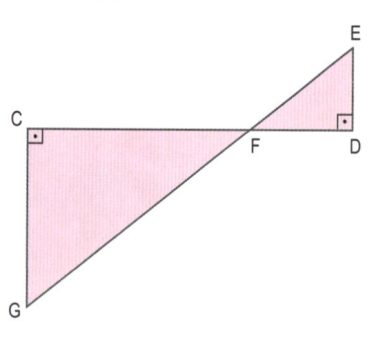

_____
_____

28 Explique por que os triângulos ABC e CDE, abaixo são semelhantes.

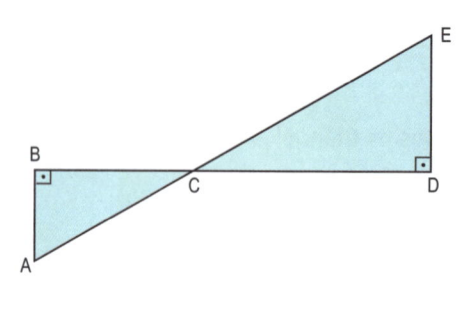

_____
_____
_____

29 Observe estes triângulos:

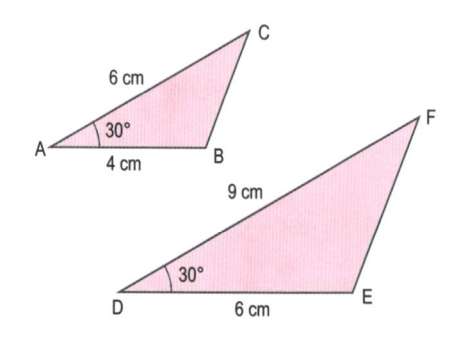

a) Por qual caso de semelhança △ ABC ~ △ DEF?

_____

b) Se BC = 3 cm, determine a medida de $\overline{EF}$.

_____

214

30 (UFAC) Na figura abaixo ABC é um triângulo, e $\overline{BC}$ e $\overline{MN}$ são paralelos. Dado que BC = 10 cm, MN = 5 cm e MB = 6 cm, a medida de $\overline{AM}$ é:

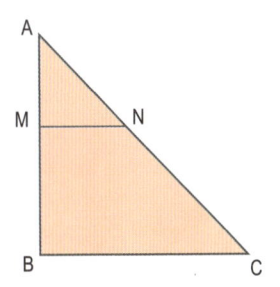

a) 9 cm
b) 6 cm
c) 5 cm
d) 7 cm
e) 10 cm

31 Uma lâmpada colocada no alto de um poste, de altura AB = 5 m, projeta no solo a sombra de um homem. Esse homem está de pé, a uma distância AD = 2,56 m do poste e sua sombra projetada é DC = 1,44 m. Então, pode-se afirmar que a altura DE desse homem, é:

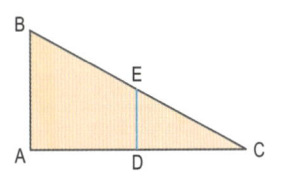

a) 1,80 m
b) 1,82 m
c) 1,84 m
d) 1,85 m

32 No triângulo retângulo MNP, temos:

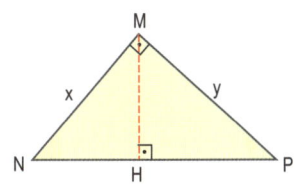

- área do △ MHN = 15 cm²
- área do △ MHP = 25 cm²

Determine o produto xy.

33 Determine x e y indicados nas figuras abaixo:

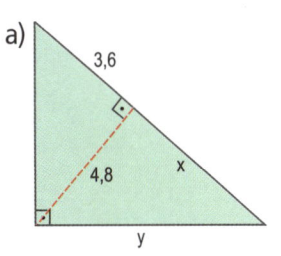

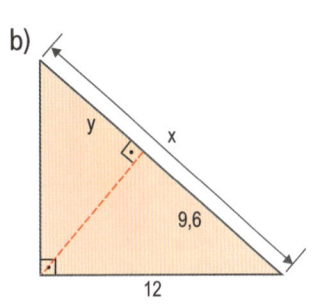

a) (3,6 ; 4,8 ; x ; y)

b) (y ; x ; 9,6 ; 12)

34 Observe a figura.

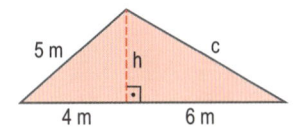

Determine:

a) a altura h;

b) o comprimento c.

35 Um jogador que está a 15 m da trave chuta a bola conforme mostra a figura. Quantos metros, aproximadamente, a bola percorreu até atingir a trave?

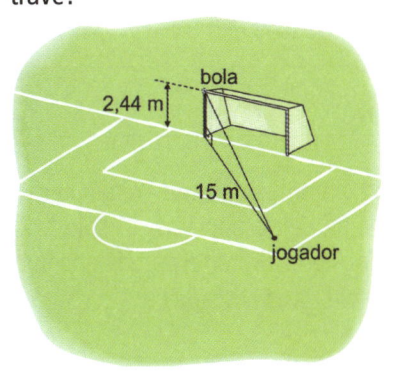

215

36 (Cefet-PR) Num triângulo retângulo, a hipotenusa mede 8 cm e a projeção de um dos catetos sobre ela mede 5 cm. Então, a medida do menor cateto deste triângulo, em cm, é:

a) $2\sqrt{6}$

b) $2\sqrt{2}$

c) $2\sqrt{3}$

d) $2\sqrt{10}$

_____
_____
_____
_____
_____
_____

37 Num triângulo retângulo, os segmentos que a altura determina sobre a hipotenusa medem 4 cm e 1 cm, respectivamente. Calcule a área desse triângulo.

_____
_____
_____
_____
_____

38 Uma das extremidades de uma escada de 8 m de comprimento apoia-se no solo a 2 m de uma parede. A que altura da parede encontra-se a outra extremidade da escada?

_____
_____
_____

39 Qual é a medida de $\overline{AH}$ no triângulo abaixo?

_____
_____
_____
_____
_____

40 (UFPI) Num triângulo equilátero cuja altura mede 12 cm, qual é a medida, em centímetros, do lado?

_____
_____
_____
_____
_____

41 Seis toras de madeira vistas de frente, cada uma com 0,5 m de raio, são empilhadas como mostra a figura. Calcule a altura da pilha, em metros.

_____
_____
_____

Capítulo 7 – Noções de trigonometria

1) Observando os triângulos abaixo, determine as razões sen x, cos x e tg x.

a) (triângulo com catetos 3 e 3, hipotenusa $3\sqrt{2}$, ângulo x)

_____
_____
_____

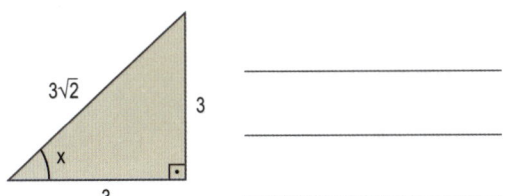

b) (triângulo com catetos $\sqrt{3}$ e 1, hipotenusa 2, ângulo x)

_____
_____
_____

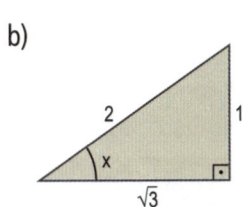

2) Neste triângulo retângulo, tg x é igual a _____

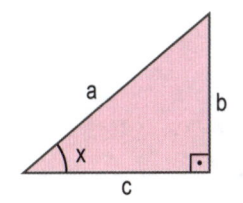

(triângulo com lados a, b, c e ângulo x)

3) Observe as medidas indicadas nos lados do △ ABC e calcule, com uma casa decimal:

a) cos x

b) tg x

c) sen x

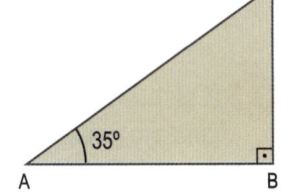

(triângulo ABC com ângulo de 35° em C)

4) Observando o triângulo ABC, calcule:

a) sen $\widehat{A}$

b) cos $\widehat{A}$

c) tg $\widehat{A}$

d) sen $\widehat{B}$

e) cos $\widehat{B}$

f) tg $\widehat{B}$

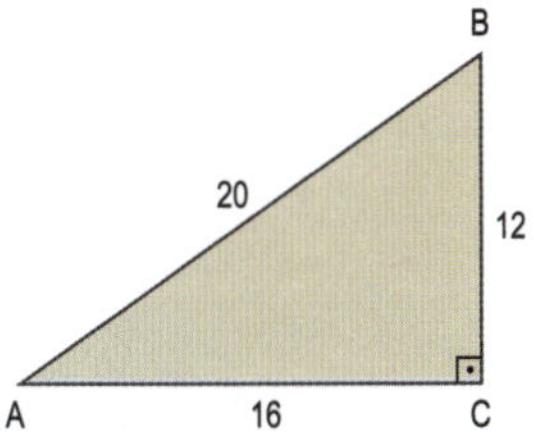

(triângulo ABC com AB = 20, BC = 12, AC = 16)

5) Classifique as sentenças em verdadeiras ou falsas:

( ) Quanto maior a medida de um ângulo agudo, maior é a sua tangente.

( ) A tg 60° é o triplo da tg 20°.

( ) Se um ângulo dobra, sua tangente também dobra.

( ) Se um ângulo triplica, sua tangente também triplica.

( ) Se um ângulo dobra, sua tangente se reduz à metade.

( ) Se um ângulo triplica, sua tangente se reduz à terça parte.

( ) A tangente de um ângulo é diretamente proporcional a esse ângulo.

( ) A tangente de um ângulo é inversamente proporcional a esse ângulo.

6) Uma rampa tem uma inclinação de 15° em relação ao chão. Quando andamos 3 metros nessa rampa, quantos metros nos elevamos do chão?

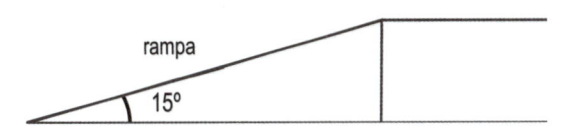

(figura da rampa com ângulo de 15°)

_____

7) Uma escada está apoiada em um muro, formando com ele um ângulo de 17°. Sabendo que a base desta escada está a 2 metros do muro, determine a altura aproximada desse muro.

(sen 17° = 0,292; cos 17° = 0,956 e tg 17° = 0,306)

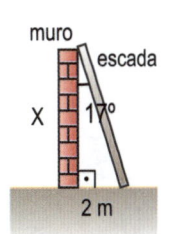

_____

(figura do muro com escada, ângulo de 17°, base 2 m, altura x)

8 Na figura abaixo, o ponto C é um farol próximo ao continente. Na praia foram marcados os pontos A e B distantes 120 m. Sabendo que m(CÂB) = 90° e m(CBA) = 75°, calcule a distância AC.

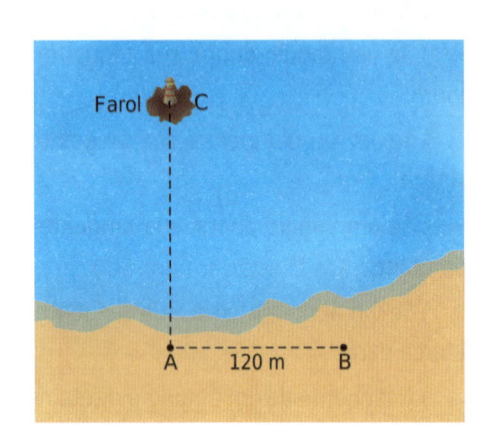

(sen 75° = 0,961; cos 75° = 0,259 e tg 75° = 3,732)

_____

9 Na figura abaixo, a distância do ponto A ao ponto B da montanha é de 750 m e a medida do ângulo CÂB é 15°. Calcule a altura aproximada $\overline{BC}$ da montanha e a distância entre os pontos A e C.

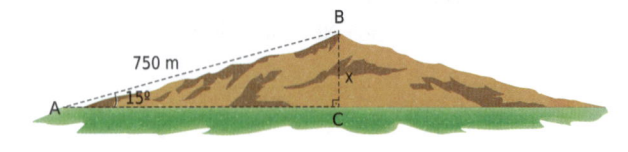

_____

10 Um menino que está a 2 m de uma parede vê o topo sob um ângulo de 45° e a base sob um ângulo de 30°.

Qual é a altura aproximada dessa parede?

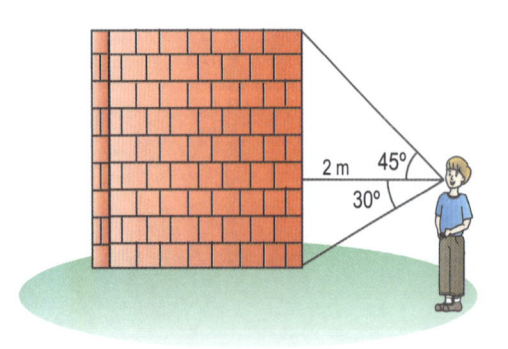

_____

11 (Saresp-SP) Um avião levanta voo sob um ângulo de 30° em relação ao solo. Após percorrer 9 km em linha reta, sua altura h em relação ao solo será: de _____ m.

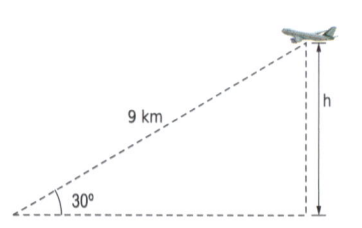

12 (U. Amazonas-AM) Esta figura representa um barco atravessando um rio, partindo de A em direção ao ponto B. A forte correnteza arrasta o barco em direção ao ponto C, segundo um ângulo de 60°. Sendo a largura do rio de 120 m, a distância percorrida pelo barco até o ponto C é:

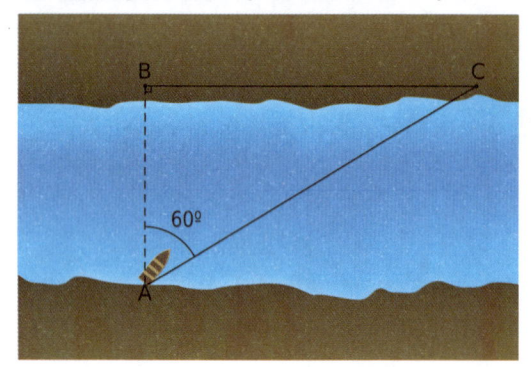

a) $240\sqrt{3}$ m d) 80 m

b) 240 m e) $40\sqrt{3}$ m

c) $80\sqrt{3}$ m

13 (Cefet-MG) Um menino com altura de 1,50 m empina um papagaio, em local apropriado, com um carretel de 150 m de linha, conforme a figura. A altura do papagaio, em relação ao solo, quando ele der toda a linha do carretel é: (adote $\sqrt{2} = 1,4$)

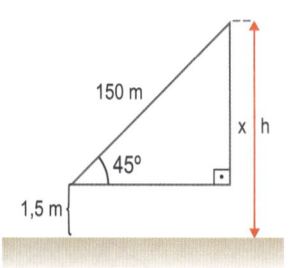

a) 106,5 m c) 117,0 m

b) 114,7 m d) 120,0 m

14 (Cefet-MG) Nesta figura, destacamos as medidas de BC = 10 m e SR = 2,3 m. Os valores de x e y são:

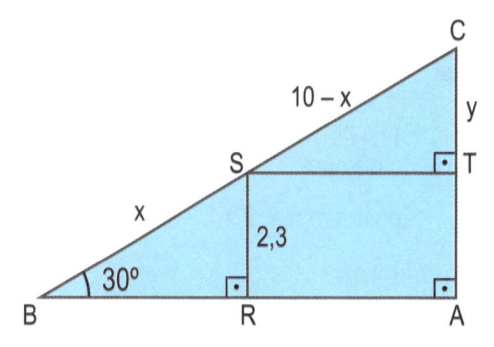

a) x = 5,4 m e y = 3,2 m   c) x = 4,6 m e y = 3,0 m
b) x = 4,6 m e y = 2,7 m   d) x = 4,5 m e y = 3,7 m

15 (Unipar) Se um cateto e a hipotenusa de um triângulo retângulo medem a e 3a, respectivamente, então o cosseno do ângulo oposto ao menor lado é:

a) $\dfrac{\sqrt{10}}{10}$ c) $\dfrac{1}{3}$ e) $2\sqrt{2}$

b) $\dfrac{2\sqrt{2}}{3}$ d) $\dfrac{\sqrt{2}}{3}$

_____

_____

16 (UEPA) Do topo de um edifício A, um observador avista a base de um outro edifício B, segundo um ângulo de 60°, e o seu topo, segundo um ângulo de 30°, conforme figura. Sendo $60\sqrt{3}$ m a distância entre os dois edifícios, a altura do edifício B é:

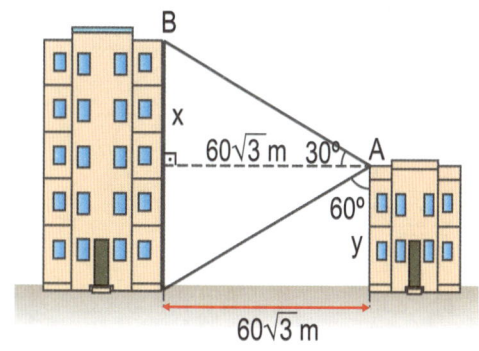

a) 180 m   d) $90\sqrt{3}$ m
b) $120\sqrt{3}$ m   e) 90 m
c) 120 m

17 (UFPB-modificado) Uma folha de papel retangular é dobrada conforme a figura:

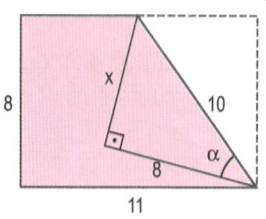

O valor de $40 \cdot \text{tg } \alpha$ é:

a) 30   c) 50
b) 40   d) 60

18 Os pontos X e Y estão na entrada de uma baía. Para calcular a distância $\overline{XY}$, um topógrafo, de um ponto Z, com uma trena mediu $\overline{XZ}$ e encontrou 240 m, e com um teodolito mediu os ângulos $Z\hat{X}Y$ e $Z\hat{Y}X$ (m($Z\hat{X}Y$) = 110° e m($Z\hat{Y}X$) = 45°).

Qual é a distância $\overline{XY}$?

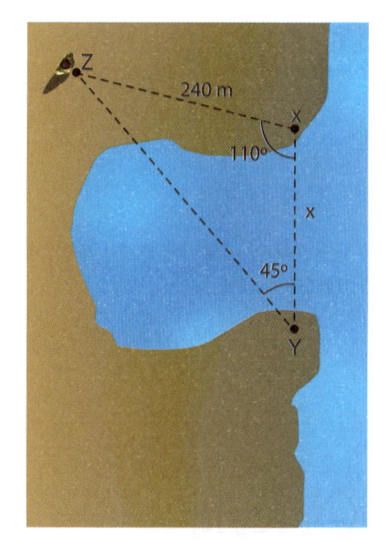

19 (Cefet-MG) Qual é a medida do lado $\overline{AC}$ deste triângulo?

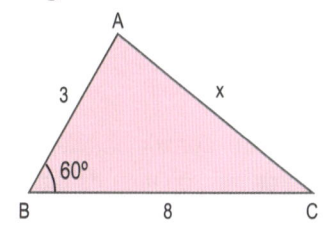

_____

_____

219

Capítulo 8 – Circunferências e polígonos regulares

1 Uma circunferência tem 2,3 cm de diâmetro. Qual é a medida do raio dessa circunferência?

_____

_____

2 A maior corda de uma circunferência é:

a) o raio

b) o apótema

c) o comprimento

d) o diâmetro

3 Observando a figura abaixo, classifique o triângulo ABP quanto aos lados. Justifique sua resposta.

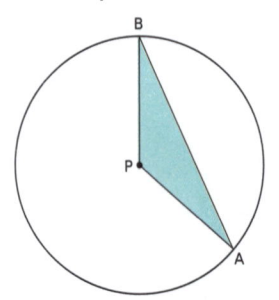

4 Calcule o comprimento de uma circunferência cujo diâmetro mede:

a) 5 cm _____

b) 0,75 cm _____

5 Calcule o raio de uma circunferência cujo comprimento mede (adote $\pi = 3,14$):

a) 314 cm _____

b) 62,8 cm _____

c) 16π cm _____

6 Quantos metros percorre, aproximadamente, uma roda com 20,32 cm de raio, quando dá uma volta completa? Use $\pi = 3,14$.

_____

_____

7 (PUC-MG) Um ciclista deve dar dez voltas completas em uma pista circular que tem 100 m de raio. Após percorrer 3,2 km, esse ciclista estará na volta de número:

Considere $\pi = 3,14$.

a) 5

b) 6

c) 7

d) 8

8 (Cefet-PR) O pneu de um carro tem 60 cm de diâmetro. Ao percorrer uma distância de 800 m, o número de voltas que o pneu dará será aproximadamente igual a:

(Use: $\pi = 3,14$)

a) 425

b) 334

c) 515

d) 272

9 (Cefet-PR) O perímetro da figura colorida é: (Use: $\pi = 3,14$)

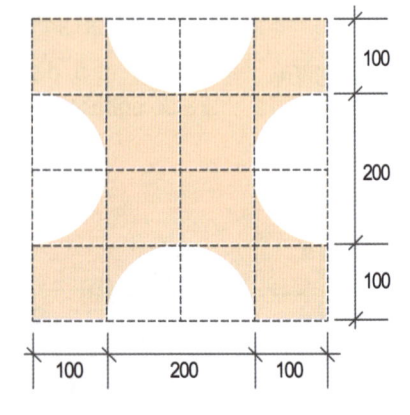

a) 1 600

b) 2 056

c) 1 256

d) 3 312

10 A medida do arco $\widehat{AE}$ é:

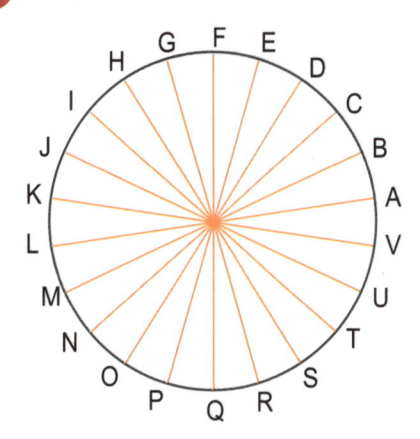

a) o triplo da medida do arco $\widehat{AC}$

b) o sêxtuplo da medida do arco $\widehat{AB}$

c) o dobro da medida do arco $\widehat{AC}$

d) igual à medida do arco $\widehat{RV}$

11 Uma circunferência tem 24 cm de diâmetro. Qual é o comprimento de um arco de 60° dessa circunferência?

_____

_____

12 Qual é a medida do raio do arco da circunferência representada abaixo?

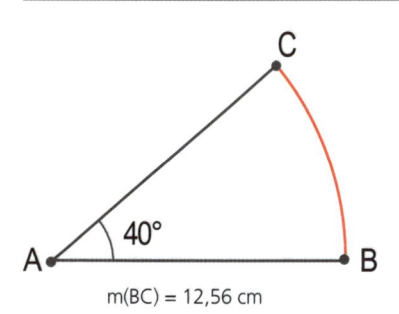

_____

_____

m(BC) = 12,56 cm

13 Determine o valor de x em centímetros:

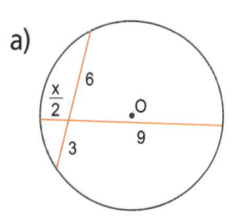

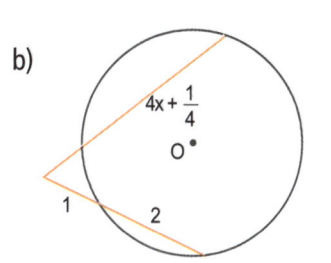

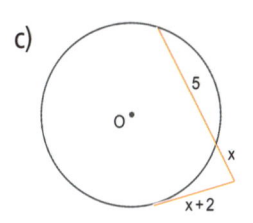

a)

b) $4x + \frac{1}{4}$, 1, 2

c) 5, x, x+2

14 Observe a figura abaixo:

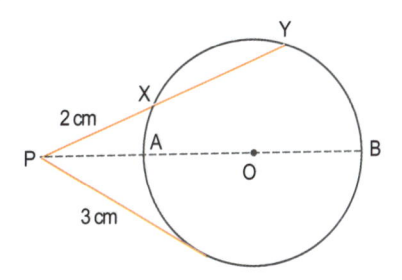

a) Qual é a medida de $\overline{XY}$?

_____

b) Qual é o valor de PA · PB?

_____

15 (Cefet-MG) Sabendo que y é parte do segmento $\overline{DC}$ na circunferência abaixo, o valor de y é:

a) 1

b) 4

c) 9

d) 18

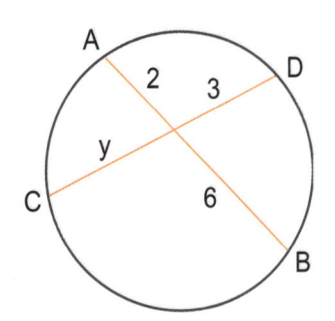

221

16 (Fuvest-SP) Calcule o valor de x na figura.

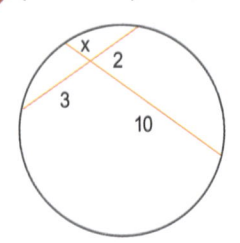

17 (UEFS-BA) Na figura são dados $\dfrac{AE}{EC} = \dfrac{1}{3}$; BE = 8 cm e ED = 6 cm. Calcule o comprimento de $\overline{AC}$, em cm.

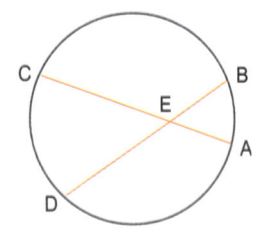

18 (MACK-SP) Na figura abaixo, temos: AB = 7 m; AD = 6 m e DE = 4 m. Calcule a medida de BC.

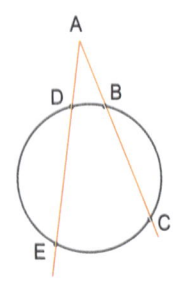

19 Na figura abaixo, AB = 4 cm, BC = 5 cm. Então, AD mede _____.

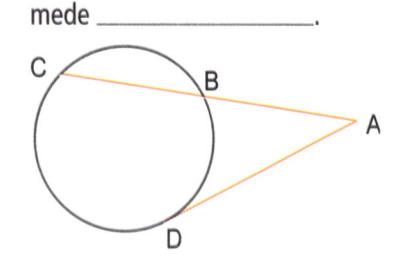

20 Por um ponto P, externo a uma circunferência, traçamos dois segmentos secantes a essa circunferência. O segmento externo da primeira secante mede 18 cm e o interno, 6 cm. O segmento externo da segunda secante mede 12 cm. Qual é a medida do segmento interno da segunda secante?

21 Nos polígonos regulares abaixo, inscritos numa circunferência, quais são as medidas do ângulo central e do ângulo interno?

a) quadrado

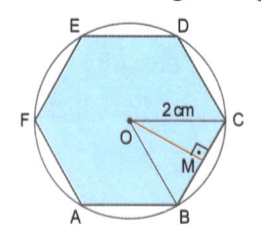

_____

b) eneágono

_____

c) decágono

_____

22 Observe o hexágono regular inscrito.

Determine a medida do:

a) ângulo BOC _____

b) segmento $\overline{BC}$ _____

c) segmento $\overline{OM}$ _____

23 (Saresp) Considere um quadrado com 3 cm de lado inscrito em um círculo como mostra a figura. Quanto mede o raio do círculo?

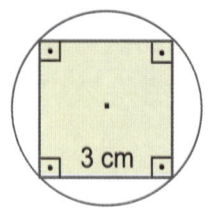

24 (Saresp) A figura abaixo representa um hexágono inscrito numa circunferência cujo raio mede 8 cm. Considerando $\sqrt{3} = 1,7$, determine as medidas do lado e do apótema desse hexágono.

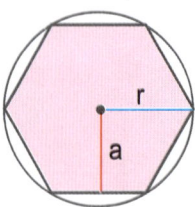

25 O apótema de um quadrado inscrito numa circunferência mede 10,5 cm. Qual é o raio dessa circunferência? Use $\sqrt{2} = 1,4$.

26 (Saresp) Tenho um pedaço de papel de seda de forma circular cujo raio mede 20 cm. Quero fazer uma pipa quadrada, do maior tamanho possível, com esse pedaço de papel de seda. O lado desse quadrado terá:

a) 14 cm   c) 35 cm

b) 28 cm   d) 56 cm

27 O apótema e o lado de um triângulo equilátero inscrito numa circunferência com raio de 36 cm são, respectivamente:

a) 36 cm e $36\sqrt{3}$ cm

b) $9\sqrt{3}$ cm e 9 cm

c) 9 cm e $9\sqrt{3}$ cm

d) $18\sqrt{3}$ cm e 18 cm

e) 18 cm e $36\sqrt{3}$ cm

▶ Capítulo 9 – Áreas

1 Num evento estavam presentes 200 pessoas. O salão do evento tinha forma retangular e suas dimensões 25 m e 40 m. Quantas pessoas por metro quadrado havia nesse evento?

_____

_____

_____

2 (Saresp) Amélia deseja ladrilhar sua cozinha retangular de 3,45 m por 4,2 m com ladrilhos quadrados de 30 cm de lado. Qual é o número de ladrilhos necessário?

_____

_____

3 (Saresp) A embalagem de café é um prisma retangular de base quadrada, feita de papel. Veja as medidas:

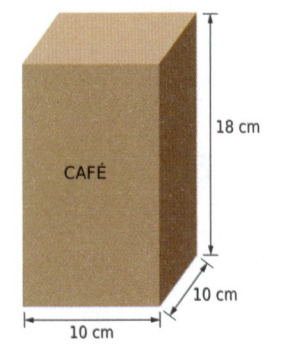

A caixa desmontada fica assim:

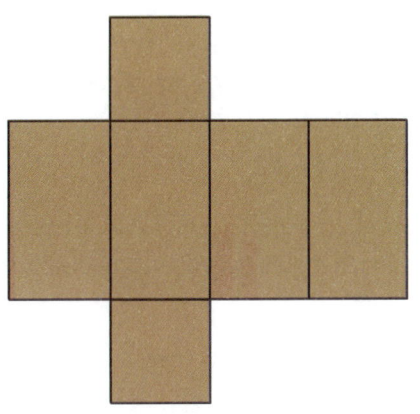

Qual é a quantidade de papel necessária, em cm^2, para construir a caixa?

a) 920 cm^2 c) 560 cm^2

b) 820 cm^2 d) 460 cm^2

4 (Saresp) A aresta de um cubo mede 2 m. Qual é a área total da superfície desse cubo?

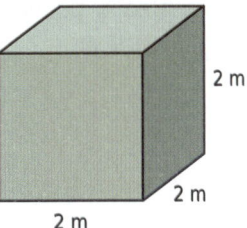

_____

223

5 Sabendo que $x + y = 3 + \sqrt{3}$, calcule a área do quadrado abaixo.

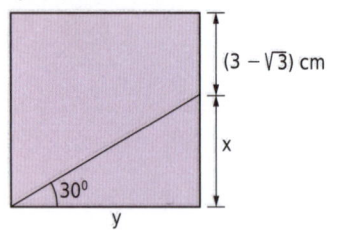

(3 − √3) cm, x, 30°, y

_____

6 Sabendo que a base de um paralelogramo mede 16 cm e que sua altura é a metade de sua base, podemos afirmar que sua área é igual a:

a) 127 cm²

b) 128 cm²

c) 129 cm²

d) 130 cm²

e) 131 cm²

7 A área de um paralelogramo é de 25,92 cm². Sabendo que sua base mede 7,2 cm, determine a medida da sua altura.

_____

8 (Saresp) ABCD é um quadrado de 8 cm de lado. MNP é um triângulo traçado no quadrado, conforme a figura:

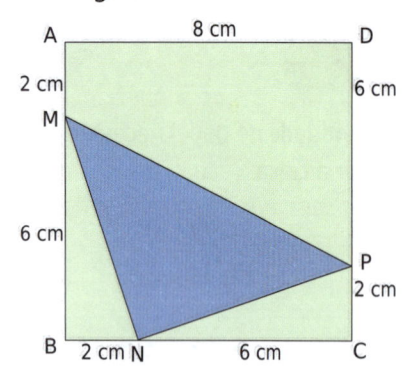

A partir dos dados apresentados, podemos afirmar que a área do triângulo MNP é:

a) 64 cm²

b) 32 cm²

c) 22 cm²

d) 20 cm²

9 Observe as indicações na figura do triângulo.

Determine:

a) as medidas de x e de y

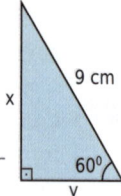

_____

b) a área do triângulo

_____

10 (PUC-MG) Um terreno com área de 600 m² tem a forma de um triângulo retângulo; a razão entre as medidas dos dois menores lados desse terreno é $\frac{3}{4}$. Qual é a medida do maior lado desse terreno, em metros?

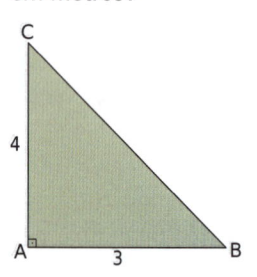

11 A diagonal maior de um losango mede 18 cm. A área desse losango é de 144 cm². Qual é a medida da diagonal menor?

_____

12 As diagonais de um losango medem juntas 60 cm. Sabendo que a medida de uma delas é o dobro da medida da outra, calcule a área desse losango.

_____
_____

13 Qual é a área deste trapézio?

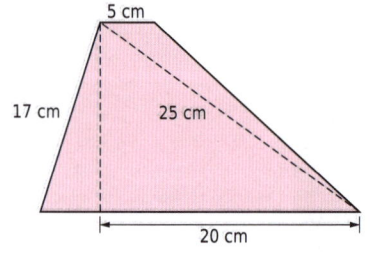

_____
_____

14 A base maior de um trapézio é o quádruplo da base menor. A altura tem 2 cm a mais que a medida da base menor. Sabendo que a área desse trapézio tem 120 cm², determine:

a) a medida de cada uma de suas bases

_____

b) a medida da sua altura

_____

15 Um trapézio tem 22 cm² de área. Sua base menor mede 3 cm e sua base maior, 8 cm. Quanto mede a altura desse trapézio?

_____

16 Calcule a área de um:

a) quadrado inscrito numa circunferência cujo raio mede 3 cm

_____

_____

b) hexágono regular cujo apótema mede $\sqrt{3}$ cm.

_____

_____

17 A área de um triângulo equilátero inscrito numa circunferência é $9\sqrt{3}$ cm². Qual é a medida do lado desse triângulo?

_____

18 Um hexágono regular cuja área mede $6\sqrt{3}$ cm² está inscrito numa circunferência. Qual é o raio dessa circunferência?

_____

19 A área de um triângulo equilátero inscrito numa circunferência é $30\sqrt{3}$ cm². Qual é a área de um hexágono regular inscrito nessa mesma circunferência?

_____

20 Um triângulo equilátero que tem 180 cm de perímetro está inscrito num círculo. Qual é a área desse círculo?

_____

21 (Cefet-CE) O lado de um quadrado, inscrito em uma circunferência, mede $5\sqrt{6}$ cm, então a área do hexágono regular, inscrito na mesma circunferência, em centímetros quadrados, é:

a) $\dfrac{225\sqrt{3}}{2}$ d) $\dfrac{45\sqrt{2}}{2}$

b) $75\sqrt{3}$ e) $\sqrt{3}$

c) $125\sqrt{2}$

22 (Saresp) Juliana colocou um copo molhado sobre a mesa e nela ficou a marca da base circular do copo. A área da marca é de 16π cm².

Qual é o diâmetro da base do copo?

_____

_____

23 Um círculo tem 50,24 cm² de área. Quanto mede o raio desse círculo? Adote $\pi = 3,14$.

_____

_____

24 (Cefet-PR) Calcule a área da figura vermelha neste quadrado.

Observação: Usar $\pi = 3,14$; as curvas dos arcos de circunferência têm raio R = 100.

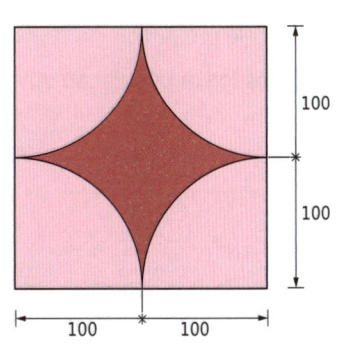

_____

_____

225

25 (Cefet-PR) A área escura da figura abaixo é aproximadamente igual, em m², a: Adote: π = 3,14.

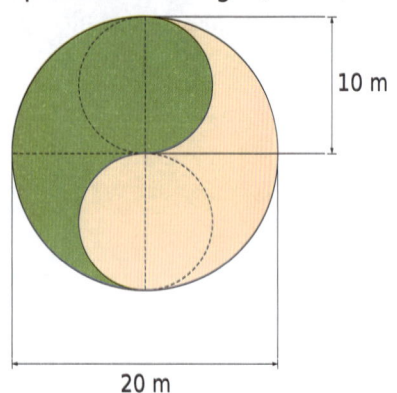

a) 78,5
b) 157,0
c) 235,5
d) 314,0

26 Calcule a área da parte pintada de vermelho de cada figura. Adote π = 3,14 cm.

a)

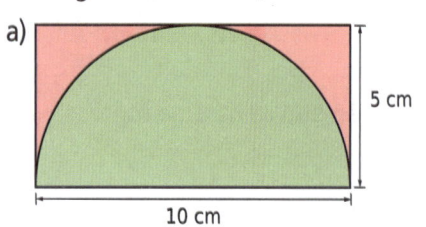

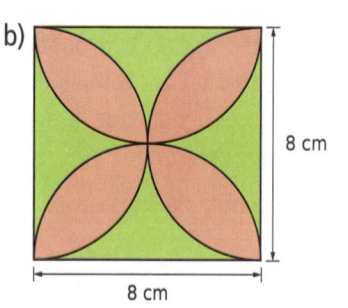

b)

27 Determine a área da parte pintada de verde na figura:

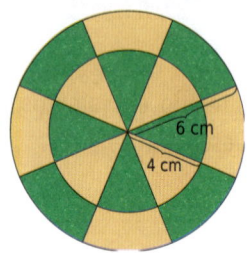

Observação: Todos os setores circulares da figura são congruentes.

_____
_____
_____
_____

Capítulo 10 – Estatística

1 Num clube com 3 000 sócios, foram selecionados, por sorteio, 350 pessoas para participar de uma pesquisa sobre o esporte preferido.

a) Quantos elementos tem a população envolvida na pesquisa?

_____
_____

b) Quantos elementos tem a amostra envolvida na pesquisa?

_____
_____

2 Num colégio de São Paulo com 500 alunos, foram selecionados 50 alunos para saber o time de futebol preferido. Os dados foram tabulados, resultando na distribuição de frequência abaixo:

Times	Frequência absoluta	Frequência relativa (%)
Corinthians	25	50
Palmeiras	4	8
Santos	7	14
São Paulo	13	26
Portuguesa	1	2

a) Quantos elementos tem a população envolvida na pesquisa?

_____

b) Quantos elementos tem a amostra envolvida na pesquisa?

c) Quantos alunos torcem para o Santos?

d) Qual é a porcentagem de alunos que torcem para o Corinthians e para o São Paulo?

3 Os números mostram o tempo, em minutos, gasto por 20 alunos para ir à escola:

Duração do percurso casa-escola (em minutos)				
15	17	25	25	20
30	17	20	30	30
25	25	30	20	30
25	30	30	30	20

Com base nesses dados, faça uma tabela de frequência.

4 Obtenha a moda e a mediana, em cada caso:

a) 3, 4, 6, 8, 10, 1, 0, 2, 4, 7, 8, 1, 2, 4, 1

b) 3, 2, 2, 2, 1, 4, 0, 0, 1, 3, 5, 6, 6, 7, 8, 9

5 (Saresp) A tabela abaixo apresenta o salário quinzenal, em reais, de 20 funcionários de uma empresa:

Salário (R$)	90	100	105	110	115	120
Frequência	1	4	5	6	3	1

I) A moda dessa distribuição é:

a) R$ 100,00

b) R$ 105,00

c) R$ 110,00

d) R$ 115,00

II) A média aritmética dos salários dos 20 funcionários dessa empresa é:

a) R$ 90,00

b) R$ 96,00

c) R$ 105,00

d) R$ 107,00

6 Observe os dados na tabela da questão anterior. A mediana dos salários é:

a) R$ 90,00

b) R$ 100,50

c) R$ 107,50

d) R$ 110,00

e) R$ 112,50

JOGANDO COM A RACIONALIZAÇÃO
(Página 38)

$\dfrac{1}{\sqrt{2}}$	$\dfrac{\sqrt{2}}{2}$	$\dfrac{2}{\sqrt{2}}$	$\sqrt{2}$	$\sqrt{3}$	$\sqrt{2}$	$\sqrt{5}$	$\sqrt{2}$
$\dfrac{1}{\sqrt{2}}$	$\dfrac{1}{\sqrt{3}}$	$\dfrac{1}{\sqrt{3}}$	$\dfrac{\sqrt{3}}{3}$	$\dfrac{3}{\sqrt{3}}$	$\sqrt{3}$	$\sqrt{5}$	$\sqrt{3}$
$\dfrac{1}{\sqrt{2}}$	$\dfrac{2}{\sqrt{5}}$	$\dfrac{1}{\sqrt{3}}$	$\dfrac{2}{\sqrt{5}}$	$\dfrac{2}{\sqrt{5}}$	$\dfrac{2\sqrt{5}}{5}$	$\dfrac{5}{\sqrt{5}}$	$\sqrt{5}$
$\dfrac{1}{\sqrt{2}}$	$\dfrac{1}{\sqrt{2}+1}$	$\dfrac{1}{\sqrt{3}}$	$\dfrac{1}{\sqrt{2}+1}$	$\dfrac{2}{\sqrt{5}}$	$\dfrac{1}{\sqrt{2}+1}$	$\dfrac{1}{\sqrt{2}+1}$	$\sqrt{2}-1$
$\dfrac{\sqrt{2}}{2}$	$\dfrac{5}{\sqrt{5}}$	$\dfrac{\sqrt{3}}{3}$	$\dfrac{5}{\sqrt{5}}$	$\dfrac{2\sqrt{5}}{5}$	$\dfrac{5}{\sqrt{5}}$	$\sqrt{2}-1$	$\sqrt{5}$
$\dfrac{\sqrt{2}}{2}$	$\dfrac{3}{\sqrt{3}}$	$\dfrac{\sqrt{3}}{3}$	$\dfrac{3}{\sqrt{3}}$	$\dfrac{2\sqrt{5}}{5}$	$\dfrac{3}{\sqrt{3}}$	$\sqrt{2}-1$	$\sqrt{3}$
$\dfrac{\sqrt{2}}{2}$	$\dfrac{2}{\sqrt{2}}$	$\dfrac{\sqrt{3}}{3}$	$\dfrac{2}{\sqrt{2}}$	$\dfrac{2\sqrt{5}}{5}$	$\dfrac{2}{\sqrt{2}}$	$\sqrt{2}-1$	$\sqrt{2}$

DEMONSTRANDO EXPERIMENTALMENTE O TEOREMA DE PITÁGORAS
(Página 136)

MONTE ESTE QUADRADO COM O QUADRADO MENOR E AS QUATRO PEÇAS DO QUADRADO MÉDIO.

RECORTE ESTE QUADRADO

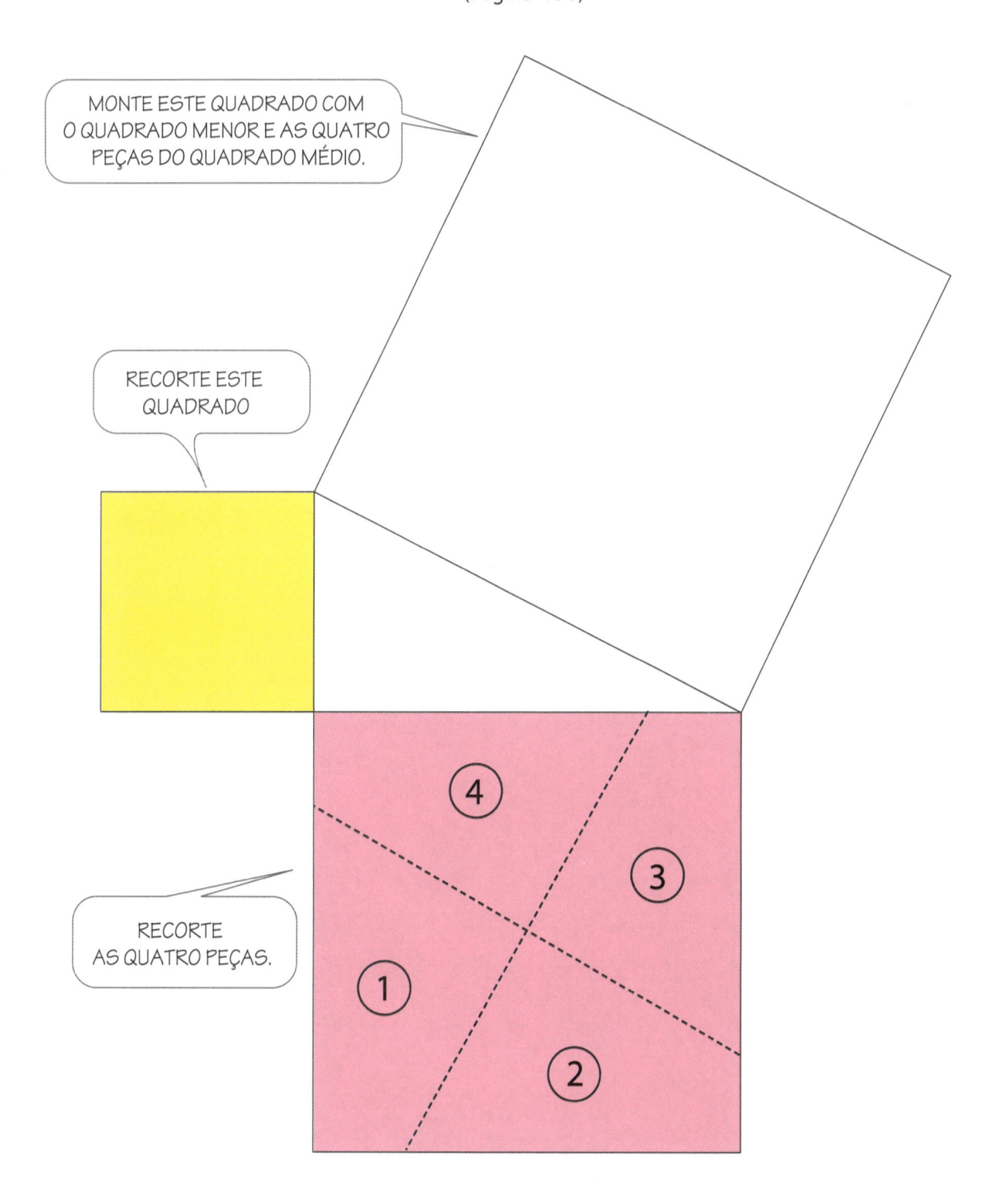

RECORTE AS QUATRO PEÇAS.